어느 정신과 의사의
명상 일기

어느 정신과 의사의
명상 일기

브렌던 켈리 지음 | 정미현 옮김

The doctor
who sat
for a year

아주 사소한 일상에서
나를 찾아 나선 365일

여린 상
세

이 책을
레지나, 오언, 이자벨에게
바칩니다.

일단 앉으라

천장이 높다란 근사한 방에 앉아 있다. 빛으로 충만하다. 분
명히 해두자면, 빛으로 충만한 건 이 방이지 내가 아니다.

이십 분 전에 눈을 감을 때만 해도 방에 나 말고 두 사람이
더 있었다. 그러다 우리가 명상을 시작하자 몇 명이 더 합류했는
데 얼마나 왔는지는 모르겠다. 다들 침묵 속에 호흡만 할 뿐이다.
바깥에서는 자동차와 버스가 도로를 달린다. 행인들은 웃고 떠든
다. 그러다 그대로 지나쳐 간다. 자동차도 버스도 모든 게 다 그
렇게 지나간다. 그것들이 있던 자리에 금세 다른 것들이 들어선
다. 그리고 그것들 역시 지나가 버린다.

이 방에는 가구라 할 게 별로 없다. 흰색으로 칠해진 방에 큼
지막한 창문이 몇 개 있는데 앞쪽 창은 도로 방향으로, 뒤쪽 창은

작은 정원으로 향해 있다. 나는 줄곧 명상 자세로 정좌한 채 호흡에 집중하려고 애쓴다.

오늘 아침 한 시간짜리 침묵 정좌 명상에 참석하려고 더블린 시내 중심가에 있는 명상센터에 왔다. 모든 것이 완벽하다. 교리도 가르침도 대화도 없다. 처음에 조용한 인사말만 몇 마디 오갈 뿐 이내 고요해졌다가 명상을 마치면 정다운 작별인사가 오간다.

숨 막히게 만드는 침묵이 아니다. 평온하고 심오한 침묵이다. 침묵하고 싶게 하는 침묵이지, 말을 하고 싶어 안달 나게 하는 침묵이 아니다.

수년 넘게 어쩌다 한 번씩 드문드문 이 아침 명상에 참석했다. 작년에는 아예 가질 못했다. 이 모임은 평일 오전에 잡혀 있고, 나는 주로 아침 일찍부터 일을 하는 터라 참석할 수가 없다. 혹시 내가 출근할 데가 없는 사람이라 해도 오전 중 이 시간대는 이것저것 다른 일을 처리하기에 최적이라서 아침 명상 모임은 웬만해선 참석할 엄두를 내기 힘든 일정이다.

그런데 일주일 휴가를 내고 이렇게 여기에 와 있다. 예전에 여기에 들렀던 이유가 뭐였는지 이제 기억이 난다. 명상하기에 더없이 좋은 환경이다. 잘 알지 못하는 사람들이긴 하지만 남들이 있는 데서 이렇게 함께 있다는 자체만으로도 뭔가 경험치가 생긴다. 시간이 순식간에 지나간다. 물론 그 와중에도 이런저런 생각은 종잡을 수 없이 자꾸 돌아다니고, 나는 계속해서 정신을 가다듬으며 다시 호흡에 집중해야 하지만.

놀랍도록 간단하면서도 놀랍도록 어려운 일이다.

명상 시간이 끝나자 다들 조용히 매트와 쿠션을 치우고 서로 작별인사를 한 후 스르르 햇살 속으로 섞여 들어간다.

바깥 세계가 시끄럽긴 하나 불쾌하게 소란스럽진 않다.

명상을 하는 이유

나는 명상에 관한 한 상습범이다. 오랜 세월 드문드문 명상 수업에 참석했고, 명상 모임에 얼굴을 비쳤고, 강좌를 이수했고, 이따금 피정센터에 들렀고, 많은 이들이 그렇듯 명상·마음챙김· 불교에 관한 책들을 부지런히 사들여 자그마한 산더미 정도는 만들어둔 사람이다. 그중에는 분명 읽은 책도 있고 책에 담긴 지혜를 통해 어느 정도 도움을 받은 것도 있다.

게다가 아시아 문화에 관심을 둔 지 오래라 일본에도 두 번 다녀왔고 한 십여 년 전에는 중국에서 한 달간 체류했다. 그러다 2016년 말에는 인도의 방갈로르에 가서 한참 힌두교 사원에 푹 빠져 행복한 시간을 보냈다. 그렇긴 하지만 명상은 내 삶에 실제로 뿌리를 내린 적이 없었다. 명상을 하면 좋을 거라는 믿음은 희한하게도 오랫동안 마음속에 박혀 있었는데도 막상 매일 하는 명상 수련에 돌입하기에는 늘 수양이 부족했다.

명상meditation에 대한 나의 믿음을 뒷받침하는 증거는 아주 많다. 정신 질환과 심리적 문제가 있는 사람들을 만나는 정신과 의사로서 나 역시 마음챙김mindfulness의 유용함에 대해 너무도 잘 안다. 우울증 재발을 막아주고 날마다 불안, 우울, 공포증 등의 심리적 문제를 안고 사는 사람들을 도와주는 차원에서 마음챙김은 분명 유익한 면이 있다. 나 또한 마음챙김이 상품화되고 지나치게 단순화되는 경향, 이를테면 맥마음챙김McMindfulness* 같은 것에 주의하기도 한다. 사람들이 안고 있는 문제란 게 마음챙김이나 명상처럼 단 한 가지 방법으로 뚝딱 해결될 만큼 그리 간단하지 않다는 사실쯤은 잘 안다.

그렇지만 비록 내가 놀랍도록 꾸준히 명상에 실패하고, 명상으로 얻을 수 있는 것에 대해 현실적인 태도를 떨치지 못하고 다른 많은 문제가 나더러 관심 좀 가져달라며 아우성을 치는데도, 규칙적인 명상이 크나큰 도움이 된다는 확고한 믿음에는 변함이 없었다.

지구상의 거의 모든 종교적 전통이 대개 정신을 집중하고,

✻ 상품처럼 판매되는 마음챙김을 패스트푸드에 빗대어 맥도날드의 앞글자와 마음챙김을 합성한 신조어-옮긴이

생각을 잠재우고, 성찰과 평온의 상태에 머무르는 것에 중점을 둔 다양한 명상 또는 관상 수련을 포함한다는 사실은 우연이 아니다. 이러한 고대의 영성 수련은 일반적으로 불안감이 없는 차분한 실재성, 즉 지금 이 순간에 대한 깊은 자각과 '일단 앉을' 수 있는 능력을 함양하는 데 중점을 둔 현대의 심리 치료와 겹치는 부분이 매우 많다. 이런 면에서 분명 짚어볼 만한 게 있다.

2016년 말, 이 모든 점을 염두에 둔 데다 적잖은 의욕까지 솟구치는 상태에서 자문해봤다. 어느 정도 전념하며 꾸준한 노력을 기울이면 일 년 동안 매일 명상을 하는 것이 가능할까? 만약 가능하다면 그게 나한테 도움이 될까?

정신과 의사로서 전임으로 일하고 더블린 시내에서 가족과 사는 나는 남들과 다를 바 없이 스스로 바쁜 사람이라 생각한다. 꼬박 일 년 동안 매일 얼마 안 되는 시간이라 해도 일정한 시간을 쪼개 명상에 할애하는 게 가능할까? 현대의 근무 환경과 가족생활의 온갖 복잡다단한 속성이 과연 내게 매일 십오 분이라는 명상 시간을 허락하고 (혹시나 있을) 발전 과정을 기록하게 해줄까? 여하튼 나는 시도해보기로 마음먹었고 그게 바로 이 책이 탄생한 사연이다.

애초에 나는 이 명상 프로젝트의 성공률을 10퍼센트로 점쳤다. 일 년은 아주 긴 시간이니까. 그런데 막상 프로젝트에 돌입하자 처음에 계획했던 방향과 약간 다르게 흘러갔다. 뭔가 더 산만해지고 반성이 많아지는 데다 자동으로 굴러가는 분위기가 짙어졌다. 내가 원했을 명상은 덜 하고, 예상보다 자아 성찰을 더 많이 했다. 게다가 상태 나쁜 난장판인 내 머릿속으로 틈날 때마다 스멀스멀 기어들어오는 마구잡이식 주제에 관한 아무 말 대잔치가 넘쳐났다. 하지만 이 중 어떤 것도 처음에는 예상하지 못했다. 이 모든 상황이 앞으로 이 책에서 하나씩 드러날 것이다.

이 프로젝트는 근본적으로 단순히 명상에 대한 나의 관심에서 기인했으며, 무엇보다도 오래도록 불교에 매료되었다는 점도 이 프로젝트의 탄생에 한몫했다.

○ 부처 이야기

오늘날 명상은 불교와 가장 접점이 많은데 나는 이 부분에 늘 관심이 많았다. 하지만 오랜 세월 불교에 관한 책을 읽었는데도 불교의 핵심 이야기, 즉 부처의 일대기는 언제나 당혹스럽다.

고타마 싯다르타는 기원전 566년경에 인도 북동부에서 태어났다. 지방 소국의 왕이었던 싯다르타의 아버지는 아들이 금욕주의에 경도된 것을 훈계하는 한편, 싯다르타가 나이 들 때까지 노화나 질병, 죽음의 현실에 직면할 필요가 없을 정도로 더없이 안전한 울타리 안에서 양육했다. 싯다르타는 열여섯 살 때 아름다운 공주 야소다라와 결혼했고 곧 둘 사이에 아들이 태어났다.

어느 순간 싯다르타는 특권을 누리는 자신의 삶을 못마땅하게 여기고 집을 떠나 방랑하는 수행자 혹은 사문沙門*의 길에 들어섰다. 싯다르타는 아내와 자식을 궁핍하거나 생계가 빠듯한 환경에 남겨 두진 않았지만 가족을 나 몰라라 하는 아비의 전매특허 같은 방식으로 가족을 버리고 떠난 셈이다. 분명 그건 딱히 자비로운 처사도, 깨우친 사람이 보일 행동도 아니지 않은가?

어쨌든 싯다르타는 명상과 자발적 고행의 여정을 몇 년 거친 후에도 여전히 무언가를 이루지 못했다고 느꼈다. 그래서 인도 북동부 보드가야의 신성한 보리수나무 아래에서 더 깊은 명상에 들어갔고 자신이 찾는 지혜를 얻지 못한 채 그 자리에서 일어나느니 차라리 나무 아래에서 죽으리라 맹세했다. 싯다르타는 수차례 닥친 유혹과 공격의 포화에도 굳건히 견디며 명상을 계속했다. 얼마 후 밤중에 명상을 이어가던 싯다르타가 몇 단계의 깨우침을 거쳐 깨달음을 얻었다. 마침내 모든 생명체의 정확한 상태를 직시하고 고통의 원인과 해법을 인지하는 데 이른 것이다. 이 지점에서 싯다르타는 '부처' 또는 정각자正覺者가 되었다.

이 모든 것이 상당히 흥미진진한 이야기를 만들어낸다. 부처는 자비와 연민, 고요와 통찰에 중점을 둔 더없이 온화하고 강력하며 영감 가득한 가르침을 전하러 나섰다. 그리고 바로 이런 가르침의 내용과 논조 자체가 나를 한층 더 당혹스럽게 한다. 어째서 싯다르타는 자신의 길을 가겠답시고 아내와 자식을 저버렸을

＊ 산스크리트어 '스라마나śramana'의 음역으로 출가하여 깨닫기 위해 노력하는 사람을 뜻한다.-옮긴이

까? 물론 그가 진리를 탐구하는 데 집중하려고 속세의 것을 포기하길 원했고, 그렇다고 아무 대책 없이 생계 지원도 하지 않은 채로 가족을 떠난 게 아니며, 당시의 사회가 지금과는 많이 달랐다는 것쯤은 나도 안다.

하지만 내 눈에는 아내와 자식을 두고 홀쩍 떠나는 건 여전히 지각없고 졸렬하고 인정머리 없는 처사처럼 보인다. 틀림없이 그보다는 상처를 덜 주는 더 나은 방법이 있었을 텐데? 그리고 분명히 오늘날에는 명상적인 삶을 추구하기 위해 택할 만한 그리 유난스럽지 않고 꾸준한 방법이 있을 텐데?

여러 가지 면에서 이 책이 바로 그 방법에 관한 것을 다룬다.

○ 이 책의 구성

이 책에 담긴 이야기는 부처의 사연보다야 극적인 요소는 훨씬 덜하다. 하지만 나는 불교에서 영감을 받아 내 나름의 명상 프로젝트를 진행하면서 불교 사상의 핵심 원리를 이용해 일기의 틀을 잡았고, 불교 수행의 토대가 되는 철학과 심리학을 개괄적으로 설명했다.

이 점을 염두에 두고 불교의 가장 중요한 가르침인 '사성제四聖諦'와 '팔정도八正道*'로 일 년간의 명상 프로젝트를 구성했다. 이러한 가르침에 대해 생각할 때 주목해야 할 부분은 불교의 가르침이 철학이자 심리학이자 윤리학이라는 점이다. 다시 말해, 불교의 가르침은 실재에 대한 특정 신념 체계(철학), 인간의 정신과 행동의 특정 원리(심리학), 적합한 행위에 대한 일련의 특정 권고 사항(윤리학)을 전한다. 철학, 심리학, 윤리학 이 세 가지가 불교에 녹아 있다.

사성제는 인간이 겪는 괴로움〔고苦〕과 그 해결 방법을 중점적으로 다룬 것이다. 명상 일기 중 처음 넉 달(2017년 1월~4월)은 사성제를 하나씩 차례로 짚어본다. 처음에는 우선 '고苦' 자체, 즉 '고제苦諦'를 다룬다. '고苦'는 보통 '괴로움'으로 지칭되며 '고통'이나 '불안'을 의미하기도 한다. 본질적으로 '고苦'는 인간의 경험과 행동의 많은 부분이 만족스럽지 않음을 나타내며 괴로움의 근본 원인과 극복 방법을 알아낼 필요가 있다고 짚어준다.

2월의 일기에서 논의한 사성제의 두 번째는 괴로움의 원인, '집제集諦'이다. 불교에서 이 집제는 갈애渴愛('탐욕'이나 '집착'으로도 표현할 수 있다), 성냄, 어리석음**이다. 이러한 경험은 감각 현상과 우리 주변 세상에 대한 반응에 내재된 경우가 많다. 불교에서는 평온에 이르고 통찰력을 높이며 깨달음을 향해 나아가는 중요한 해법으로 명상 수련에 중점을 두는데 이 두 번째 진리가 근본적으로 이 수련의 큰 부분을 차지한다.

＊ 　사성제는 불교의 근본 교리인 '고집멸도苦集滅道'라는 네 종류의 진리이며, 팔정도는 불교의 기본적 가르침으로 가장 보편적인 여덟 가지 원리이다.-옮긴이

＊＊ 탐貪·진瞋·치癡의 삼독三毒으로 표현하기도 한다.-옮긴이

3월의 일기에서 논의되는 세 번째 진리는 괴로움을 멸하는 '멸제滅諦'이다. 괴로움을 직시하고 탐냄, 성냄, 어리석음을 극복함으로써 괴로움을 멸하는 단계에 이를 수 있다. 이것은 불교 수련의 최종 목표이며 열반이나 해탈로 알려진 것이다.

마지막으로 4월의 일기에서 논의되는 네 번째 진리는 지혜와 덕과 명상이라는 세 가지 핵심 원리에 바탕을 둔 팔정도를 통해 괴로움을 극복하는 방법이다.

팔정도는 괴로움을 줄이기 위해 이 세상에서 어떻게 생각하고 행동해야 하는지 최선의 방법을 제시한 지침이다. 팔정도의 여덟 가지 덕목은 다음과 같다.

● 바른 견해(정견正見)
● 바른 결의(정사유正思惟)
● 바른 말(정어正語)
● 바른 행동(정업正業)
● 바른 생활(정명正命)
● 바른 노력(정정진正精進)
● 바른 마음챙김(정념正念)
● 바른 집중(정정正定)

이상의 주제를 하나씩 차례로 다루면서 5월부터 12월의 일기가 진행된다. 일기의 마지막 장인 2018년 1월에는 일 년에 걸친 명상 프로젝트의 성과가 무엇인지 되돌아본다. 만약 성과라는 게 있다면 말이다. 이렇게 말할 수밖에 없는데 그 마지막 장에 어떤 내용이 담길지는 나도 모르겠다.

이 일기 전반에 걸쳐 여러 가지 특정 주제를 언급하고, 그중 몇 가지에 관해 더 상세한 정보를 제공하기 위해 에세이도 몇 편 싣는다. 이를테면 정신 건강을 유지하기 위한 명상의 유용성, 저가 항공기라는 험난한 환경에서 필요한 마음챙김 안내 등이다. 추가로 덧붙인 이러한 에세이와 여타 관련 글은 생각이 떠오른 적절한 시점에 일기 곳곳에서 언급된다. 마지막 장에는 명상 방법도 있다.

마지막으로 확실히 짚고 넘어갈 것은 이 책이 다른 무엇보다도 명상 수련에 중점을 둔 명상 일기라는 점이다. 이 책에 담긴 이야기는 명상이 정신과 의사로 일하는 나에게 미친 영향에 대해서도 다룬다. 가족, 친구, 별도의 활동 등 내 삶의 다른 측면은 명상 프로젝트와 관련이 있는 부분까지만 다룬다. 물론 그 모든 것이 항상 배경에 자리하고 있었다. 독자가 이 책에서 읽는 것 말고도 다른 많은 일이 일어났고 너무 많아서 전부 언급할 수도 없다.

아마도 웬만한 일기에 담아내기엔 너무 복잡하고 강도 높은 이 공사다망함이야말로 그 어느 때보다도 명상이 절실해지게 만드는 이유 같다.

때로는 일단 앉는 게 능사다.

팔정도

열반

그저 뭘 하지만 말고, 그 자리에 앉으라.

불교 격언

사
성
제

만사가
마음에 차지
않는다

무안할 정도로 단출하긴 해도 일단
명상 습관을 들이려고 한다. 침대 맡에
쌓아두고 미처 펼쳐보지 않았던 수많은
명상 안내서에 적힌 온갖 도전 과제가
내 앞에 있다. 문득 깨달은 건, 내가
대부분의 일상생활 속에서 상당히 정신
산만하게 지내는데도 어찌 됐든 모든
일과를 계속 이어간다는 사실이다.
상황이 어떻든 간에, 딱히 뭐라 가늠할
수 없는 이유가 있어서 나는 명상
프로젝트를 포기하지 않는다.

1월 ___ 1일 _____ 일요일

새해 아침 일곱 시, 거실 바닥에 앉는다. 쌀쌀한 아침인데 기분 좋게 쌀쌀하다. 크리스마스트리가 은은한 향을 풍기며 분위기를 자아낸다. 이 집에서 크리스마스가 끝나려면 아직 한참 멀었다. 어젯밤에 일찍 잠자리에 들어서 다행이다. 밖에서 불꽃놀이니 제야 행사니 하며 떠들썩한 와중에 내리 쿨쿨 잔 모양이다. 기운이 충전된 나는 이번만큼은 새해를 맞을 만반의 준비가 되어 있다.

정좌한다. 호흡에 집중한다. 천천히 들숨을 세면서 호흡을 열 번 한다. 들숨에서 날숨으로 숨을 돌리는 시점을 천천히 세면서 호흡을 열 번 한다. 천천히 날숨을 세면서 호흡을 열 번 한다. 이 순간에 집중하려고 애쓴다.

창밖에서 새 소리가 들리고 생각은 이리저리 헤맨다. 좋은 거라고 생각한다. 이것이 명상 수련의 핵심이다. 머릿속 생각들이 정처 없이 돌아다닐 필요가 있다. 그래야 생각을 다시 호흡으로 데려올 수 있다. 그게 명상이 하는 일이다. 내 머릿속에 무의미한 생각이 무수히 채워져야 그 생각들이 지나가게 하고 지금 이 순간에 집중할 수 있다.

여전히 새 소리가 들린다. 녀석들은 떠날 생각이 없다. 소리를 듣자 하니 아주 행복한 모양이다. 저 새들은 명상을 하는 건 아닌 듯하다. 아니, 하고 있는 건가? 어쩌면 마음챙김 버전으로 노래를 하는 건가? 만약 그게 맞다면, 장담컨대 저 녀석들은 나보다 번민의 무게가 훨씬 덜할 것이다.

앞으로 일 년 동안 매일 명상을 해볼 것이다. 우선 첫 달에는 하루에 딱 십 분에서 십오 분 정도로 시작하겠다. 그게 얼마나 어려울는지 모르겠다. 오늘이 첫날이다.

1월 __ 2일 _____ 월요일

아침 여섯 시 반, 주방에서 다시 호흡에 집중하려고 한다. 다행히도 일찍 일어나는 습관이 몸에 배어서 아침에 일어나려고 알람 같은 걸 맞출 필요가 없다. 명상 시간을 확보하려면 하루를 여는 이 첫 시간에 책을 읽거나 컴퓨터 작업을 하는 대신 정좌하고 호흡에 집중하는 것으로 재배치하기만 하면 된다. 하지만 오늘은 정좌고 호흡이고 완전히 물 건너갔다. 망했다! 이제 고작 이틀쨋데.

명상을 해야 하는데 이따가 뭘 하고 있을지만 계속 생각한다. 이탈리아에서 오는 손님을 데리고 더블린을 돌아다니다 뉴그레인지Newgrange(아일랜드 동부의 미드주에 있는 신석기시대 말기의 돌무지무덤—옮긴이)에 들러야 할 일이 있다. 이런 생각들을 떨쳐버리고 들숨에 집중하려고 한다. 소용없다. 어제 게이어티 극장에서 본 팬터마임 〈로빈후드〉 생각이 계속 맴돈다. 훌륭한 공연이었다. 배우들은 에너지가 넘쳤고 연기에 굉장히 열중했다. 아마 그게 배우들에게는 일종의 마음챙김 수련 같다. 지금 이 순간에 완전히 몰입하는 것.

이 생각도 떨쳐버리고 다시 호흡에 집중하려고 한다. 또 실패. 명상은 무슨 명상, 매일 아침 조깅하러 가는 계획이나 세웠어야 했나? 내가 지금 너무 성의가 부족한가? 이 생각마저 떨치고 다시 호흡으로 돌아가보려 한다. 또다시 실패. 오늘 일기에다 뭘 써야 하나? 어쩌면 일기를 쓰는 것도 실수 아닐까? 평범하고 간단하고 꾸밈없고 지적 사유니 뭐니 들먹이지 않는 진짜배기 명상을 피하려는 꼼수이거나 괜히 정신을 딴 데 돌리는 구실 아닐까? 그렇다면 이렇게 정신을 흩트리는 생각들에 관해, 이런 생각을 떨쳐버리는 방법에 관해 쓰기로 결심한다. 그런 다음 정확히 말하자면 나의 잡념을 몰아내는 것에 관해 쓰게 될 내용을 찬찬히 생각해보려고 한다.

이런 생각마저 진력이 나서 쫓아버리는 와중에 전화기에서 풍경소리 같은 게 들려온다. 십 분이 다 지났다. 오늘치 할당량을 채웠다. 여전히 나는 깨우침을 얻지 못했다. 아직 공중 부양도 못했지만 그야 너무 당연한 거 아닌가? 이틀에 걸쳐 엉망으로 달랑 이십 분 명상한 결로는 언감생심. 어림도 없다.

그러거나 말거나 아마 어제 그 녀석들인 듯한 저 행복한 새들은 내가 모르는 뭔가를 알고 있다. 오늘도 어김없이 열창하며 여전히 행복에 겨운 소리를 들려준다. 반면에 나는 짜증에 겨울 뿐이다.

1월 __ 3일 _____ 화요일

크리스마스 휴가를 끝내고 다시 업무에 복귀했다. 어제 이탈리아 손님들을 모시고 뉴그레인지에 다녀왔다. 작년에는 운 좋게 동짓날 즈음 새벽에 뉴그레인지에 갔었다. 딱 그 시점은 떠오르는 태양이 석실石室로 광선을 쏘고 석실에 비친 고대의 빛이 봄을 불러오는 순간이다. 여행 가이드는 어느새 뭔가 희한하고 아스라하고 신비주의스러운 상태에 빠져들어서는 유적지의 의미에 대해 그럴듯한 추측을 늘어놓았다. 물론 아름다운 시골이 내려다보이는 언덕 위에 자리한 매우 신성한 곳이긴 하다.

뉴그레인지는 행진하듯 지나다니는 수천 명의 사람들만 없다면 명상하기에 더할 나위 없는 장소일 것이다. 하지만 학교 견학팀, 여행 가이드, 관광버스의 발길이 끊이질 않는다. 만약 이른 아침에 여기에 온다면 훨씬 고요한 공간과 마주할 테고, 혹시 공력이 높은 명상가라면 이런 산만한 상태쯤이야 가뿐히 초월할 수도 있다. 하지만 나는 아니다. 일 년 명상 프로젝트 사흘 차에 접어든 사람이니 숙련도를 따질 단계가 아니다. 적어도 아직은.

그렇기는 하지만 오늘도 언제 끝나나 싶은 정신 산만한 십 분 동안 조용히 의자에 앉아 명상을 한다. 명상을 하려고 애쓰면서 잠드는 사람도 있다는 게 나로선 도저히 이해가 안 가는데, 사실 그동안 가끔 명상 수업에 참석할 때 그런 장면을 심심찮게 보긴 했다. 어떻게 그럴 수 있지? 명상을 하자고 들면 내 정신은 마치 나무에 매달린 원숭이처럼 이리저리 흔들리며 미친 듯이 여기저기 돌아다니고, 끝도 없이 지껄이고, 의미 없는 소리를 주절거린다. 이 정신머리가 차분히 진정되도록 해야 한다.

1월 __ 4일 _____ 수요일

어디서 명상을 하는지가 중요할까? 어이쿠, 중요하더라. 업무 시작 전에 사무실에서 하는 명상은 끔찍하고 정신 산만하고 짜증난다. 머릿속에 업무와 관련된 중요한 생각이 들어차서 메모라도 해둬야 하나 싶지만 일단 참는다. 그렇게 눈곱만큼도 마음에 들지 않는 십 분짜리 '명상'이 끝나면 머릿속을 휘젓던 생각을 깡그리 잊는다. 과연 그게 정말로 중요한 생각들이었을까? 그렇지 않다. 이제 다 사라지고 없다. 그런 생각을 했던 사람도 사라지고 없다. 불교의 가르침에 따르면 '자아'는 너무나 빨리 변하므로 불변의 고정된 자아를 생각하는 자체가 현혹시키는 것이다. 세상은 끊임없는 흐름 속에 거하며 모든 것이 변하고 무엇보다도 자아는 빛의 속도로 변한다.

그렇다면 천만다행이다. 오늘의 자아는 명상을 엉망으로 했다. 아마 내일의 자아는 더 나아지겠지. 나는 그저 계속 노력해나가야 할 뿐. 예전에 깨달은 바로는 명상 음악, 귀마개, 특수 의자 등등 도움이 될 만한 보조 장치들이 결국 주의를 흩트리는 역할만 했다. 단순함과 집중이 핵심이다. 내일 다시 시도해보리라.

1월 __ 5일 _____ 목요일

내일 있을 회의 때문에 파리에 왔다. 이른 아침에 공항에서, 비행기 안에서 바쁘게 업무를 처리했다. 늦은 오후에는 기메 미술관에 다녀왔다. 이곳은 17세기 아시아 국가에서 건너온 예술품 수만 점이 전시된 파리의 훌륭한 아시아 미술관이다. 수년 전에 우연히 발견했는데 이번 여행 중에 다시 찾아갔다. 미술관 본관 바로 길 위쪽의 불교 신전 미술관에는 수백 개의 불상을 비롯해 놀라운 불교 예술품이 전시되어 있다. 모든 불상이 나와 달리 평온한 모습으로 명상 중이다.

적당히 자극받은 나는 에두아르 베이앙가의 호텔 방에서 꼬박 십오 분 동안 더할 나위 없는 고독 속에 명상을 했다. 단언컨대 올해 들어 지금까지 한 명상 중에 최고였다. 마음이 흐트러지지 않은 고요하고 평온한 시간이었다.

그렇다고 명상을 하고 싶을 때마다 파리로 가야 할까? 아마 그럴지도 모르지만 지금은 이걸로 걱정해봤자 아무 의미가 없다. 일단 진전이 있으니 감사부터 해야 한다. 당분간은 그것으로 족하다. 자, 이제 자자.

1월 ___ 6일 _____ 금요일

듣기에 거슬리는 사람들이 많겠지만, 나는 언제나 아침형 인간이었다. 매일 여섯 시쯤이면 잠에서 완전히 깨어 하루를 시작할 준비가 100퍼센트 완료된 상태로 꼿꼿이 앉아 있는다. 아침은 뭘 하든 최적의 시간이다. 일도 운동도 명상도. 이 이른 아침 시간을 어떻게 쓸지 곰곰이 생각한다. 하루 중 나머지 시간은 대개 더 바쁘고 정신을 산만하게 하는 것들이 도처에 널려 있을 테니 말이다.

상쾌한 파리의 아침, 잠에서 깨어 한두 시간 일을 하고 십오 분간 평온한 명상을 한 다음 튈르리 공원을 산책했다. 공원은 고즈넉하고 우아하다. 상쾌하고 선선하다. 말로 형용할 수 없을 정도로 평화롭다. 이게 바로 내가 사랑하는 파리다.

회의는 오전 늦게 시작했다. 회의가 끝나고 점심시간에 달팽이 요리를 먹었는데 마늘 범벅 속에 달팽이가 철저히 감춰져 있어서 뭐가 달팽이 맛인지 도무지 알 수 없었다. 상관없다. 나는 아무리 좋은 게 나와도 프랑스 요리에 열광하는 사람이 아니다. 아시아 음식이 더 좋다.

저녁에는 이상하리만치 조용한 호텔 레스토랑에서 침묵에 관한 잡지 기사를 읽으면서 기분 좋은 익명성을 즐기며 혼자 저녁을 먹었다. 문득 궁금해진다. 잡지에서 이 기사를 빼버리고 세 페이지를 비워둔 채, 독자에게 침묵에 관한 글을 읽느니 차라리 십오 분간 눈을 감고 조용히 앉아 있어 보라고 하는 게 더 낫지 않았을까?

1월 ___ 7일 _____ 토요일

이번 달의 주제는 불교의 사성제 중 첫 번째인 '고제苦諦'다. '고苦'는 '고통'이나 '불안'을 뜻할 수도 있지만 대개 '괴로움'으로 바꿔 말한다. 본질적으로 '고'는 인간의 경험과 행동 중 많은 부분이 궁극적으로 만족스럽지 못함을 뜻하며 '고'의 근본 원인을 찾아내 극복해야 할 필요성을 짚어준다.

나는 '고'를 괴로움보다는 불만족이라고 생각한다. 삶에서 모든 것이 어떻든 불만족스럽다는 생각에 쉽게 공감하는 까닭이다. 그리고 부유하고 발전된 국가(아일랜드)에서 특권을 누리며 사는 사람으로서 내 하루하루의 수고를 '괴로움'으로 표현하는 건 틀린 것 같다. 더구나 불만족은 '고苦, duḥkha'라는 불교 용어의 원의미와 훨씬 가깝다.

신기하고 매혹적인 파리의 마지막 날 아침 잠에서 깬 나는 여전히 불만족할 건수를 사방에서 찾아내고 만다. 아무래도 나는 더없이 멋진 곳에서도 기어이 '고'를 찾아내는 재주 같은 게 있나 보다. 이를테면 지금 이 순간이 내가 사랑하는 도시 파리(프랑스 요리는 논외로 치더라도)의 마지막 아침 시간이라는 게 불만족스럽다. 이거 참 우스운 노릇이다. 파리 여행을 잘했고, 회의도 잘 끝났고, 여차하면 오늘 오전에 다시 기메 미술관에 가서 아시아 예술을 감상할 짬도 있다. 그런 다음 아직 한창 주말인 시점에 호사스럽게 특권을 누리는 나의 삶이 기다리는 집으로 돌아갈 텐데 세상천지 불평할 게 뭐가 있다고.

그렇지만 불만족스러운 감정은 온 사방에 도사리고 있다. 일체개고一切皆苦(모든 것은 괴로움이다. 즉, '고苦'가 도처에 있다―옮긴이)로다. 호텔에서 십오 분간 (불만족스럽게) 명상을 하고 한두 시간 업무를 본 다음 소르본 대학에 잠깐 들렀다가 (만족스럽게) 더블린으로 돌아간다.

확실히 해두자면, 나는 파리를 좋아한다.

1월 ___ 8일 _______ 일요일

최근에 쓴 책 『목소리를 듣다Hearing Voices』와 관련된 일들로 꽉 채워진 하루다. 이 책에 3년 이상이란 어마어마한 시간을 바쳤다. 과거부터 현재까지 아일랜드의 정신의학 역사를 탐구하고 정신 질환자들을 위한 더 나은 공공의료 및 사회 복지 서비스를 모색한 시간이었다. 전국 일간지에 긍정적인 서평도 나오고 RTÉ 라디오 1의 프로그램 〈히스토리 쇼〉에서 인터뷰도 한다.

이 모든 일정을 시작하기 전 이른 아침에 십오 분간 명상을 하려고 정좌한다. 이때 낮에 서평이 나오는 걸 아는 상태에서 궁금함과 걱정은 옆으로 밀어두고 호흡에 집중하려고 애쓰는데 웬만큼 성과는 있지만 만만치는 않다. 설상가상으로 고양이 트릭시가 내가 명상하는 동안 가만 앉아서 눈도 깜빡이지 않고 나를 응시한다. 트릭시는 흰색 바탕에 검은 부분이 얼룩덜룩 섞인 사랑스럽고 다정한 생명체다. 참을성만큼 호기심도 많다. 삶이 가져다주는 게 무엇이든 전적으로 받아들이는 녀석이기도 하다. 지금 이 순간 트릭시의 두 눈이 나를 뚫어지게 쏘아본다. 내가 모르는 뭔가를 아는 눈빛이다. 아마 분명 그럴 것이다.

트릭시가 계속 거기 있는지 눈을 뜨고 확인하고 싶어 근질근

질했지만 끝까지 참았다. 명상을 마치고 눈을 뜨자 트릭시는 사라지고 없다.

1월 ___ 9일 _____ 월요일

명상하라. … 나중에 후회하지 않으려면 미루지 말라.

부처

네, 그래야죠.

1월 ___ 10일 _____ 화요일

불교에서 말하기를 명상은 정신적 성장을 위해 필요한 것이지만 그것만으로는 충분치 않다. 명상의 이점을 일, 가정생활, 친구 관계 등 모든 영역으로 가져오려면 자신의 삶에 더 폭넓은 변화를 줄 필요가 있다. 명상의 목적은 완벽한 가부좌를 트는 데 통달하는 게 아니라(천만다행!) 자신의 삶을 보다 폭넓게 변화시키는 것이다. 만물의 참모습을 볼 줄 알고, 측은지심을 키우고, 하루의 매 순간 마음의 평정을 유지하는 것이다.

'온종일 매 순간 평온'을 유지하리란 다짐은 오늘 확실히 물

건너갔다. 상담, 회의, 통화, 이메일, 기타 등등 여러 가지 일로 허둥지둥 정신없는 하루가 휘몰아친다. 온갖 정보와 행사의 격랑을 꿋꿋이 제어하려고 안간힘을 쓴다. 어느 순간 내가 뭘 하고 있는지, 뭘 해야 하는지도 모른 채 그저 맹목적으로 계속 뭔가를 하고 있다. 결국에는 갖가지 일이 뒤엉킨 무성한 수풀을 헤치고 나아가 빈터에 다다른다. 아니, 그보다는 집에 가기 전에 해야 할 모든 것이 줄줄이 눈에 들어오는 덤불 속 어느 지점에 다다른 게 맞다. 이제 더욱 결단력 있게 앞으로 나아간다.

이 모든 일을 해나가는 내가 희한할 정도로 차분해 보이지만 내적인 평정에 더 매진해야 한다. 부디 명상이 도움이 되길.

1월 __ 11일 _____ 수요일

그래. 당연한 소리로 들리겠지만 주의를 빼앗길 일이 별로 없으면 명상이 훨씬 잘된다. 가령 집에서 명상을 할 때 식구들이 일어나기 전에 한다든가 사무실에서 오전 아홉 시 이전이나 오후 다섯 시 이후에 하는 명상의 효과가 크다. 점심시간은 근무시간 중간인 데다 일과 분리하기가 더 힘들어서 좋지 않다. 하지만 그건 내가 명상을 하기 위해 의도적으로 노력해야 한다는 뜻일 수도 있다. 명상이 가장 필요한 순간 아닐까? 현재로서는 여전히 명상 프로젝트의 시작 단계에 있으니 일단 집중하는 데 더 수월한 시간대를 고수하는 편이 낫다 싶다. 정착기에 접어들 때까지는 쉽게 성취감을 얻을 필요가 있다.

십오 분이 뚝딱 지나간다. 여전히 잡념이 생기지만 명상이 그럭저럭 된다. 이 정도면 충분하다.

1월 ___ 12일 _____ 목요일

의심이 크면 깨달음도 크다. 의심이 작으면 깨달음도 작다. 의심이 없으면 깨달음도 없다.

선불교 격언

이것 참 안심되는 말이다. 내 안의 의심은 말도 못 하게 크거든.

1월 ___ 13일 _____ 금요일

이십 대 남성 조지가 상담을 받으러 왔다. 조지는 경영학 공부에 흥미를 잃고, 친구와 가족하고도 소원하게 지내고, 일상생활에도 아무런 의욕이 없다. 질문을 더 해보니 체중이 줄고, 잠도 많이 못 자고, 거의 항상 공허한 기분이 든다고 대답한다. 조지는 자신이 우울증인지, 아니면 이런 게 그저 살다가 겪는 정상적인 감정의 기복에 불과한지 물었다. 나는 조지가 겪은 식으로 우울한 적이 없어서 조지가 나더러 자기가 어떤 느낌인지 정말로 이해하냐고 물을 때 솔직하게 아니라고 대답했다. 그가 느끼는 방식의 감정을 느낀 적이 없던 터라 완전히 이해하지는 못한다고. 오랜 세월 나는 이런 식의 감정을 토로하는 사람 수천 명을 만났고, 조지에게 그랬던 것처럼 내가 더 잘 이해할 수 있도록 자신의 감정을 정확히 설명해달라고 청했다. 조지가 상세히 말하는 동안 나는 그저 조용히 앉아서 그의 말을 경청한다. 선불교의 이런 격언처럼. "조용히 앉아 아무것도 안 하는 사이 봄이 오고 풀이 저절로 자란다."

일이 끝난 후에 명상을 한다. 집으로 돌아갈 때면 환자들을 잊는다. 이건 선택이라기보다 꼭 필요한 습관이다. 집에서 특히 이른 아침에 연구 과제에 매달리거나 기사를 쓸 때가 종종 있다. 하지만 병원 업무는 항상 병원에 남겨둔다. 그래서 자리를 잡고 명상할 때 조지의 사연과 다른 환자들의 이야기는 일터에 남아 있고 오롯이 내 안에 있는 것은 하루 일과를 마친 후의 내 감정뿐이다. 만족감(가끔), 좌절감(생각보다 자주), 그리고 어쩔 수 없이 밀려드는 피로. 피로도 '감정'인가? 내가 확실히 피로를 느끼는 거니까 그렇겠지. 사실 바로 지금 피로하다는 느낌이 든다. 오늘은 여기까지!

1월 ___ 14일 _____ 토요일

주말이다! 식구들이 일어나기 전에 한두 시간 일을 하고 십오 분간 적당히 명상을 하려고 일찌감치 기상. 훌륭하다. 아주 재수 없는 소리로 들릴 수도 있는데, 나는 아침이 참 좋다.

가족들과 한참 시간을 보내고 오후에는 정신과 의사 이보르 브라운Ivor Browne에 관한 신작 〈원더 아이The Wonder Eye〉를 보러 아일랜드영화협회IFI에 간다. IFI에서 열린 퍼스트 포트나이트 정신 건강 아트 페스티벌에서 상영되는 이 영화는 '이보르와의 만남'이라는 부제가 붙어 있다. 저명한 정신과 의사이자 아일랜드 정신 보건 의료계의 개혁자인 브라운 박사와 대화를 나누는 많은 사람들의 장면을 담은 굉장히 흥미로운 영화다. 내가 나오는 장면 때문에 민망한 것만 빼면.

1월 ___ 15일 _____ 일요일

일찍 기상. 한두 시간쯤 일을 하고 십오 분간 명상을 한다. 그러고 나서 녹차를 마신다. 명상 후에 마시는 녹차는 언제나 더 좋다. 타오 오브 티라는 브랜드의 녹차.

아직은 내가 훌륭한 명상가도 아니고 어디 가서 명상하는 사람이라고 명함을 내밀기도 애매할지 모르지만, 명상 과정 자체

가 이미 나의 마음을 자각하는 힘을 키워주었고 내 마음이 얼마
나 흐트러지는지 잘 알게 해주었다. 아침과 저녁을 비교하면 그
차이가 확연히 나타난다. 아침에는 정신이 더 또렷하고 집중도도
높다. 저녁에는 머릿속이 걷잡을 수 없이 산만하고 뒤죽박죽 난
장판이 따로 없다.

1월 ___ 16일 _____ 월요일

많고 많은 채널 중에 스위스 내셔널 라디오와 인터뷰를 했
다. 크리스마스에 《란셋The Lancet》(세계에서 가장 오래된 권위 있는 의
학전문지 중 하나―옮긴이)에다 메디컬 로맨스 소설들에 관한 짧
은 글을 썼는데 라디오 담당자가 읽은 모양이다. 멋진 의사, 헌
신적인 간호사, (기적적으로 살아나는) 위독한 환자, 어디선가 불
쑥 나타나는 아기들이 어우러져 어김없이 해피엔딩을 선사하는
소설에 관한 글이었다. 2007년에 그런 류의 소설 스무 편을 읽고
《란셋》에 가벼운 내용의 글을 기고했고 십 년 후인 올해 또 스무
편을 더 읽고 후속 글을 썼다. 이유는 나도 모르겠다. 이번에 읽
어보니 메디컬 로맨스 장르에 약간의 변화가 생겼다. 심장이 말
랑말랑해지고, 상처가 치유되고, 매번 사랑이 승리한다. 특히 응
급실과 항공 의료팀에서.

질답 형식의 방송에서 실컷 떠들었다. 메디컬 로맨스 소설이

현실을 반영하나요? 아뇨, 이런 소설이 왜 이렇게 인기를 끄는지 아시나요? 삶! 죽음! 로맨스! 싫을 게 없잖아요?, 10년 뒤에 또 메디컬 로맨스 소설 스무 편을 읽으셨는지 확인 차 전화를 드려도 될까요? 네, 다시 전화 하셔도 됩니다, 하고 답한다. 《란셋》이 계속 발간되는 한 내가 책 읽기를 그칠 일은 없으니까.

십오 분간 명상을 하며 메디컬 로맨스에 관한 모든 생각을 머릿속에서 떨쳐버린다.

1월 __ 17일 _____ 화요일

내 머릿속에서 무슨 일이 벌어지는 거지? 명상을 할라치면 귀신같이 수백 가지 생각이 몰려든다. 업무, 해야 할 일, 할 필요 없는 일, 희한한 기억, 아무렇게나 떠오르는 공상, 생각에 대한 생각, 생각에 대한 생각에 대한 생각 등등. 이런 생각들을 억지로 쫓아버리고 꾸역꾸역 다시 호흡에 집중하려는 이 다람쥐 쳇바퀴 도는 것 같은 상황을 멈추기가 힘들다. 억지로 하려는 게 문제다. 강제로 뭘 어떻게 하려는 힘이 너무 적극적이고 너무 공격적이고 너무 부질없다. 잡념을 더욱 키울 뿐이다. 밀고 들어오는 생각에 얽혀드느니 차라리 떠내려가게 놔둘 필요가 있다.

이게 만만치 않다. 보통 나는 몰려드는 생각에 잠기거나 억지로 쫓으려고 용쓰면서 어쨌든 생각에 얽히고 만다. 두 가지 선택은 몰입과 심란心亂으로 나타날 뿐이고 둘 다 피해야 한다.

무엇보다도 큰 좌절감을 느끼는 부분은, 몰려드는 생각을 흘려보내야 하는데 결국 실패하는 과정에 대해 자주 생각하고 이런 생각 자체가 한층 공고한 몰입과 심란의 꼴을 갖추게 되는 것이다. 침투적 사고浸透的思考(자신의 의지와 무관하게 떠오르는 원치 않는 생각─옮긴이)를 흘려보내는 (그리고 결국 실패하는) 것에 대한 생각은 그만하고 그저 흘러가게 두어야 할 필요가 있다.

다시 말해 그냥 생각만 하지 말고 그렇게 해야 한다. 실제로 일어나게 해야 한다.

1월 ___ 18일 _____ 수요일

불교에 대한 나의 관심은 역사가 깊다. 2010년에는 선덜랜드 대학교의 불교학 원격 교육 과정을 마쳤다. 수많은 온라인 토론과 그룹 활동, 세미나, 과제가 포함된 이 멋진 교육 과정을 통해 배운 바가 많다. 돌이켜보면 내 잠재의식 속에 명상을 피하려는 의도가 있어서 그 과정을 밟은 게 아닌가 하는 혐의를 떨칠 수가 없다. 마치 실제로 마음챙김을 수련하는 것만큼 유용하다는 듯 마음챙김에 관한 책을 사들이듯이(사실은 그렇지 않다). 아마도 이런 모든 시도가 그저 명상에 몰두하고 필요한 수련을 회피하는 방법에 불과할 것이다. 책이며 기사며 생각이며 생각에 대한 생각이며 그 밖의 온갖 것으로 주의를 돌리는 식으로.

정좌하고 있자니 사위가 고요하다. 창밖의 바람 소리, 몇 분마다 한 번씩 지나가는 전차 소리, 집으로 돌아가는 사람들 소리만 빼면. 나도 곧 집으로 향한다.

1월 __ 19일 _____ 목요일

지금까지 '숨 살피기(안반수의安般守意나 호흡 알아차림이라고도 한다—옮긴이)'로 알려진 명상 수련을 해왔다(적어도 하려고 노력은 했다). 이 같은 마음챙김 수련이 명상을 시작하거나 재개하기에 좋은 방법인 이유는 집중에 있다. 구체적으로 지금 이 순간에 정신을 집중시키는 것과 관련된 기술을 키우고 연마하는 데 도움이 된다.

하지만 오늘은 그저 약간 변화를 주는 차원에서 오래전에 배운 '자애慈愛명상'을 시도해본다. 몇 분간 나 자신에 대한 자애를 느끼고 그다음으로 자애를 느끼기 쉬운 누군가(가족이나 친구)에 대해, 그리고 아무런 감정이 없는 누군가(아까 가게에서 본 아무나)에 대해, 그리고 자애를 느끼기 어려운 누군가(슬프게도 이 항목에는 후보가 아주 많다)에 대해 차례로 자애를 느낀다. 온 세상과 그 안의 모든 생명체에 대한 자애를 느끼려고 하는 것으로 마무리한다. 무리한 요구이긴 하다.

어쨌든 이론상으로는 그런 수순이다. 실제로 오늘의 십오 분 명상은 자애를 느껴야 하는 대상을 까먹고 하품이나 하다 다 흘려보냈다. 자애는 마음대로 불러일으키기가 쉽지 않지만 그게 바로 중요한 점이다. 이 수련은 자애를 습관으로 만드는 것이다. 내가 습관을 들이기란 까마득한 일임은 분명하다.

그래도 이 명상 수련은 자애라는 개념을 다시 내 머릿속에 단단히 자리 잡게 한다. 아마 좀 더 수련하면 감을 잡을 것이다. 오늘은 아니고.

1월 ___ 20일 _____ 금요일

스무날째다. 무엇보다도 기쁘고 놀랍다. 내가 여전히 매일 명상을 하고 있다니. 늘 미흡하지만 꾸준히 하고는 있다. 오늘은 특히나 힘겨웠다.

어젯밤에 RTÉ 텔레비전의 〈토미 티어난 쇼〉에 출연해서 정신 건강과 자살에 대한 이야기를 했다. 대본이 아예 없는 프로그램이다. 티어난 씨는 게스트가 무대로 걸어올 때까지 누가 등장하는지 전혀 모르기 때문에 아무것도 준비할 수가 없다. 전부 즉흥적으로 흘러가는 쇼인 데다 나와 한 인터뷰 내용은 아주 광범위하고 공개적이었다. 당연히 오늘 나의 업무는 중간중간 날아드는 문자와 이메일과 전화로 뚝뚝 끊겼다. 토크쇼에 대한 반응과

후속 질문이 쏟아지고, 자신의 담당의 말고 나의 의견을 묻는 내용이 줄을 이었다.

오후에 다시 조지와 상담을 했다. 조지는 여전히 우울한 기분이지만 희망이 없는 건 아니라고 자기 입으로 말한다. 우리는 제법 길게 대화를 나누고 조지가 매주 심리치료사를 만나기로 하는 데 뜻을 모았다. 조지가 어떤 감정을 느끼는지 이야기하고, 습관적인 사고 패턴과 행동 패턴을 분석하고, 기분이 나아지도록 사고방식과 행동을 수정할 방법을 찾기 위해서다. 조지가 약물 치료에 관해 물어서 원한다면 항우울제를 복용하는 것도 괜찮은데 심리 치료만 시도해 봐도 괜찮다고 답해주었다. 조지는 심리 치료만 받기로 하고, 나는 술을 끊으라고 조언했다. 술을 마실수록 우울해질 가능성이 크다고 덧붙이면서. 조지가 어떻게 지내는지 확인하기 위해 한 달 뒤에 다시 만나기로 했다.

깊은 생각에 잠긴 채 자전거를 타고 집에 왔다. 나중에 명상을 하려는데 계속 생각이 맴돌았다. 조지 생각이 아니라, 희한하게도 강도 높은 하루를 보낸 후에 어떻게 환자들 생각을 하지 않는지에 대한 생각이 그치지 않았다. 때로는 환자와 나를 꽤 강하게 동일시하고 때로는 아예 결부시키지 않는다. 정신의학 분야에서 일을 시작하면서 자신을 환자와 비교하며 환자의 증상이 자신의 삶에 개입할 수도 있다는 생각을 하지 않기란 힘들다. 하지만 시간이 지나면서 그런 경향은 점점 줄어든다. 점차 환자와 거리를 둔다기보다는 자신을 남들과 너무 세세하게 비교하는 것을 그만두게 된다.

나 자신을 어느 누구하고도 비교하지 않은 채 십오 분간 가만히 앉아 있으려고 했다. 그럭저럭 성공한다. 내일 또 시도해봐야겠다.

1월 __ 21일 _____ 토요일

오늘 해야 할 일을 열심히 하라. 누가 알겠는가? 내일, 죽음이 닥칠는지.

부처

약간 암울하지 않나?

십오 분 동안 쭉 앉아 있는다. 잠깐이긴 하지만 기분 좋은 진정 효과가 소소하게 나타난다.

1월 __ 22일 _____ 일요일

창밖의 새들이 한껏 목청을 높인다. 눈부신 아침이다. 극장까지 걸어가기에 완벽한 선선하고 상쾌한 날씨라 그렇게 한다. 나는 극장이 좋다. 거기서 그 세계에 푹 빠져 언제까지고 시간을 보낼 수 있다. 영화에 몰입해 있으면 마음이 차분해지고 안정된다. 그게 딱히 명상은 아니지만 분초를 다투며 사는 현실에서 탈출하고 의식적인 사고가 요란하게 외쳐대는 소리에서 벗어나는 것이다. 이런 생각이 든다면 영화를 보러 가는 것이 명상과 정반대 지점에 있는 건가? 현재라는 순간의 현실에서 명백히 물러나 비현실의 세계로 들어서는 건가? 어느 쪽이든 좋다. 명상도 영화도 다 필요한 것 같다.

1월 ___ 23일 _____ 월요일

매달 특정 주제를 깊이 고찰해볼 뿐 아니라(이번 달에는 불교 사성제 중 첫 번째인 '고苦'를 살펴본다. 심지어 파리에 있을 때도 경험했던 일종의 불만족) 오랜 세월에 걸쳐 산더미처럼 모아둔 마음챙김 지침서와 불교 서적 중에 한 권을 읽고 있다. 이렇게나 많은 책을 사는 것은 명상 수련을 피하려는 꼼수임에 틀림없다. 그 책들을 얼마간 읽긴 했으나 전부 다 읽은 건 아니다. 만약 전부 읽는다면 명상하는 시간이든 다른 일을 하는 시간이든 아예 엄두도 내지 못할 것이다.

이번 달에는 에단 니히턴Ethan Nichtern이 쓴 『하나의 도시: 상호의존 선언One City: A Declaration of Interdependence』의 몇몇 부분을 다시 읽는다. 현대의 도시 환경에서 불교의 가치를 통해 삶을 살아가는 것을 배우는 훌륭한 책으로 세상만사의 근본적인 상호연결성을 탐구한다. 컴퓨터를 기반으로 하는 인터넷과 유사하면서도 어쩐지 상반되기도 한 진짜 상호연결망internet을 다룬다. 이 책에 풍성하게 담긴 생각할 거리를 곱씹다 보면 내가 사는 도시 환경이 모든 사람과 모든 사물이 근본적으로 상호의존적인 공동체라는 점을 되새기게 된다.

1월 __ 24일 _____ 화요일

오늘은 마음에 들지 않는 것투성이다. 출근하기 전에 십오 분간 호흡에 집중하며 명상을 했다. 짐작건대 수많은 명상 수련이 호흡에 집중하는 이유는 딴생각을 못 하게 하려는 것이다. 호흡에만 집중하면 되니까 명상 수련은 어느 누구나, 어디에서나 할 수 있다. 누구든 집중할 호흡은 다 갖고 있지 않나. 집중할 호흡이 없는 사람이라면 큰일 아닌가. 오늘 내가 이렇게 숨을 쉬고 있다니 참 다행이다. 부디 내일도 그러하길.

1월 __ 25일 _____ 수요일

오늘도 여전히 숨을 쉬는구나! 오전 여섯 시, 십오 분간 명상을 하려고 자리에 앉았다. 오늘따라 정신이 아주 산만했다. 날도 쌀쌀하고 창밖에선 새들이 지저귀고 녹차에 살짝 중독된 나는 차가 간절했다. 어쩌면 이 모든 것에 마음을 써도 괜찮을 것 같았다. 그것들이 지금 이 순간에 속해 있는데 나는 그것들로 인해 마음이 흐트러지고 호흡에 다시 집중하기가 어려우니까.

무슨 까닭인지 오늘 명상은 아주 예전에 참석한 마음챙김 수업 생각이 많이 나게 했다. 그 수업에서 내가 얼마나 좌절감을 느꼈는지도 절절히 떠오른다. 선생님들 잘못이 아니었다. 대부분 훌륭한 분들이었으니까. 문제는 내가 정신이 흐트러지고 몰입하지 못한 데 있었다. 더군다나 그 수업에 참가한 많은 사람들이 어려운 부분, 그러니까 실제 마음챙김은 건너뛴 분위기였다. 어떤 사람들은 무슨 일이 있었는지는 모르겠지만 어쨌든 희한하게 취한 듯했고, 또 어떤 사람들은 내가 보기에 별 쓰잘머리 없는 전문적인 세부사항에 집착하는 듯했다. 그리고 개중에는 뭔가 은밀한 문자 메시지 따위를 보내는 이들도 있었다.

마음챙김과 마음놓침은 종이 한 장 차이 같다. 아니면 적어도 마음챙김과 마음놓침은 애초에 들리는 것처럼 정반대 지점에 있지는 않다. 창밖에서 지저귀는 새들이 마음챙김을 하는지 마음놓침을 하는지, 아니면 둘 다 아닌지 판단하질 못하겠다. 어쩌면 저 녀석들은 마음을 초월한 상태일까?

근무하는 동안 노숙인 환자 세 명을 차례로 만났다. 다들 우울함에 빠져 있다. 하지만 그들의 환경이 우울증을 설명해줄까?

누군가의 정신 상태를 생활환경의 맥락에서 최소한 부분적으로나마 이해할 수 있을 때 그들을 '우울하다'고 설명하는 것이 타당할까? 이 세 사람이 '우울하다'고 말하든 아니든 간에 어떤 쪽이든 그들이 깊이 고통받고 있으며 대부분의 해결책은 그들의 사회적·개인적 환경을 개선하는 데 있음이 분명하다. 이 점이 오늘 우리가 집중하는 부분이다.

오늘 같은 날은 내게 우울한 날이 될 수 있다. 무력감을 느낀다. 부디 명상의 도움으로 내가 이런 기분을 더 잘 감당하게 되기를 바란다. 오늘은 그저 묵묵히 명상을 계속하는 수밖에.

1월 ___ 26일 _____ 목요일

일하기 전에 명상하는 게 조금 나아지고 있다. 여전히 잡생각에 흔들리긴 해도 확실히 나아지는 중이다. 휴대전화에서 십오 분이 지났음을 알리는 풍경 소리가 나자 처음으로 아쉬운 마음이 들었다.

이게 어느 정도는 좋은 소식이긴 하지만 마음챙김의 감각을 명상 좌선에만 한정시킬 것이 아니라 보다 널리 나의 일상 속으로 확장할 필요가 있음을 안다. 이를테면 나는 지금 점심으로 샌드위치를 먹으며 이메일을 주시하는 동시에 이렇게 자판을 두드리며 이 일기를 쓰고 있다. 이런 멀티태스킹은 '마음챙김 식사'와는 거리가 멀다. 자판을 두드릴 때는 그저 자판만 두드리라. 밥을 먹을 땐 밥만 먹으라. 그래서 나는 이제 자판 두드리기를 그만두고 샌드위치만 먹기로 한다.

1월 ___ 27일 _____ 금요일

딱히 뚜렷한 이유도 없는데 생각이 떠돌다가 2011년 4월에 다다른다. 세계적으로 유명한 티베트 승려이자 스승인 달라이 라마가 아일랜드에 방문했던 때다. 달라이 라마의 방문을 기념하려고 잠시 휴가를 내고 이틀간 길을 떠났었다. 달라이 라마가 4월 13일 오전 더블린의 시티웨스트 호텔에서, 그날 오후 킬데어 성 브리짓 성당에서, 이튿날 오전 리머릭 대학교에서 강연하는 것을 들으려고 나선 일정이었다. 미소를 머금은 달라이 라마는 행복해 보이는 사람이었다. 군중 사이에서 발걸음을 멈추고 악수를 하고 잠깐씩 사람들에게 인사를 건넸다.

킬데어 성 브리짓 성당에 달라이 라마가 등장했을 때 특히나 감동적이었다. 조용히 달라이 라마를 따라다닌 장거리 자동차 여행은 그저 좋은 시간이었다. 고요하고, 고독하고, 평화로운 여정이었다. 또렷이 기억에 남은 색다른 장면은 선황색 승복 차림의 승려들이 리머릭 외곽의 어느 호텔 바에서 웃고 떠들던 모습일 것이다. 그때 나는 명백히 비불교적인 음식인 햄버거를 먹고 있었다.

언제 한번 달라이 라마를 다시 보러 가야겠다. 일단 지금은 명상이 내가 일하는 방식과 나와 환자의 관계, 나와 환자 가족과의 관계에 영향을 미치는지 궁금하다. 두고 보면 알겠지. 아니, 알게 될까? 어떤 변화가 생긴다면 내가 어떻게 알 수 있을까? 내가 감지하게 될까? 누군가가 나에게 말해주려나?

1월 __ 28일 _____ 토요일

끊이지 않는 갈애와 갈망이 더 이상 존재하지 않는 자. 자취를 남기지도 않고 무한대에 거하는 정각자를 어찌 찾아내겠는가?

부처

1월 __ 29일 _____ 일요일

몸 살피기body scan로 하루를 시작한다. 몸 살피기는 현시점에서 몸의 자세와 감각을 바탕으로 자신을 알아차리는 힘을 높이는 데 목표를 둔 마음챙김 방법이다. 먼저 나의 호흡을 알아차리고 다음으로 발에 집중하고 천천히 전신을 타고 위로 올라오며 하나씩 집중하면서 정수리까지 다다른다. 참 좋은 수련이다. 물론 이따금 잡생각이 끼어들긴 해도 매번 천천히 다시 생각을 집중한다.

십오 분간 정좌하는 것도 오늘 더 나아졌다. 아마도 아침 여섯 시에 일어나 에너지가 넘쳐서 그런가 보다. 명상 후 고요한 이른 아침에 몇 시간 일을 한다. 여전히 창밖에는 새들이 있고 트릭시는 잠자코 나를 응시한다. 저 녀석은 항상 100퍼센트 마음챙김 상태인 것 같다. 그뿐 아니라 남의 시선 따위는 신경 쓰지 않는 매력적인 방식으로 언제든 치즈를 즐길 준비도 100퍼센트 완료된 것 같다.

트릭시에게 치즈를 주면 안 된다는 건 안다.

하지만 주게 된다.

1월 __ 30일 _____ 월요일

'명상 후 과민성'이라 지칭할 상태를 겪곤 한다. 이 상태에서는 (1) 명상 후 오 분내지 십 분가량 온 세상이 견딜 수 없을 만큼 시끄럽고 짜증스럽고, (2) 명상을 더 잘하지 못해서 스스로에게 짜증이 나다가, (3) 한 이십 분쯤 지나면 짜증도 노여움도 사라지고 모든 것이 평소처럼 흘러간다. 시간이 지나면 이런 상태도 나아지리라 믿는다.

1월 ___ 31일 _____ 화요일

새로운 습관을 들이려면 최소한 석 달은 걸린다. 이번 달은 예전에 욕심만 잔뜩 앞서서 상당히 마구잡이식으로 들쑥날쑥 노력을 쏟던 것과 대조적으로 적당한 수준의 꾸준한 명상을 시작하는 게 우선 과제였다. 이 점을 명심하고 지난 한 달간 매일 십 분에서 십오 분간 명상을 하려고 노력했다. 하루도 빠진 날은 없다. 지금까지 나는 무엇을 깨달았나?

• 명상은 만만치 않다.

• 모든 면에서 아침이 더 낫다.

• 의자에 똑바로 앉아서 두 팔을 팔걸이에 두거나 무릎에 둔 자세에서 가장 잘된다.

• 십오 분 동안 명상을 할 때는 자리를 잡고 앉아 전화기의 타이머를 십육 분으로 설정하는 게 가장 좋다. 그래야 집중하기 시작하면서 편안함을 느끼고 시계가 똑딱거리기 시작했을 때 스트레스를 받지 않는다.

• 마음을 비우려고 시도하자마자 온갖 생각이 무서운 속도로 머릿속을 비집고 들어온다. 아주 가지각색이다. 예상 가능한 것, 예측 불가한 것, 무작위로 떠오르는 것, 심하게 기괴한 것 등등. 정신을 맑게 하려고 시도할 때 진짜로 중요한 뭔가를 생각하면 특히나 힘들다. 당장 그게 얼마나 중요해 보이든 간에 그 생각에 얽

혀들지 않고 지나가게 해야 한다. 이게 어렵다. 지난 한 달 동안 이 부분이 아주 조금 나아진 것 같긴 하다. 진짜 아주 조금.

· 마지막으로, 한 달간 매일 십 분에서 십오 분간 명상을 하려고 시간을 보냈다고 해서 뚜렷한 도움을 얻은 건 없음을 깨달았다. 현재까지 유일하게 내세울 만한 긍정적인 점은 내가 실제로 매일 명상을 했다는 사실이다. 확실히 그 점은 내게 어떤 만족감을 준다. 정신적인 깨달음보다는 사무적인 일관성 차원에서 성취감을 느끼는 모양이다. 지금으로선 그 정도로 족하다.

이게 다. 여러 가지 측면에서 정확히 내가 예상했던 그대로다. 나는 일 년짜리 프로젝트의 출발점에 섰고 앞으로 열한 달이 남아 있다. 한 달은 현실을 깨닫는 시간일 수밖에 없다. 다음 달에는 매일 십오 분간 명상을 하면서 더 확실히 몰입하고 계속 집중력을 키울 필요가 있다.

명상 프로젝트 첫 달의 마지막 날을 기념하며 케이크를 먹는다. 썰물 때 해변에 발이 묶인 유목 조각처럼 찬장 뒤쪽에 덩그러니, 혼자 용기에 숨어 있어 거의 잊힐 뻔한 초콜릿 케이크 한 조각이다. 다른 식구들은 어떻게 이걸 잊어버렸지?

케이크가 맛나다.

만사가 왜
이 모양일까?

이번 달에는 나의 소박한 명상 습관을 굳히고 명상의 영향력을 내 삶의 다른 영역으로 확장시키려고 했다. 전반적으로 실패. 별것 아닌 문제에도 과하게 짜증이 나고 아주 사소하거나 아주 애매한 이유, 혹은 그 둘에 다 해당되는 이유 때문에 자꾸만 분노가 솟았다. 지각이 있는 모든 존재를 존중해야 함을 아는데도 고기를 먹는다. 그래도 이달에 꼽아볼 좋은 측면은, 끈덕지게 매일 십오 분 명상을 계속했다는 것이다. 비록 내가 이러고 있는 이유가 발전한 모습을 보이고 말겠다는 자멸적인 '갈망'인지, 구닥다리 같은 황소고집인지, 혹은 달리기 같은 더 힘든 취미를 피하려는 꼼수인지 판단하기 힘들지만 말이다. 그러나저러나 이유가 점점 더 모호해진다 해도 어쨌든 명상은 계속 이어간다.

2월 ___ 1일 _____ 수요일

　점심시간에 십오 분간 명상을 하며 새로운 한 달을 시작했다. 저녁때 극장에 가서 영화를 본 후 햄버거를 먹는 것—가장 비불교적인 활동(영화 말고 햄버거 말이다)—역시 이번 달을 시작하는 의례로 꼽을 수 있다.

　힌두교에서는 소를 신성한 존재로 여겨 한없이 경건하게 대한다. 그에 비하면 불교는 특정 생명체를 구체적으로 언급하며 지목하지 않는다. 대신 모든 생명이 신성하며 깊이 존중받아야 한다고 말한다.

　인간의 생명은 정신적인 발전이라는 고유의 기회를 품고 있으므로 특히나 귀하다. 불교에서는 어떤 생명체든 인간으로 환생할 수 있으며 전생에 인간이었을 수도 있으므로 모든 생명이 존중받아 마땅하다. 거기에는 소도 포함된다.

2월 ＿ 2일 ＿＿＿＿ 목요일

명상 프로젝트의 지난달 주제는 사성제의 첫 번째인 '고苦'였다. 인간 경험의 불만족을 지칭하는 말이다. 이번 달 주제는 사성제의 두 번째인 '고'의 원인이다. 불교에서 '고'는 탐욕〔貪〕, 성냄〔瞋〕, 어리석음〔癡〕 때문에 생긴다. 이러한 경험은 우리 주변의 감각 현상에 내재된 경우가 아주 많다. 이 두 번째 진리인 집제集諦는 불교가 근본적으로 인식 및 인지 훈련과 명상 수련에 중점을 둔 부분을 설명해준다.

오늘 명상은 그럭저럭 괜찮았다. 더 나은 명상 기술에 대해 너무 욕심을 부리지 않는 것이 중요하다. 지나친 욕심은 고통을 낳을 뿐이다.

2월 ＿ 3일 ＿＿＿＿ 금요일

네가 이해한다면 만사가 제 모습 그대로다. 이해하지 못한다 해도 만사는 제 모습 그대로다.

선불교 격언

그러니 어쩌면 나의 번민 중 어떤 것도 중요하지 않다. 아마 그 누구의 번민도 중요하지 않을 것이다. 그러나 그게 전부는 아니다. 번민이 얽힌 고통은 누군가에게 아주 큰 문제다.

공황 발작이 온 환자와 상담했다. 마우라는 대략 일주일에 한 번 정도 슈퍼마켓 같은 공공장소에 있을 때 극심한 불안감이 생기고 심장이 뛰는 걸 느끼며 자기가 곧 죽을 것 같다고 생각한다. 마우라의 뇌에서 논리를 담당하는 부위는 그렇지 않다는 것을 알지만 고조되는 불안감이 밀어닥치는 것을 주체하지 못한다. 마우라는 그 상황을 벗어나야 한다고 느끼고 쇼핑 카트를 내팽개치고 차로 달려간다. 차에 있으면 안전하다고 느낀다. 잠시 후에 마우라의 불안감은 가라앉지만 남은 하루 동안 그 경험 때문에 충격을 받은 상태로 보낸다.

마우라를 가장 불안하게 하는 요소는 자신의 불안감이 비이성적이고 과도하다는 사실을 알고 있지만 자꾸 되풀이된다는 것이다. 왜 그럴까?

오늘 마우라의 이야기를 들으며 두 가지 면에서 깜짝 놀랐다. 첫째로 마우라의 사연이 정말 익숙하다는 것이다. 오랫동안 이런 불만을 토로하는 사람을 수백 명, 수천 명 만났다. 하지만 마우라에게는 익숙한 일이 아니다. 전부 새롭고 무서운 경험이어서 도움이 필요하다. 둘째로 이런 상황에서 측은지심이 구심점으로 작동한다는 것이다. 마우라에게 관련 정보를 알려주고 안심시켜주고 심리요법이나 필요할 경우 다른 형태의 치료나 지원 등으로 도움을 줄 수 있다는 것을 안다. 하지만 측은지심이 가장 먼저 생긴다. 이건 내가 더 자주 명상을 하려고 노력하면서 지난 몇 주 동안 알아차린 부분이다. 명상 프로젝트를 시작하기 전보다 측은지심이 더 많아졌다고 생각하지는 않지만 확실히 측은지심의 중요성을 헤아리게 된 것은 맞다. 이런 면이 지속적으로 영향을 미칠지 아닐지는 두고 볼 일이다.

2월 ___ 4일 _____ 토요일

아름다운 아침이다. 지난 이틀간 비가 내렸는데 반갑게도 그쳤다. 여섯 시에 일어나서 한 시간 일을 하고 십오 분 명상을 한 뒤 다시 한 시간 일을 했다.

오늘 하루는 가족과 함께 여러 일을 하고 어마어마하게 운전을 하며 돌아다녀야 한다. 중요한 건 비가 오지 않는다는 사실. 오후에는 영화관까지 간다.

2월 ___ 5일 _____ 일요일

오늘은 비상대기 근무다. 병원에 오랜 시간 머물면서 정신 건강에 문제가 있는 사람들을 대면해야 한다는 뜻이다. 밤에는 집에서도 전화를 받고 필요하면 병원으로 돌아간다. 비상대기 근무는 긴장감이 극심한 일이다. 특히 온종일 눈코 뜰 새 없이 일한 후 밤새 뒤척이다 날이 밝아 또다시 바쁘게 업무를 보는 날이면 신경이 곤두선다. 그렇게 일을 하다 밤 아홉 시쯤 집에 도착해서 병원에서 오는 전화를 받는 밤을 맞이하고 (아마 다시 병원에 들어갈 일이 생길 수도 있고) 그 와중에 산만한 정신으로 겨우겨우 십오 분간 명상을 하는데 그나마도 한쪽 귀는 전화벨 소리를 놓칠 세라 내내 쫑긋 세우고 있다. 명상을 하기에는 불만족스러운 상황이지만, 인생의 고난도 기쁨과 마찬가지로 받아들여야 하는 법이다.

2월 __ 6일 _____ 월요일

어젯밤에는 병원에서 전화가 딱 한 번 왔다. 오늘 분명히 피곤하긴 하지만, 밤마다 훨씬 더 바빴던 예전에는 백만 배는 더 피곤한 시절도 있었다. 정신의학은 아홉 시에 출근하고 다섯 시에 퇴근하는 직장과는 거리가 멀다. 정신 건강 관련 위기 상황은 대부분 저녁과 주말에 일어나고, 정신 건강 의료 서비스는 주야간 24시간 응급 환자 전문 병원에서 처리해야 한다. 정신 질환 환자와 그 가족들이 직면하는 어려움, 특히 그들이 너무나 자주 겪는 차별과 사회적 배제라는 현실 때문에 다시 고민이 깊어진다. 이 주제로 학술 논문과 책을 여러 편 쓴 나로서도 24시간 비상대기 상황을 겪다 보면 어김없이 이런 문제들이 너무나 현실적으로 생생하게 다가온다.

가끔 학술지가 아닌 일반 매체에 이 주제로 글을 쓰는 것이 중요하다는 생각이 든다. 젊은 시절에는 신문사와 잡지사에 투고를 하곤 했다. 정신 질환자를 향한 조직적인 차별과 그들의 노숙률과 구속률이 증가한다는 사실을 언급한 내용이 많았다.

신문에 투고하는 것이 예사로운 일은 아니다. 오스카 와일드는 그 시도 자체에 의구심이 있었다.

> 신문에 글을 쓰면 문체에 악영향을 끼칠까 우려스럽다. 사람들은 난폭해지고 입버릇이 사나워지며 균형 감각 따위를 깡그리 잃어버린다. 꼬치꼬치 캐기 좋아하는 신문 잡지라는 경기장으로 들어설 때 말이다. 그곳에서 벌어지는 경주는 항상 세상 시끄럽다.

P. G. 우드하우스P. G. Wodehous(영국의 소설가 겸 정치인—옮긴이)는 관점이 달랐다.

> 나는 정말로 신문사에 투고하고 싶다. 작가라면 다들 그렇다. 소설가는 신문의 투고란에 글을 싣는 데 실패한 사람들에 불과하다. 그들은 요구 수준에 이르지 못해 사다리에서 한 계단 툭 떨어져 소설이나 쓰는 신세다.

나는 P. G. 우드하우스 편이다. 정신 건강 및 사회 복지 서비스를 개선하고 정신 질환에 대한 대중의 이해도를 높이는 내용으로 공개적인 발언을 할 기회가 있다면 최대한 활용할 가치가 있다. 기여하는 바가 아무리 미미해 보일지라도 누군가에게, 어딘가에, 언젠가 그 영향력이 가닿을 것이다. 잘 보이지도 않는 고르지 못한 지형 너머 어둠 속에 조용히 내리는 눈처럼 고요하고 필연적인 방식으로 그 힘이 전부 차곡차곡 쌓인다.

2월 ___ 7일 _____ 화요일

불상을 좋아해서 집 안 곳곳에 수십 개가 있다. 제일 좋아하는 불상은 작년에 인도 방갈로르의 시장에서 산 결가부좌 청동상인데 암적색과 청록색으로 상감 장식이 되어 있다. 집에 오는 비행편에 이걸 가져올 때 수하물 중량이 거의 초과되었지만 이 인도 불상은 지금 주방에서 가장 눈에 잘 띄는 자리에 놓여 있다.

뒤뜰에 있는 등신대만 한 불상도 아주 좋아한다. 짙은 색의 단단한 플라스틱으로 만들어진 이 정원 불상도 결가부좌로 다리를 포개고 앉아 있다. 이 불상을 손에 넣은 사연은 특별히 고상하진 않다. 몇 년 전 토요일 오후에 교외의 원예용품점에서 샀다. 차 뒤쪽 트렁크에 들어가지 않아서 조수석에 앉혀 안전벨트까지 채워줬다. 등신대만 하기 때문에 마치 명상 중인 부처를 옆에 앉히고 가는 것처럼 보여서 신호 대기 중일 때 옆에 있던 차의 운전자가 보고 기절초풍할 정도였다.

정원 불상과는 달리 내게 결가부좌는 도저히 엄두도 내지 못할 불가능한 도전이다. 다리를 꼬고 앉는 명상 자세 대부분이 나한테는 너무나 고통스러울 뿐이다. 그래서 오늘도 평소처럼 의자에 앉았다. 불상만큼 차분하지는 않지만 예전보다 더 차분해진 것 같다. 아니면 그냥 그렇다고 상상하는 것일지도. 내가 얼마나 차분한지, 내가 얼마나 차분하다고 생각하는지, 이 두 가능성 사이에 과연 중요한 차이가 있을까 싶다. 똑같은 거 아닐까?

2월 __ 8일 _____ 수요일

가진 것이 조금밖에 없을지라도 주어라.

부처

과부의 두 렙돈* 같은 건가?

---

* 성서에 나오는 과부의 두 렙돈 이야기. 두 렙돈은 매우 가치가 적은 금액이었는데 가난한 과부가 헌금함에 이 돈을 넣었고 예수는 이 과부가 모든 사람보다 많은 돈을 넣었다고 말한다. 자신의 모든 소유, 즉 생활비 전부를 넣었기 때문이다.—옮긴이

2월 ___ 9일 _____ 목요일

야간 비상대기 당직 후라 상당히 기진맥진했지만 아침에 꾸역꾸역 일을 하고 오후에는 시내에서 회의에 참석했다. 오후 여섯 시쯤 내 안의 균형을 되찾기 위해 영화를 보러 가는 게 급선무라서 아일랜드영화협회에서 〈나는 부정한다〉를 봤다. 홀로코스트 부정을 다룬 수작이다. 영화가 끝난 후 눈 덮인 아우슈비츠 이미지를 머릿속에서 떨쳐내는 데 애를 먹었다. 10년 전에 아우슈비츠를 방문했고 큰 충격을 받았었다. 일단 집에 와서 영화 속 장면을 떨쳐버리려고 애쓰면서 호흡에 집중했다. 잘 안 됐다.

2월 ___ 10일 _____ 금요일

드디어 일주일이 끝나간다. 병원에서 속 시끄럽고 별난 하루를 보냈다. 행정 업무가 잔뜩인데 다행히도 내 감독 아래 연구 프로젝트를 하는 수련의들과 보내는 시간도 있었다. 마우라도 다시 만났다. 공황 발작이 계속 나타난다면서 지난주에 권한 심리치료 외에도 항우울제 약물치료도 받고 싶다고 한다. 의견을 나눈 결과 마우라는 심리치료와 함께 약물치료도 병행하기로 했다. 불안감에 지칠 대로 지친 마우라는 뭐든 시도해본다고 했다. 우리는 충분한 대화를 나누고 새로운 계획을 세웠고, 마우라는 집으로 돌아갔다.

따지고 보니 결국 오늘 하루는 약간 피곤하지만 전체적으로 상당히 만족스럽다. 한 주를 정리한다. 쌓여 있던 이메일에 답장을 보내고 끝도 없는 연구 논문과 초안을 잘 정리해서 두고 전화 통화를 몇 통 했다. 집에 와서는 저녁을 먹고 신문을 보고 적당한 집중력으로 명상을 하고 이 일기를 쓴다.

고양이 트릭시도 한 주를 마무리하는 분위기에 젖어 명상에 잠겨 있다. 내가 너무나 부러워 마지않는 한 치의 흐트러짐 없는 부동자세로 앉아 침착하게 정면을 응시하며 이따금씩 엄숙하고 느긋하게 눈을 깜빡일 뿐이다. 이만 자야겠다.

2월 __ 11일 _____ 토요일

『아일랜드의 정신 건강Mental Health in Ireland』 원고 마감 일정에 맞춰 작업 중이다. 이 책은 일반 대중과 관심 있는 전문가를 대상으로 한 정신 건강과 일반적인 정신 질환 안내서다. 이 책을 쓰는 데 오랜 시간이 걸렸지만 이제 막바지에 접어들었다. 고통 속에 있는 사람들, 난생처음 정신 질환에 직면한 환자들, 익숙하지 않은 개념을 붙들고 씨름하는 환자 가족들에게 부디 이 책이 도움이 되기를 바랄 뿐이다. 이 책은 일반적인 정신 질환뿐 아니라 정신병원 강제 입원, 의도적 자해, 자살, 살해 후 자살 같은 어려운 주제도 담았다. 그리고 정신적 건강, 행복, 존엄, 그리고 당연히 마음챙김도 다룬다. 나야말로 그게 절실한 사람이다!

2월 ___ 12일 _____ 일요일

명상과 정신 건강에 관심을 가진 지 십수 년이 훌쩍 넘었다. 관상觀想 수련에 대한 개인적인 관심을 나의 직업적인 생활과 연결시킨 면도 있다. 이 부분에 대해서는 「명상, 마음챙김, 정신 건강」(111쪽)에서 좀 더 다루겠다. 이 주제를 곰곰이 생각해보는데 십수 년 사이에 '명상'보다 '마음챙김'이 전문적 유행어가 되었다는 사실에 깜짝 놀란다. 물론 마음챙김도 매우 유익하지만 진정한 관상 수련의 핵심에 자리해야 하는 명상이라는 중심 궤도에서 마음챙김이 다소 벗어난 자유로운 행보를 보이자 뭔가 중요한 것을 잃어버린 느낌이 들어 간혹 걱정스럽다.

2월 ___ 13일 _____ 월요일

이른 아침 내가 명상을 하는 사이 새들은 노래 삼매경이다. 집의 경보장치에선 삐삐 소리가 난다. 경보음이 시끄럽게 울리진 않는다. 어딘가 고장 난 삐 소리가 간헐적이지만 집요하게 이어지고 있을 뿐이다. 그 소리가 거슬리는데 새들은 소리가 나거나 말거나 아랑곳없이 줄기차게 노래를 불러 젖힌다. 아니, 쟤네들도 거슬리는 건가?

명상은 이미 망해버렸고, 문득 새들이 실제로 노래를 하는지 우리가 어떻게 알까 의아해진다. 어쩌면 새들은 수다를 떠는 걸지도 모른다. 아니면 새들의 '노래'라는 게 실은 새들이 아플 때 내는 소리일 수도 있다. 우리 귀에 아주 감미롭게 들리는 새소리가 아마 조류가 내는 고통의 울부짖음 같은 걸 수도 있고. 우리가 어떻게 알겠나? 아이쿠야, 정신 차리자. 마음을 다잡으려고 녹차 한 잔을 마신다.

2월 ___ 14일 _____ 화요일

사랑의 날, 밸런타인데이다. 오늘 트리니티 대학에서 의료 인문학 세미나 시리즈의 일환으로 연애망상에 대해 강연을 했다. 정식 강연명은 '망상 같은 사랑, 사랑의 망상: 연애망상과 현대인의 정신'이다.

연애망상은 환자('주체')가 멀리 있는 다른 사람('객체')에게 사랑을 받는다는 망상(잘못된 확고한 믿음)을 키우는 흔치 않은 정신 질환이다. 주체는 대체로 여성인데 남성 환자는 감옥이나 보호병동에서 나타나는 비율이 높다. 객체는 대개 상대적으로 더 높은 사회적 계층에 속한 사람으로 인식되고 접근하기 어려운 대상(유명인이나 연예인 등)으로 보이는 경우가 많다. 주체는 일반적으로 객체가 먼저 사랑한다고 표현한 사람이라고 믿는다. 전형적으로 이런 망상은 갑자기 시작되지만 증상이 점진적으로 진행되기도 한다. 주체는 객체가 보여준 애정의 '증거'라며 설득력 없는 억지 증거를 늘어놓을 때가 많으며 거절이 곧 은밀한 사랑의 맹세라고 모순된 해석을 하는 경우도 있다.

오늘 강연은 사랑의 망상에 중점을 두었다. 누군가가 자신이 사랑에 빠져 있다는 망상을 갖고 있는데 실제로는 사랑에 빠지지 않았다는 게 가능한가. 만약 이게 가능하고 설령 가능하다 해도 밸런타인데이라는 날이 사랑하는 관계의 바탕에 망상이 자리하고 있음을 암시하는 날인지 아닌지 도무지 모르겠다! 어쨌거나 나는 그 사랑인지 망상인지를 하고 있다. 이유는 모르겠다. 강연에서 함께 논의하는 이야기가 참 재미있다.

저녁에는 사랑에 관한 모든 생각을 옆으로 밀어두고 십오 분간 명상에 집중했다.

2월 ___ 15일 _____ 수요일

인터넷에는 부처가 한 말을 따온 인용구가 무궁무진하다. 그중 진짜는 얼마나 되는지, 혹은 아무리 유사성이 떨어지더라도 최소한 불교 경전에 뿌리를 둔 게 얼마나 되는지 궁금하다. 이런 문구가 있다.

생명체를 해치는 자를 고결하다고 칭하지 않는다. 생명체를 해하지 않기 때문에 그를 고결하다 칭한다.

아주 좋은 말이긴 한데 부처가 정말 이렇게 말했을까? 아니, 그가 이 말을 했는지 안 했는지는 중요하지 않나?

2월 ___ 16일 _____ 목요일

계속 정진할 에너지를 찾자니 만만치가 않다. 부처의 말을 더 찾아본다.

오직 정다운 말, 환영받는 말만 하라. 다른 사람에게 화禍를 불러오지 않아야 좋은 말이다.

오늘 만나는 모든 사람에게 좋은 말을 하려고 노력하지만 내가 어떻게 하고 있는지 도저히 모르겠다. 아마 영영 모르겠지.

2월 __ 17일 _____ 금요일

금요일. 일을 하는 동안 이상하리만치 안정되는 날이다. 갈래
갈래 흐트러져 있던 것들이 고분고분 저절로 매듭지어진다. 트릭
시가 집에서 장난질을 자제할 때랑 약간 비슷하다. 언제 장난이 시
작될 지 예측할 수 없고 막상 시작되면 그저 받아들일 뿐이다.

저녁에 가족끼리 주말을 보내러 슬라이고로 왔다. 여기서 열
리는 일반의GP 모임에서 '2015 의사결정보조 (능력) 법'에 관해
강연을 하기로 했다. 정신 능력에 장애가 있는 사람들의 자율성
을 보호하는 더 적극적인 방안을 모색하는 흥미롭고 야심찬 법률
안이다. 이 법률안 시행에 관여하고 있어서 교육 회의에 초청받
을 때마다 이 사안을 이야기하려고 한다.

오늘 어딘가에서 억지로 짬을 내 잠깐 명상을 했다. 정확히
어디였는지는 기억이 안 난다.

2월 __ 18일 _____ 토요일

슬라이고의 호텔에서 끔찍하게 잠을 설친 후 새벽 다섯 시에
호텔 주차장의 차 안에 앉아 컴퓨터를 붙들고 있다가 명상을 했
다. 누군가가 와서 나를 본다면 내가 잠들었거나 술에 취했거나
죽었다고 생각하겠지.

명상은 여러 가지 측면에서 음주와 정반대 지점에 있다. 명상은 지금 이 시점에 완전히 집중하는 것이다. 만물을 왜곡하지 않으며 어떤 식으로든 정신을 흐리게 하지도 않으면서 모든 것을 실제 있는 그대로 보는 것이다. 하지만 2월 중순의 쌀쌀한 이른 아침에 호텔 주차장의 차 안에 앉아 있어봤자 딱히 명상에 도움이 되지 않는다고 인정할 수밖에 없다. 그래도 나는 최선을 다한다.

명상을 마친 후 슬라이고 시내로 산책을 나갔다. 고요한 거리, 인적 없는 휑한 광장, 셔터가 내려진 상점 들이 기다리고 있다. 도심의 정적은 묘하게 명상적인 기운을 띤다. 걸어 다니다 보니 명상할 때보다 머리가 더 맑아지고 현실감도 커진다. 이 고요함이 특히나 감동적이다. 지난달에 읽은 침묵을 다룬 글이 떠올랐다. 하지만 침묵은 실제로 경험해봐야 안다. 침묵에 대한 글을 읽는 것은 음악이나 춤, 건축에 대한 글을 쓰는 것이나 마찬가지다. 읽고 쓰는 거야 분명 가능하지만 실제로 해보는 것에는 한참 미치지 못한다.

2월 ___ 19일 _____ 일요일

어제 우리 가족은 스트랜드힐에서 친구들을 만났다. 오늘은 슬라이고 모델아트센터의 닐랜드 전시회에 갔고, 메드브 여왕의 고분을 보러 슬라이고 시내 서쪽에 있는 큰 언덕 크녹나리아에 올랐다. 몇 년 전에 우리가 이 언덕에 올랐을 때는 대서양까지 시야가 아주 활짝 트인 청명하고 화창한 날이었다.

이번에는 새로운 길을 따라 정상까지 올라갔다. 바다에서 짙은 안개가 몰려들어 정상에 오르자 말도 안 되게 근사한 분위기가 펼쳐졌다. 켈트 문화의 기운이 풍기고 신비롭고 아주아주 습했다. 일 년 중 다른 날에 오면 명상하기에 훌륭한 장소이겠지만 오늘은 이래도 되나 싶을 정도로 습하기만 했다. 흠뻑 젖는 걸 각오하지 않는 한 명상은 꿈도 못 꾼다.

2월 __ 20일 _____ 월요일

이번 달에는 명상이나 불교학에 관한 책을 읽는 대신 '아일랜드인 승려' 유 담마로카U Dhammaloka를 집중적으로 다룬《현대불교》2010년 11월 특별호를 다시 보기로 한다.

원래 이름이 확실하지 않은 유 담마로카는 대략 1856년경부터 1914년까지 살았다. 아일랜드 태생의 이주 노동자로 1900년 이전 어느 시점에 버마(미얀마로 국명이 바뀌기 전)에서 승려가 되어 최초의 서양인 승려 중 한 명이 되었다. 그리고 기독교 선교를 비판하는 무신론자이자 금주 운동가이기도 했다. 그는 당시에 아시아 불교 부흥에 적극적인 역할을 했다. 이 11월 특별호에 실린 여러 편의 논문이 그의 삶과 활동을 몇 가지 측면에서 분석한다. 사려 깊고 매력적인 글이다.

물론 최근 수십 년간 세계화가 가속화되긴 했지만 유 담마로카는 이 세계화라는 개념이 전혀 새로운 게 아님을 일깨워주는 사람이다. 잠시 조용히 명상을 하다가 유 담마로카에 대해, 순례하듯 돌아다닌 특이한 그의 삶에 대해 생각했다. 부디 그가 행복했길 빈다.

2월 ___ 21일 _____ 화요일

이번 달 명상 프로젝트 주제는 사성제의 두 번째 진리인 고통의 원인, 즉 욕심·증오(노여움)·미혹(어리석음)이다. 자기 안에 이런 것들이 있는지 스스로 살필 수 있을까? '증오'라는 측면에서 나는 별문제가 없다고 생각한다(물론 싫어하는 게 많긴 하지만 몸서리치게 증오하는 건 별로 생각이 안 난다). 하지만 욕심과 미혹(잘못된 믿음에 매달리는 것)은 훨씬 큰 도전 과제로 보인다. 뭔가를 원하지 않기란 힘든 일이고, 자기 자신과 세상에 대해 진실과 거리가 먼 생각에 매달리지 않기란 더 힘든 일이다. 그렇긴 해도 불교는 지금 이 순간에 집중하는 법을 터득하면 그러한 미망을 서서히 줄이는 데 도움이 된다고 말한다. 오늘 그러기 위해 노력해본다. 그럭저럭 성과가 있다.

2월 __ 22일 _____ 수요일

명상을 시작하는 사람들이 으레 경험하는 유혹이 있다. 일주일쯤 또는 주말 동안 수행을 하러 외딴곳으로 떠나 강도 높은 명상에 돌입하는 것이다. 하지만 집으로 돌아와 명상을 자기 일상생활로 녹여내는 데는 실패한다.

나 같은 경우 별로 많이 거론되진 않는 정반대의 함정에 빠진 부류에 해당될 것 같다. 고작해야 그날그날 찔끔찔끔 시간을 내 명상을 하려고 들 뿐 흘러가는 일상사 바깥에서 더 길게 명상을 할 생각은 전혀 하지 않는 부류 말이다. 이제는 수행에 들어가거나 해서 이 부분을 개선할 기회가 있는지 계속 주시하겠지만, 오늘은 평소의 일상대로 그다지 매력 없는 십오 분 명상을 고수한다. 딱히 전율이 느껴지지는 않아도 명상을 아예 안 하는 것보다야 낫지 않나 싶다.

2월 __ 23일 _____ 목요일

트릭시가 조금 걱정된다. 저녁에 퇴근하고 돌아왔을 때 트릭시가 꽤 불안해 보이는구나 싶더니 웬걸 소파에서 몇 시간을 내리 자고는 잠깐 깨서 기지개를 쭉 펴고 자기 침대로 가서 또 밤새 쭉 잔다.

나는 잠자리에 들기 전에 영 마음에 차지 않는 십오 분 명상을 하고 잠도 시원찮게 잔다. 내가 저 녀석에게 배워야 할 게 많다.

2월 ___ 24일 _____ 금요일

트릭시가 이른 아침 산책을 나갔다가 꽤 험악한 상태로 집에 돌아왔다. 어디서 한판 하고 온 게 분명하다. 아마 트릭시의 영역인 우리 집 뒤뜰로 들어오려고 까불던 다른 고양이와 붙었지 싶다. 트릭시는 다친 것 같지 않으니 아무래도 그 적수는 아주 최악의 임자를 만난 셈이다. 나는 그저 트릭시가 죽은 쥐라든가, 더 심하게는 살아 있는 쥐를 집에 가져오지 않아 고마울 따름이다. 아니면 죽은 오리 새끼 같은 걸 물고 오지 않아 얼마나 다행인지. 슬프게도 이 모든 것들이 과거에 실제로 등장했더랬다. 그런 살육이 날마다 예상되는데도 나는 굳건히 명상을 계속한다.

출근했더니 조지가 다시 진료를 받으러 왔다. 우울증 치료에 심리요법을 권해준 지 한 달 만이다. 그를 진료하는 우리 병원은 표준적인 의료 체계를 갖춘 편리하고 견실한 의료시설이다. 이곳이 잘 굴러가게 만드는 힘은 바로 사람들이다. 한결같이 도움을 주는 접수 직원과 행정 직원, 병원 건물 곳곳의 다양한 진료실에서 협력해 일하는 의료 종사자들, 정신과 동료 의사들과 우리가 감독하는 수련의 팀원들.

모든 환자는 어느 시점에 상담 정신과 의사를 만나고, 후속 치료는 변화하는 요구에 따른 진료 분야와 등급별로 분산 배치된다. 현재 나는 조지를 직접 관리하고 있다. 그가 우리 팀과 내가 담당할 수 있는 통원 가능 거리 내에 거주하고 처음 우리 병원에 왔을 때 내가 그를 진료했기 때문이다.

　　조지는 한결 긍정적인 상태다. 진료실 창가의 의자에 차분히 앉아 있다. (흔히들 생각하는 것처럼 환자가 눕는 소파 같은 건 없다.) 조지는 내가 지난달에 추천한 심리치료사를 만났지만 별 효과를 보지 못했다. 이런 건 드문 일도 아니다. 심리요법은 개인의 성향에 크게 좌우되는 과정이고 때로는 성과를 얻지 못하기도 한다. 그래서 조지는 다른 심리치료사를 만나 두 차례 치료를 받았고 그 치료사와 한층 더 나은 관계가 형성되었다.

　　치료사는 10주 동안 매주 조지를 치료하고 경과를 관찰하는 데 동의했다. 잘된 일이다. 조지는 자신이 원하는 바를 알고 있으며 병을 낫게 해줄 에너지와 낙관을 어딘가에서 찾아냈다. 지금은 술도 끊었으니 이 역시 잘된 일이다.

　　오늘 내가 할 수 있는 일은 조지의 경과를 인정하고 응원하는 것, 그리고 식단에 적당한 변화를 주고 꾸준한 운동 패턴을 만들어보라고 제안하는 것이다. 내가 조언을 쏟아내자 조지가 상대방을 움찔하게 만드는 시선으로 나를 쳐다보며 매일 운동을 하고 있느냐고 물었다. 조지가 핵심을 찔렀고, 나는 입을 다물었다. 조지가 원하면 우리는 한두 달 후에 다시 보게 될 것이다.

그가 괜찮아질 것을 나는 안다. 그에게 이렇게 말해준다.

2월 ___ 25일 _____ 토요일

고통과 고통의 원인에 대해 많은 생각을 한다. 욕심, 노여움, 어리석음. 과연 유 담마로카는 이것들을 다 이겨냈는지 궁금하다. 나는 그러지 못했다. 적어도 오늘은 이 모든 것이 어느 정도 존재하는 상태다.

일단 명상을 하려고 이 모든 걱정은 접어둔다. 아마 이게 방법인 것 같다. 문제를 못 본 척하기. 그러면 사라지겠지. 이건 오랫동안 삶의 문제에 접근하는 나만의 검증된 방식이었고 흔히들 예상하는 것보다는 잘 먹힌다. 이번에도 효과가 있길 빈다.

2월 ___ 26일 _____ 일요일

오늘은 실내에서 명상을 하지 않고, 소나기가 오락가락 하는 사이에 좀 길게 짬이 날 때 바깥에 자리를 잡고 앉았다. 차를 한잔 마신 다음 가볍게 명상을 시작했다. 지나가는 사람들은 내가 그냥 밖에 앉아 있는 걸로 보이겠지만 나는 호흡에 집중하는 중이다.

이웃 사람 몇 명이 인사를 해서 짧게 답하고 뜻밖에도 쉽게 다시 명상에 돌입했다. 야외에서 모든 게 더 편하게 느껴졌다. 정신을 흩트리는 외적 요인은 더 많지만 내적 요인은 더 적다. 전혀 예상치 못한 전개였다. 기분 좋게 한 걸음 더 나아간 기분이다.

2월 ___ 27일 _____ 월요일

다시 일을 시작한다. 이른 아침에 명상을 하고 오늘 할 일에 돌입한다. 오늘은 새로 낼 책의 원고 마감일이라 바쁜 날이다. 십 분 정도 여유를 두고 마감했다. 이게 뭔 난리람?

집에 있는 트릭시는 무슨 이유에선지 유난히 사랑이 넘친다. 싸우고 온 흔적도 전혀 없고 다행히 조그만 짐승의 사체도 없다. 살상은 아주 비불교적인 행위이니 트릭시가 냉혹한 킬러가 아니라 고상하고 명상적인 고양이라고 생각하고 싶다.

우리 고양이가 깨달음을 얻은 존재라고 믿고 싶은 욕심은 나의 또 다른 어리석음일 것이다. 당연히 트릭시가 그렇지 않다는 사실이 싫다. 이런 게 바로 고통이다. 어리석음과 불만족이 도처에 널려 있다.

트릭시는 그냥 고양이일 뿐인데.

2월 __ 28일 _____ 화요일

마우라가 돌아왔다. 기분이 상당히 좋아지긴 했는데 완전히 나아지진 않았다. 공황 발작은 거의 나타나지 않고 조만간 직장에 복귀할 수 있겠다는 기분이 든다고 한다. 마우라의 남편도 마우라가 훨씬 나아졌다는 데 동의한다. 듣는 나도 기쁘다. 이런 경과에 만족감을 느껴도 괜찮나 싶다. 마우라는 회복을 향해 나아가는 멋진 출발을 했고 이 시점부터 앞으로 뭘 해야 하는지 충분히 이해하고 있다.

실제로 이런 성과를 만들어내는 장본인은 내가 아니라 마우라 본인이다. 나는 그저 내 일을 할 뿐이다. 그래도 일의 특성상 단순한 업무 이상의 훨씬 많은 것을 느끼게 된다. 너무나 인간적이고 강렬하고 개인적인 일이다. 물론 한편으로 환자와의 관계와 다른 한편으로 전문가적인 거리 사이에 균형을 유지해야 하는데 이상하게도 이게 생각만큼 어렵진 않다. 전문가로서 소임을 다할 뿐 아니라 앞에 있는 사람과의 관계도 쌓을 수 있다. 두 가지 모두 달성 가능한 것이며 본질적인 요소이기도 하다. 어느 누구도 자판기 같은 정신 건강 치료를 원하지는 않는다.

일 년 명상 프로젝트 중 벌써 두 번째 달이 끝난다니 믿기지 않는다. 기념하는 의미로 케이크를 먹었다. 연분홍 아이싱이 뿌려진 작은 번 두 개로 지난 일요일에 베이킹 학교 케이크 판매 때 샀다. 케이크와 아이싱의 비율이 환상이다. 그래서 이번 달은 사

실상 설탕에 취하는 것으로 마무리된다. 이러는 걸 부처가 눈감
아 줄지 잘 모르겠다.

다른 길이
있나?

드디어 봄이 온다. 명상을 계속하고는 있는데
진전이 있는지 없는지 판단할 수 없는
상태가 이어진다. 좋은 점은 트릭시가 훨씬
더 안정되었다는 것이다. 적어도 트릭시가
나의 명상 프로젝트로 덕을 본 것 같다.
이 정도면 충분하지 않나? 이런 게 진정한
이타주의겠지. 고양이가 도움을 얻고 나는
그렇지 못한대도 나는 그저 고양이 덕에
행복해지면 그만일 뿐.
불교의 가르침에 따르면 우리는 각자 더 넓은
세상과 연결되어 있다. 다른 이의 고통은 곧
나의 고통이기도 하다. 다른 이의 행복은 곧
나의 행복도 된다. 다만 간절히 바라건대
요즈음 부쩍 행복해진 나의 고양이가 이제는
다른 생명체를 죽여서 그 피투성이 사체를
집으로 질질 끌고 오는 일이 더는 없기를.
트릭시가 저지르는 가장 비불교적인 행위
아닌가. 이 녀석이 완전한 깨달음의 경지에
이르려면 아직 갈 길이 멀었음이 분명하다.
나 역시 명상을 더 많이 해야 한다. 더 잘해야
하고. 이번 달에는 더 열심히 노력하겠다.
그리고 무슨 바람이 불었는지 헬스클럽에도
등록했다. 헬스클럽을 다니는 생활이
시작된다. 다만 우리가 아는 양상과는 사뭇
다르다.

3월 ___ 1일 _____ 수요일

한 달을 시작하는 날인데 불길하다. 음울하고 축축하고 을씨
년스럽다. 그렇긴 하지만 아침에 십오 분간 명상을 하고 오늘의
업무를 해치웠다. 회의, 환자 진료, 이런저런 행정 업무 처리 등
등. 퇴근 후에는 불교 정신에 어긋나게 햄버거를 먹고 영화를 보
러 갔다. 2017년 아카데미 작품상을 받은 〈문라이트〉다. 영화는
한 남자가 서서히 자신의 성 정체성을 받아들이는 법을 배워나가
는 삶의 세 단계에 집중한다. 약물 중독에 희생되는 인간 군상과
약물에 상반된 감정이 공존하는 태도를 보여주는 사람들에 대해
서도 많은 이야기가 담겨 있다. 사려 깊은 이 영화는 주제 면에서
진한 슬픔이 배어 있다. 어김없이 나를 감동시키는 영화의 힘을
보여주는 훌륭한 예로 꼽을 만하다.

3월 __ 2일 _____ 목요일

봄이 왔다. 100퍼센트 확신한다. 태양이 떠 있는 것 말고는 이런 확신을 뒷받침하는 확실한 근거고 뭐고 없지만 일단은 이렇게 밀고 나가겠다. 낙천적인 기운에 휩싸여 경쾌하게 명상을 한다(이런 것이 가능하다면). 앞으로 더 보송보송하고 눈부신 날들이 펼쳐지겠구나! 녹차 한잔을 마신다.

3월 __ 3일 _____ 금요일

모든 중생을 향해 한량없는 마음을 키울지라.

부처

그게 어디 말처럼 쉽겠습니까.

3월 __ 4일 _____ 토요일

일 년 명상 프로젝트의 이번 달 주제는 고통의 소멸이다. 이것은 우리가 고苦(괴로움)에 직면하고 탐진치貪瞋癡를 극복함으로써 고통을 끝낼 수 있다는 사상이다. 불교 수행의 궁극적인 목표인 고통의 소멸 상태는 해탈 혹은 열반이라고 알려져 있다. 이 '성스러운 진리'는 희망의 이유를 전해주기도 한다. 고통이나 불만족이 도처에 있지만 극복될 수 있다는 희망.

고통의 소멸 가능성은 내게 더없이 좋은 소식이다. 나는 여전히 비상 대기 당직이고 병원에서 정신과 응급상황을 처리하느라 하루를 거의 다 보내고 있는 처지이기 때문이다. 흥미 있는 일이긴 하나 타격이 큰 일이기도 하다. 십오 분 명상은 오늘 같은 날을 시작하기에 좋은 방법이겠지만 명상의 질은 형편없다. 평소보다 명상이 더 많이 필요하다는 뜻이라고 생각한다.

주중에 비상 대기 근무일 때는 낮에는 평소처럼 근무하고 저녁과 야간에는 전화기를 켜둔 채 대개 집에 머문다. 주말에는 낮에 병원에 상주하고 금토일 저녁과 야간에 계속 전화기를 켜둔다. 금요일 오전 아홉 시부터 월요일 오후 다섯 시나 그 이후까지 계속 대기 상태로 있기란 여간 지치는 일이 아니다. 특히 주말 야간 새벽 두 시에 병원에 있을 때.

주말 야간에 내가 항상 병원에 가 있어야 할 필요는 없다. 간혹 집에서 전화로만 해결하기도 한다. 침대에 누워 초조하게 전화를 응시하며 다시 전화벨이 울리기를 기다리다가 불쌍하게도 잠을 통 못 자는 경우가 있다. 이거야말로 명상의 도움을 받아야 하는 일종의 불안감이다. 아직은 명상의 효과가 나타나지 않았다.

3월 __ 5일 _____ 일요일

더 이상 비상 대기 당번이 아니다. 고작 비상 대기에서 해제
된 것을 열반으로 표현하면 과장일 수도 있으나 지난 이틀에 비
하면 확실히 그런 말이 나옴직하다.

오늘은 아침 일찍 명상을 하고 한두 시간쯤 연구 논문 작업을
한 후 바람 부는 던 레어러 부두를 걷고 좀 놀다가 피자를 먹으며
보냈다. 던 레어러는 묘하게 안정감을 주는 장소였다. 바람이 몰아
치는 서쪽 부두가 내가 찜한 곳이다. 수풀이 웃자란 길에서 좀 떨
어진 담벼락을 기어 올라가면 외딴곳을 찾을 수 있다. 파도와 새
들, 그리고 간간이 바다표범도 눈에 띈다. 나는 여기가 좋다.

3월 __ 6일 _____ 월요일

단연코 확신하는데 분명 봄이 왔다. 눈부시게 아름다운 아침
이다. 몇 달 만에 처음으로 자전거를 타고 출근했다. 특별히 경치
가 좋은 자전거 길은 아니다. 내가 택한 경로는 도심과 교외 지역
인데 심지어 중간에 고속도로도 포함되어 있다. 이 구역에는 도
로에서 벗어난 자전거 전용 도로가 있다. 무섭게 돌진하는 자동
차 행렬에서 몇 미터 벗어나 아주 느긋하게 페달을 밟을 수 있는
곳이다. 나는 봄이 틀림없이, 분명히, 확실하게 왔다고 결론짓는

다. 타이먼 공원에는 토끼까지 났셨다. 자전거를 세우고 구경했다. 토끼들은 급히 달아나지도 않는다. 그저 나를 쳐다보며 코를 쿵쿵거리고 내가 왜 자기들에게 손을 흔들며 뭐라 뭐라 떠드는지 궁금해 할 따름이다.

3월 __ 7일 _____ 화요일

오늘은 봄의 경쾌함이 좀 덜하지만 아침이 보송보송하고 그다지 불쾌하지 않았다. 그래서 아침 일찍 봄기운에 젖어 명상을 했다. 이 명상을 단순히 출근 도장 찍듯 하는 운동이 아니라 의미 있는 일로 만들기 위해 정말 열심히 노력해야 한다. 다음 주에는 며칠 휴가를 내고 약간 박차를 가하는 차원에서 정식 명상 수업에 참석하려고 준비 중이다.

3월 __ 8일 _____ 수요일

십오 분간 명상을 하고 업무를 끝낸 후 게이트 극장에 갔다. 현대 연극의 가장 상징적인 작가들인 사뮈엘 베케트, 브라이언 프리엘, 해럴드 핀터의 작품을 선보이고 있다. 이번 공연 주간에 세 번 저녁 공연을 보기로 했는데 오늘이 첫날이다. 오늘은 짧은 작품 두 편을 본다. 사뮈엘 베케트의 〈첫사랑〉과 해럴드 핀터의 〈덤 웨이터The Dumb Waiter〉다. 두 공연 사이에 잠깐 요기를 하러 파넬 가에 다녀왔다.

배리 맥거번이 등장하는 〈첫사랑〉은 지난 10월에 더블린 연극 축제의 일환으로 근처 벨베디어 칼리지의 오라일리 극장에 올린 공연을 봤다. 베케트의 작품은 늘 좋다. 요즘에는 그의 소설 삼부작 『몰로이』, 『말론 죽다Malone Dies』, 『이름 붙일 수 없는 자』를 읽고 있다. 매일 밤 잠자리에 들기 전에 두 쪽을 읽는다. 한 쪽도, 세 쪽도 아니고 항상 두 쪽이다. 뭔가 특이한 독서 방법인 건 나도 아는데 꾸준한 리듬을 부여하면서 취침 전 도움이 되는 의식 역할을 한다. 몇 년 전에 이런 식으로 『율리시스』를 읽었다. 이런 방법 덕분에 동시에 다른 책들도 읽을 수 있는가 하면, 매일 밤 두 쪽씩 읽어나가는 안정된 리듬이 순조롭게 유지되는 상황을 굳이 드러내지 않고 은근히 이어나갈 수 있다. 뭘 그리 별나게 구나 싶겠지만 나는 이게 좋다.

3월 __ 9일 _____ 목요일

호흡에 집중해야 하는 명상 중에 뭔가를 깨닫는다. 명상을 시작한 이래 내 마음 상태를 예전보다 훨씬 많이 알아차리고 있다. 보통은 어렴풋하게 느끼는데 오늘은 종일 짜증이 부쩍 차오른 게 느껴진다. 그중 한 10퍼센트 정도는 무엇 때문에 짜증이 났든 간에 짜증의 강도가 너무 생뚱맞다. 나머지 90퍼센트는 내가 짜증이 날 이유가 전혀 없다.

그 많은 시간을 말 그대로 아무것도 아닌 이유로 짜증을 내며 보내는 것 같다. 오랜 세월 이렇게 무의미하고 불만족스러운 상태로 시간을 보낸 모양이다. 이걸 바로잡으려면 나를 짜증나게 하는 것에 대해 잠깐만 생각해보고 대부분 나의 짜증에는 아무런 이유가 없다는 사실을 깨달아야 한다. 그러면 짜증이 사라진다.

솔직히 말하자면 이 깨달음은 이 명상 프로젝트에서 어떤 식으로든 도움을 얻은 첫 번째 증거다. 내 순간순간의 감정에 대해 조금은 더 깊이 생각하게 되었고, 정신이 더 맑아졌으며, 막연하게 짜증이 나고 산만한 상태에서 떠돌던 시간이 줄었다. 좋은 일이다.

3월 __ 10일 _____ 금요일

오후에 한 강연 생각에 사로잡혀 명상이 잘 되지 않았다. 더블린 스목 앨리 극장에서 열리는 dotMD 학회는 의료 전문가들에게 의학, 기술, 인문학의 접점에서 일어나는 여러 가지 생각을 소개하는 데 목적을 두고 있다. 학회의 취지는 의료인에게 영감을 주고, 새로운 활기를 불어넣으며, 의학에 관한 호기심과 재미를 다시금 각성시키는 것이다. 작년 학회가 아주 재미있었다. 올해는 의사, 과학자, 혁신가, 작가, 방송인, 화가, 음악가 등이 참가한다. 내 강연은 순조롭게 진행되었다.

확실히 오늘은 생각해볼 게 엄청 많다. 오전에 조현병을 앓는 스물한 살 청년 피터를 만났다. 일 년 전쯤까지만 해도 상태가 완벽했던 피터는 가족과 친구들하고 사이가 소원해지기 시작했다. 대학 성적이 나빠졌고 항상 집에 틀어박혀 있고 싶어 했다. 반년 전에는 극도로 고통스러워하는 상태로 갑자기 응급실로 와서 자기를 "안전하게 지켜 달라"고 말했다. 이야기를 더 나눠보자, 피터는 어떤 웹사이트에서 자기에게 메시지를 보내기 시작했고 실제로 목소리를 듣지는 않았지만 머리 바깥에서 "소리가 들리는 기분"이 느껴진다고 설명했다. 웹사이트가 이제 피터의 생각을 통제하고 있다고 했다. 피터는 지독히도 불행했다.

피터는 그때 자신의 위기 상황을 이야기한 이후 항정신병 치료제를 복용하며 지역의 정신과 보건 간호사에게 정기적으로 도움을 받고 있다. 지금은 피터 같은 사람을 반드시 정신과 병동 등에 입원시킬 필요 없이 자택에서 치료하는 것이 가능하다. 전반적으로 좋은 방법이다. 하지만 가끔은 지역 보건 의료 관리에 지나치게 의존하는 게 아닌가 싶을 때가 있다. 때로는 병원에 입원할 필요가 있는데 그게 어느 시점인지 파악하기 어렵긴 하다. 이런 사안이 나의 큰 고민거리다. 다행히도 오늘은 이 부분에 문제가 없다. 피터는 잘 지내고 있고 학업도 재개했다. 상당히 편안해

보인다. 나도 그렇다.

3월 ___ 11일 _____ 토요일

몇 년 전에 읽은 시 한 편이 자꾸 생각나는데 제목도 시인 이름도 기억이 안 난다. 오늘 '숨 살피기'를 하는 동안 불현듯 떠오른 시다. 이런 식으로 진행된다.

말해보게, 신이 무엇인지? 그는 호흡 안에 거하는 호흡입니다.

인터넷으로 찾아보니 수피교 시에서 온 시구라는 걸 알게 되었다. 내 기억이 거의 정확하다.

카비르가 말한다: 수행자여, 말해보게, 신이란 무엇인가? 그는 호흡 안에 거하는 호흡입니다.

카비르Kabir는 인도의 시인이자 신비주의자이자 철학자다. 몇 년 전에 그의 시집을 띄엄띄엄 읽은 기억이 난다. 카비르의 책이 지금 어디 있는지는 모르겠다. 진정한 불교 정신에 따르면 욕심을 내거나 집착하면 안 되는 법이지만, 시 전문을 읽고 싶은 미련이 남아서 책을 찾아보았다. 찾지 못했다. 이게 교훈인가보다.

인터넷에서 찾은 버전은 내가 책에서 읽은 기억 속 버전의 마법 같은 매력이 없다. 이 자체가 불만족스럽다. 불교적 용어로 말하자면 고통이다. 신비한 힘이 과거에 사라졌다.

그만 자러 간다.

3월 ___ 12일 _____ 일요일

이번 달의 주제, 고통의 소멸에 관해 계속 생각한다. 세 번째 성스러운 진리인 멸제滅諦는 고통 저편의 장소를 마음속에 그리면서 그러한 곳이 존재하며 그곳에 갈 수 있다고 말하는 것이다. 불교에 따른 수행 여정의 핵심적인 부분이 명상이긴 하나, 다른 수련도 중요하다. 특히 마음의 잡동사니를 처리하고 지금 이 순간의 본질에 집중하는 데 도움이 된다면 다른 방법도 의미가 있다. 이런 맥락에서 예술가와 음악가가 지금 흘러가는 순간에 거침없는 속도로 완벽히 몰입해 도달하는 집중적이고 거의 명상적인 몰아沒我의 상태가 경탄스러운 경지로 보인다.

상쾌하고 습하지도 않고 생기가 가득한 아름다운 저녁, 격조 높은 국립콘서트홀에서 열린 글로밍The Gloaming(아일랜드의 5인조 밴드—옮긴이)의 콘서트에 다녀왔다. 글로밍은 놀라운 그룹이다. 글로밍의 음악을 한마디로 설명하기는 힘든데 아일랜드 전통에 깊숙이 뿌리내린 음악적 성격과 재즈, 현대의 고전 음악, 실험 음악이 온갖 흥미로운 방식으로 연결돼 있다는 특징을 띤다. 예전에 이 그룹의 공연을 한두 번 본 적 있지만 오늘은 이 뮤지션들이 연주에 특별히 더 심취한 것 같고 관객들도 그들의 연주에 넋을 잃었다. 더할 나위 없이 근사한 밤이었다.

3월 ___ 13일 _____ 월요일

이번 주는 휴가를 냈다. 그래서 일찌감치 기분 좋게 명상을 하고 한두 시간 논문과 에세이 작업에 집중했다. 그러고 나서 이자벨 위페르가 나오는 〈엘르〉를 보러 극장에 갔다. 폭력과 긴장과 증오와 착취가 가득한 어둡고 음울한 영화다. 좋은 점을 꼽자면, 파리의 거리 장면이 아름답고 그걸 보니 올해 초에 파리에 갔던 때가 생각난다는 정도. 다행히도 영화 내용 중 그 부분 말고는 내 인생과의 접점은 어떤 것도 떠오르지 않았다. 천만다행이다.

3월 ___ 14일 _____ 화요일

오늘도 일찍 일어나 십오 분 명상을 한 뒤 한두 시간 작업. 점심시간에는 트리니티 대학에서 열린 의료 인문학 관련 세미나에 잠깐 들른 후 곧장 영화 〈바이스로이즈 하우스〉를 보러 갔다.

이 영화는 영국의 인도 통치가 막을 내리고 인도와 파키스탄이 독립 국가로 탄생하는 과정을 그린다. 멜로드라마적 요소가 엄청 난데 나름 음미할 부분도 많다.

작년에 연구 목적으로 처음 인도 여행을 한 이후 인도에 관심을 두고 있는 터라 올해 다시 가보고 싶다. 인도라는 이 큰 나라는 색다르고, 뭔가 종잡을 수 없고, 매우 흥미로운 면이 있다. 인도의 정신 건강 관련 신법안은 의욕적이고 진보적이며 상당히 흥미로워서 주목하게 된다. 정신 건강 영역의 인권은 내가 관심을 두는 주요 연구 분야라 눈길이 갈 수밖에 없다.

3월 __ 15일 _____ 수요일

자, 한 주 휴가를 냈다고 해서 기대했던 명상 수련이 집중적으로 이루어지고 있는가 하면 그렇지만은 않다. 하지만 매일 십오 분 명상은 꼬박꼬박 하고 있다. 그리고 겨우 한두 시간 남짓 글을 쓰고 영화관은 엄청나게 들락거리는 중이다. 지금으로선 이 정도면 선방이다.

오후에는 영화 〈러빙〉을 보며 시간을 보냈다. 이 영화의 주인공인 밀드레드 러빙과 리처드 러빙은 1967년에 미국 대법원이 버지니아주의 다른 인종 간 결혼 금지법을 무효화하는 결정을 내린 과정과 관련된 인물들이다. 아주 감동적인 영화다. 생각이 많아져 착 가라앉은 기분으로 영화관을 나섰다.

3월 ___ 16일 _____ 목요일

이른 아침 침묵 명상에 참석했다. 고요하고 차분한 시간이다. 이런저런 생각이 머릿속에서 희한한 방향으로 어슬렁어슬렁 돌아다니다가 나의 명령에 그만저만 제자리로 돌아온다. 나는 종잡을 수 없이 나다니는 오만 생각을 도로 끌고 오는 '나'를 왠지 생각 자체와 별개로 보는 것 같다. 이게 말이 되는지 모르겠다.

운하를 따라 걷는다. 운하는 평상시의 고요한 모습 그대로다. 허겁지겁 달아나는 쥐 한 마리조차 그 공간에 어울리는 듯 보인다. 불교는 감각이 있는 모든 존재를 존중하며 모든 생명체를, 심지어 쥐마저도 소중히 여기라고 가르친다.

3월 ___ 17일 _____ 금요일

성 패트릭 데이다. 일찍 일어나 십오 분 명상을 한 후 가족들이 일어나 돌아다니기 전에 한두 시간 컴퓨터 작업을 했다. 가족들과 함께 퍼레이드를 보러 갔다. 굉장히 추웠다. 어렸을 때 이 행사에서 행진을 하고 학교 합주부에서 틴 휘슬(아일랜드 전통 악기—옮긴이)을 불다가 다양한 금관 악기를 연주하던 기억이 난다. 거기다 피아노 교습도 몇 년 받았으니 누가 들으면 내가 음악적 소양이 다분한 줄 알 텐데, 그렇지 않다.

3월 __ 18일 _____ 토요일

나는 불교 도상학에 대해서 사실상 까막눈인데도 불상과 부처의 형상을 매우 좋아한다. 불교 예술에 관한 책이 한 권 있어서 띄엄띄엄 읽어본다. 부처의 다양한 자세가 나타내는 상징적 의미를 찾아보고 싶을 때 들춰보는 책이다. 내가 유난히 좋아하는 불상은 몇 년 전에 입수한 목조상이다. 완벽한 좌우 대칭 자세로 명상을 하는 부처의 형상을 하고 있다. 유독 마음을 차분하게 해주고, 나무 재질이 불상에 기분 좋은 생명력을 더해준다.

나한테서 부처와 닮은 구석을 찾기는 힘들다. 잡념이 많고 당최 차분하게 있질 못한다. 그래도 명상은 계속한다. 점점 더 수월해지고는 있다. 이틀 전에 명상 그룹과 함께 보낸 시간이 도움이 되었다. 다시 또 시간을 내야겠다.

3월 __ 19일 _____ 일요일

이번 달에는 내가 여태껏 읽어본 것 중에 가장 놀라운 책 『순심, 정각심Pure Heart, Enlightened Mind』을 다시 읽고 있다. 이 책을 쓴 마우라 오할로란Maura O'Halloran은 아일랜드계 미국인 선불교 승려였다. 마우라의 책은 일본에서 지내는 동안 쓴 명상 일기와 다른 기록을 담은 것이다. 아주 흥미롭다.

마우라는 더블린에서 공부했고 일본에서 선불교 승려로 수련했다. 3년 후 '순심(순수한 마음), 정각심(깨달은 마음)'이라는 의미의 '소신〔素心〕'이라는 법명을 받았다. 그 후 두 달 뒤 태국에서 교통사고로 세상을 떠났다.

오래전에 마우라의 일기를 읽고 깊은 감명을 받았다. 지난 몇 년간 여러 사람에게 그 책을 선물하면서 아일랜드 밴드 킬라Kila가 마우라의 이야기에 영감을 받아 만든 음반 〈Soisín〉도 함께 건넸다. 루카 블룸Luka Bloom(아일랜드의 포크송 싱어송라이터 ─옮긴이)도 마우라에 관한 곡을 썼다. 그의 음반 〈Between the Mountain and the Moon〉의 커버에는 예전에 기분 좋게 다녀온 웨스트 코크의 베어라 반도에 위치한 티베트 불교 사찰 초첸 베어라Dzogchen Beara의 기도 깃발*이 보인다. 2002년에는 알란 길세난Alan Gilsenan 감독이 〈마우라 이야기Maura's Story〉라는 영화를 만들었다. 마우라의 삶에 관한 통찰이 가득한 수작이다. 마우라의 일기와 글은 그의 삶을 매력적으로 서술하고, 그 다큐멘터리 영화는 마우라의 일기를 훌륭히 보완한다.

이번 달에 마우라의 일기를 다시 읽으면서 마우라에 대해 많

---

* 티베트 불교 수행자가 주변 지역을 위해 복을 빌거나 다른 목적으로 기도하기 위해 히말라야 산맥의 높은 산등성이와 정상을 따라 길게 이어놓은 줄에 걸어둔 색색의 직사각형 천.─옮긴이

은 생각을 한다. 마우라는 강인하고 온화한 사람이다.

일본에 다녀왔지만 마우라가 수련한 사찰에 그를 기리기 위해 세운 동상을 보러 일본 북부까지 간 적은 없다. 비문에 이런 부분이 있다고 들었다.

그는 위대한 스승 부처와 같은 마음과 정신을 지닌 대정각부인이라는 사후 이름을 갖게 되었다.

딱 걸맞은 내용 같다.

언젠가 직접 가보는 날이 오길. 물론 지금 당장은 아니다. 일본에 가는 생각을 전부 떨쳐버린다. 자리를 잡고 앉아 현재의 순간에 집중하려고 한다. 바로 여기, 바로 지금. 이 순간은 이게 전부다. 지금 이 시점.

노력이 반쯤 성공했다.

3월 __ 20일 _____ 월요일

오늘 명상 시간에는 머릿속이 몹시 어지러웠다.

피터를 다시 만났다. 부모님도 함께 와서 조현병에 대해 질문했다. 좋은 일이다. 두 분은 상당히 자세하게 이야기한다. 피터가 예전보다 훨씬 좋아졌고 꾸준히 나아질 걸 부모님도 아는 모양인데 걱정을 떨치진 못한다. 피터와 부모님에게 피터한테 나타나는 증상의 특징을 설명하고, 약물치료와 여러 다른 치료의 기능이 무엇인지 알려주었다. 또 마리화나와 여러 마약은 피해야 한다고 조언하고 앞으로 정신 건강 상태가 악화될 경우 어떤 조치를 취해야 하는지 설명했다.

나는 이런 상황에 처한 가족들이 참 안타깝다. 그들이 받아들여야 할 새로운 정보가 정말 많다. 그렇지만 질병과 치료법을 설명해주면 어떻게든 상황을 헤쳐 나가는 힘을 발휘하는 모습을 보여줘 오히려 내가 늘 깊은 감명을 받는다. 일단 환자 가족들은 자기들이 처한 상황에 몰두하면 대다수가 내가 깜짝 놀랄 수준의 이해와 지원을 아끼지 않는다. 내가 지금 이야기하는 이런 게 바로 사랑인가 보다.

3월 __ 21일 _____ 화요일

괴롭게 밤잠을 설친 후 (새벽 네 시부터 깨서) 한 시간 동안 침묵 명상을 하러 나섰다. 운하를 따라 자전거를 타고 가는 길에 또다시 찬란한 아침을 맞이했다. 쨍하게 춥고 공기는 바삭하고 몹시도 눈부신 아침이었다. 자전거 길은 곧장 직장으로 향하는 사람들로 붐비지만 이내 방향을 꺾어 명상 장소로 갔다. 천장이 높은 명상실은 시원하고 밝고 고요하다. 간밤에 잠을 설쳐서 명상 시간이 길게 느껴지지만 그래도 최선을 다하고 시간이 지나자 기분이 나아졌다.

명상 후 자전거를 타고 출근했다. 오르막길의 바람을 뚫고 페달을 밟았다. 하루를 시작하기에 최고로 활기 넘치는 방법이다. 자전거를 타니 오래전에 골웨이에서 살던 시절, 매일 아침 출근 전에 바다 수영을 하려고 덤비던 때가 떠오른다. 날마다 수영을 하면 더 원기 왕성해질 거라고 생각했지만 정확히 반대의 효과가 나타났다. 끊임없이 피로가 몰려왔고 일을 하는 오전에는 줄기차게 꾸벅꾸벅 졸고 앉아 있기만 했다. 몇 주 후에는 매일 출근 전에 수영을 하겠다는 생각을 고이 접어버렸다. 지금의 명상 습관은 더 오래가길 바란다.

3월 ___ 22일 _____ 수요일

명상을 끝내고 눈을 떴을 때 트릭시가 나와 함께했다는 것을 알고 매번 깜짝 놀란다. 불심佛心이 있는 고양이 이야기를 구글에서 검색해보다가 『달라이 라마의 고양이』라는 책을 발견했다. 트릭시가 특별히 깨달음을 얻었는지는 모르겠으나 아주 차분해 보이고 오히려 나보다 영적인 노정을 따라 훨씬 앞서나가고 있음이 분명하다.

3월 ___ 23일 _____ 목요일

네 것이 아닌 것은 무엇이든 놓아버리라. 놓아주면 오래도록 행복하고 득을 얻으리라.

부처

네, 알겠습니다.

3월 ___ 24일 _____ 금요일

오늘도 눈부시게 아름다운 날이다. 바삭한 햇살을 받으며 자전거를 타고 침묵 명상을 하러 갔다. 이번 주에 두 번째 참석이다. 정말 좋다! 강한 기운이 흐르면서도 고요하기 그지없는 훌륭한 곳이다.

집에서 명상할 때는 의자에 똑바로 앉아서 한다. 여기서는 매트 위에 명상 쿠션 두 개를 두고 거기다 무릎을 대고 꿇어앉는다. 나 같은 초심자에게는 좋은 자세인데 결가부좌만큼 견고하고 안정적이진 않다. 다른 많은 사람들처럼 결가부좌를 하면 극심한 통증이 생겨서 명상이고 뭐고 아무 의미가 없다.

빛으로 가득한 명상실에서 시간이 기운차게 흘러간다. 여기서는 불쑥불쑥 끼어들어 나불나불 떠드는 온갖 생각을 억지로 내

쫓기보다는 차분히 가라앉히기가 더 수월하다. 긍정적인 마음의
틀을 잡기에 참으로 완벽한 날이다. 시원하고 햇빛 찬란한 금요일.

3월 ___ 25일 _____ 토요일

정말 웬만해선 내가 할 리 없는 일을 하나 벌였다. 헬스클럽
등록. 사실 몇 달 전에 수영 강습에 등록해서 잘 다녔다. 강습에
는 참석했지만 평소에는 연습을 하지 않았으니 배운 건 조금밖
에 없다. 그게 내가 뭘 배우러 참여한 두 번째 강습이었고 연습에
실패한 경험으로도 두 번째에 해당한다. 최소한 물에 가라앉지는
않지만 수영을 썩 잘하지도 않는다. 수영을 더 잘할 수 있어야 한
다고 느끼긴 하나 정작 수영을 좋아하지 않는다는 게 문제 같다.
어쩌면 다음번에는 수영의 마법에 매료돼 연습을 하고 더 열심히
하게 될까? 그럴 일은 없을 듯하다.

이번에는 헬스클럽을 다녀보기로 마음먹었다. 그래서 오늘은
십오 분 명상을 하고 이십 분 동안은 러닝머신도 뛰고 스트레칭도
좀 했다. 난생처음 헬스클럽에 발을 들여놓았다. 헬스클럽을 가득
채운 운동선수 뺨치는 젊은 사람들은 운동에 여념이 없다. 모든
사람이 계속 힘을 내 움직이게 만드는 음악이 끊임없이 흐른다.
굉장히 독특한 공간이다. 과연 내가 좋아할지 잘 모르겠다.

3월 __ 26일 _____ 일요일

서배스천 배리의 동명 소설을 원작으로 한 영화 〈로즈〉를 보러 간다. 내가 원작 소설을 좋아했던 이유가 단지 이 소설이 정신의학의 역사(나의 관심사 중 하나)와 관련이 있고 현대의 정신과 의사를 대체로 인간적이며 분별 있는 사람으로 그려낸다는 데 있지만은 않다. 보호 시설 생활의 슬픔이 특히나 잘 그려지기도 했다. 갱생의 가능성, 그리고 평생 이어진 고립된 삶에도 불구하고 고통이 끝나리라는 가능성(나의 명상 프로젝트의 이번 달 주제인 고통의 소멸과 일치하는 부분)도 잘 그려졌다.

오늘날의 정신 건강 의료 서비스가 보호 시설이나 정신병원에 기반한 과거로부터 얼마나 벗어나 있는지 곰곰이 생각해볼 때가 많다. 현재는 사람들이 보호 시설화된 자기 집에서 자활 능력이 결여된 채 지내며 의료 서비스를 받으러 가긴 하나 보호 시설과 비슷한 반복적인 패턴에 따르게 된 걸까? 아니면 실제 변화가 있긴 할까? 이러한 생각이 종종 나를 괴롭히지만 이 같은 위험 요소를 인식하는 자체가 위험을 줄이거나 피하는 방향으로 나아가는 의미 있는 발걸음이라고 스스로 위로한다. 희망은 있다.

3월 __ 27일 _____ 월요일

인터넷에는 명상에 대한 정보가 넘쳐난다. 간단할수록 더 좋은 지침이다. 지시 사항이 너무 많으면 혼란스럽기만 하다. 너무 많은 책과 CD와 웹사이트는 방해물밖에 안 된다. 제일 간단한 설명을 하나만 골라 꾸준히 하는 습관을 들여 열심히 수련하는 게 최선이다. 나는 매일 십오 분간 명상하겠다는 약속을 지키고 자전거로 출퇴근도 하면서 오늘도 좋은 하루를 보냈다.

3월 __ 28일 _____ 화요일

다시 비상 대기 당번이다. 저녁 시간 대부분을 병원에서 보내고, 밤에는 병원 근무팀에게 전화를 받고, 필요할 때면 응급부서나 입원 병동 업무에 합류한다는 뜻이다. 내내 한쪽 귀를 쫑긋 세우고 전화벨 소리를 기다리는 환경은 명상에는 별로 이상적이지 않다. 그렇긴 해도 묵묵히 내 길을 간다.

3월 __ 29일 _____ 수요일

오늘 아침은 눈부시게 아름답고 화창하다. 운하를 따라 자전거를 타고 한 시간 침묵 명상 시간에 간다. 지난 두 주간 기특하게도 이 명상 시간에 잘 참석하고 있다. 큰 도움이 되는 시간이다.

불교에는 세 가지 '보배'가 있다. 깨달은 부처(불佛), 다르마(법法, 부처의 가르침과 그가 이해한 진리—옮긴이), 상가sangha(승僧, 부처의 가르침을 따라 수행하는 사람들—옮긴이)이다. 상가는 함께 수련하고 함께 삶을 나누는 사람들의 모임이다. 전부 귀중한 보배다.

3월 __ 30일 _____ 목요일

종교적·영적 전통 전반에서 다양한 형태로 존재하는 문구가 있다.

하루에 이십 분간 앉아서 명상하라. 너무 바쁘지 않다면 한 시간 동안 앉아 있으라.

이게 뭔 성의 없는 소린가 싶지만 맞는 말일 것이다.

3월 __ 31일 _____ 금요일

오늘은 일 년 명상 프로젝트의 세 번째 달을 마감하는 날이다. 이제 4분의 1이 마무리된다. 지금까지 무엇을 배웠나?

첫째, 온갖 일이 밀려든다 해도 매일 명상할 시간은 낼 수 있다.

둘째, 헬스클럽은 아주 이상한 곳이지만 딱히 불쾌하게 이상하진 않다. 이곳과 관련해서는 추이를 살펴보기로 하자(물론 내가 헬스클럽으로 절대 돌아가지 않으리라는 가능성이 압도적으로 크지만).

셋째, 내가 지금까지의 명상 수련을 통해 도움을 얻었다고 알아차릴 만한 점은 순간순간의 내 마음 상태를 더 깊이 생각하는 사람이 되었다는 것뿐이다. 아마 이 덕분에 앞으로는 짜증나고 산만한 상태로 보내는 시간이 줄어들 것이다. 이 정도로도 내가 여태껏 쏟은 시간과 노력의 가치를 인정해주기에 충분하다.

넷째, 아직도 트릭시를 이해하지 못하겠다.

십오 분 동안 명상을 한다. 그런 다음 진짜 맛난 케이크를 먹는다. 이번 달에는 속에 뭔지 모를 쫀득한 게 든 아몬드 케이크다.

○ 명상, 마음챙김, 정신 건강

명상은 깊은 생각을 하며 마음을 훈련하거나 집중적·정관적靜觀的, 혹은 종교적인 방식으로 어떤 대상에 마음을 집중하는 것이다. 명상과 관상 수련은 수많은 영적·종교적·심리적 전통에서 실제로 중요한 역할을 한다. 최근에는 명상이 뇌에 미치는 영향과 다양한 신체적·정신적 질환을 다룰 때 명상을 활용할 가능성에 대한 연구적 측면의 관심이 급증했다. 그뿐 아니라 관상 수련을 불안감이나 우울감 같은 심리적 증상을 다루는 방법이자 정신 건강을 유지하는 방법으로 보는 대중적 관심 역시 상당히 증가했다.

○명상과 뇌

명상 수련과 관상 수련을 하면 종종 장기간에 걸쳐, 혹은 반복된 상황에 맞춰 동시에 실행되는 몇 가지 통합적 두뇌 기능이 작동한다. 오래전에 나온 증거에 따르면 명상 훈련이 두뇌의 작동 방식에 상당한 영향을 끼친다. 가령 뇌의 특정 부위에 혈류량이 증가하고(Newberg et al., 2003), 전기 자극을 통한 뇌파 패턴에 변화가 생기기도 한다(Lutz et al., 2004).

이러한 조사 결과를 통해 장기적인 명상이 뇌의 생리 기능에 지속적인 영향을 미칠 수 있으며 명상을 하고 있지 않을 때도 그 효과가 지속된다고 분석할 수 있다. 명상은 장기간 명상 훈련을 하는 사람뿐만 아니라 단기 수련을 하는 사람에게도 지속적인 큰 영향을 미친다. 명상을 일상적으로 하지는 않고 8주간 마음챙김 명상 수련 프로그램에 참석하는 사람도 뇌 활성에 큰 변화가 생기고 감염에 저항하는 면역체계가 개선되는 것으로 나타난다(Davidson et al., 2003).

이상의 조사 결과와 여타의 연구 결과를 명상이 뇌에 미치는 영향에 대한 하나의 통일된 이론으로 통합한 모든 모델이 넘어야 할 산이 있다. 기존 연구에서 피험자가 소수에 그치며, 측정된 생리적 기준이 서로 다르고, 뇌 구조 및 기능에 관한 현재의 이해에 일반적인 한계가 있다는 문제가 남았다. 그럼에도 오스틴(2006)은 신경과학 연구 결과를, 특히 불교의 선禪 전통에서 비롯된 명상 수련의 심리적·경험적 연관성과 결합하는 통합 모델을 제시하고

자 했다. 오스틴의 모델은 통찰력이 있는 동시에 도발적인데 명상의 영향에 대한 보다 기본적인 신경과학적 연구와 심리적 조사가 필요한 것은 분명하다.

○ 명상과 정신 건강

명상과 관상 기도는 수도원식 전통이 강한 수많은 영성 학교와 종교 학교에서 실제로 중요한 부분을 차지한다. 예를 들어 로마 가톨릭교에는 독거, 개인 기도, 장기간 침묵 관상 등 고유의 활동 영역이 포함되어 있다. 뇌에 미치는 관상 수련의 영향에 대한 연구가 장기간 명상을 하는 불교의 명상가에 중점을 두는 한편(Lutz et al., 2004), 로마 가톨릭교의 경우 가령 프란체스코회 수사 같은 관상 기도 수련자에게 유사한 영향이 나타난다는 증거가 있다(Newberg et al., 2003).

불교는 근본적으로 '지(止, amatha, 평온함)'를 닦는 명상 수련과 '관(觀, vipa yan, 통찰)'을 닦는 명상 수련에 중점을 둔다(Gethin, 1998). 불교에는 관상 수련의 심리적 연관성을 다룬 상당히 복잡한 경전도 있다. 본래 불교의 '높은 가르침' 혹은 '아비달마Abhidharma'*가 집중해서 체계적으로 기술하는 내용은 모든 가능한 마음 상태와

＊　불교의 경전을 경經·율律·논論의 3장三藏으로 나눌 때에 논장論藏에 해당한다. 부처의 설법을 경, 또 '경'을 조직적으로 설명한 것을 '논'이라고 하는데, 이 논을 '아비달마'라고 음역한 것이다.–옮긴이

인지 기능인데, 이는 경험으로 달성된 명상의 수준과 연관 지어 제시되는 부분이 많다. 이러한 정신적 상태를 명확히 이해하고 개인적으로 경험하는 것이 곧 정신적 발전과 통찰력 증진의 필수적 전제 조건이다.

다양한 전통에서 명상 수련을 중요하게 여기는 이유는 천차만별이다. 로마 가톨릭교의 관상 기도는 특정한 신을 향한 것이며 찬미와 탄원의 목적을 띠는 경우가 많은 반면, 불교에서 명상은 특정한 신을 향한 것이 아니며 개인적 깨달음에 이르는 것을 목표로 한다. 하지만 대부분의 종교적 전통에서 관상 기도나 명상은 한 개인의 보다 폭넓은 영성 수련의 범위에서 이뤄지는 긍정적이고 점진적인 고유의 활동으로 여겨진다.

정신 건강의 측면에서 보면 불안감을 줄이고, 기분을 나아지게 하며, 정신적 건강을 향상시키고, 통증에 대한 저항력을 높이는 데는 '종교적 명상'이 '비종교적 명상'이나 '비종교적' 이완 기법보다 더 낫다는 증거가 있다(Wachholtz and Pargament, 2005). 이 증거와 일치하는 몇 가지 사실이 있다. 정신 건강 의료 서비스를 지속적으로 받는 사람이 정신 건강을 결정하는 중요한 요소로써 다름 아닌 영성을 꼽는다는 사실, 그리고 전반적으로 더 나은 삶의 질, 희망, 공동체 의식과 영성이 상당한 연관성을 보인다는 사실이다(Bellamy et al., 2007).

○명상과 정신 질환

불안 장애, 우울증, 알코올 남용, 약물 남용, 외상 후 스트레스 장애, 정신신체장애* 같은 특정 정신 질환을 관리할 때 마음챙김 등의 명상 수련이 어떤 역할을 할 수 있는지 살펴보는 연구 보고서가 늘어나고 있다. 대부분의 연구는 편의적인 표본을 근거로 하고, 소수의 참가자를 포함하며, 연구 환경 바깥에서 일반화하기에는 극도로 제한된 설정을 하고 있다.

정신 질환과 명상의 관련성 연구라는 측면에서 불안 장애는 가장 많이 다뤄지는 주제다. 마음챙김 명상과 명상에 기반한 스트레스 감소, 초월 명상법의 영향을 검토하는 연구가 상당수 있다. 그러나 기존의 연구를 살펴볼 때 눈에 띄었던 부분은 불안 장애를 치료하는 명상요법에 대한 높은 수준의 무작위 대조 시험이 현저히 부족했다는 점이다. 검토 기준에 걸맞은 자격 요건을 갖춘 연구는 고작 둘 뿐이었다(Krisanaprakornkit et al., 2006). 더구나 이 연구서를 쓴 이들은 해당 분야 조사 연구의 중도 탈락률이 높게 나타나며 명상의 부작용은 보고된 바 없고 결론을 도출하기 전에 추가 연구가 필요하다고 언급했다.

＊   정신적인 불안·갈등·긴장 등이 원인이 되어 생긴 신체적 장애. 흔히 피부·호흡기 계통, 심장이나 혈관 계통, 소화기 계통, 생식·비뇨기 계통, 근육이나 골격 계통에 많이 나타난다.―옮긴이

다른 장애와 관련해 명상을 연구하는 무작위 대조 시험은 그 수가 훨씬 더 적으며 특정 정신 질환에 대한 명상의 효과를 체계적으로 연구해야 할 필요성은 더 크게 부각된다. 더군다나 선禪요법 등의 여러 명상 형태와 정신 분석 등의 정신요법 사이에 오랜 연관성이 있음에도(Fromm et al., 1960; Epstein, 2007), 분석적인 맥락에서 명상의 정확한 기능을 체계적으로 고찰하는 연구가 더 많이 이뤄져야 한다는 비슷한 요구가 여전히 남아 있다.

한편, 특정 집단의 환자들에게 특정한 명상 수련이 유용하다고 말하는 다양한 수준의 보고서도 간간이 등장한다. 가령 마음챙김 명상은 섬유근육통이 있는 여성에게 나타나는 우울감 증상을 완화시키는 데 도움이 되기도 한다(Sephton et al., 2007). 그뿐 아니라 주의력결핍 과잉행동장애ADHD가 있는 아이들에게 요가와 명상을 활용하는 소규모의 연구에 따라 ADHD에 명상요법이 도움이 되는지 검토하는 연구 분석도 있다(Krisanaprakornkit et al., 2007).

하지만 현재에는 특정 환자에게 우울증이 재발하지 않게 해주는 것을 제외하고 어떤 특정 정신 질환에 대한 명상요법의 체계적 사용을 뒷받침하는 증거가 부족한 실정이다. 앞으로 이러한 상황에 변화가 생길 수도 있다. 신경과학적 측면에서 명상이 더 심도 있게 연구되고, 특히 불안 장애와 관련해서 무작위 대조 시험과 체계적 분석이 더 많이 이뤄지며, 정신 건강 의료 서비스를 받는 사람들 사이에서 영성에 대한 중요성이 꾸준히 부각되고, 정신적 질환보다는 정신적 행복에 집중하는 심리요법 형태에 대중적 관심이 지속적으로 이어지고 있기 때문이다.

특히 최근 몇 년간 사회정책입안자들이 점차 사회적 목적으로서 행복에 집중하고 있으며 이러한 경향은 심리요법에 대한 관심을 심화시킬 것이다. 물론 심리요법은 이 목적 달성을 앞당겨주되 대중에게 받아들여져야 한다는 숙제는 남아 있는 것 같다(Layard, 2005). 무수한 문화에서 기나긴 역사를 지닌 명상은 이상의 기준에 따라 향후 점점 더 많은 관심을 끌 것으로 보인다.

4월
_____

앞으로
나아가는 법

불굴의 의지로 명상을 계속
이어나가지만 전반적으로 결과는
흡족하지 않다. 이번 달 일기에는
다람쥐도 등장한다. 트릭시는 계속 나를
당황스럽게도 하고 깨달음도 준다.
이달에는 불교의 성스러운 여덟 가지
길을 따름으로써 고통 혹은 불만족을
극복하는 법에 집중한다. 쉬운 일이
아니다.
이번에 내가 곱씹어보는 주제는 잠, 꿈,
인도의 조각품, 영화 몇 편, 정신요법,
불교의 가르침인 '연기緣起'와 '무아無我',
선禪요법의 기원이다. 말하자면 어떻게든
실제로 명상에 전념하는 것은 피하려고
무슨 짓이든 하는 셈인데 여하튼 매일
십오 분 명상은 근근이 이어간다.
맹목적으로 계속 비틀비틀 나아가기는
한다.

4월 __ 1일 _____ 토요일

그래, 이제 네 번째 달. 자, 시작이다.
구중중하고 꿉꿉한 날에 십오 분 명상.
끝.

4월 __ 2일 _____ 일요일

명상 방법에 관한 온라인 가이드가 참 많다. '명상하는 법'으로 검색만 해봐도 온갖 조언을 들려주는 웹사이트가 족히 수천 개는 뜬다. 훌륭한 내용이 많다. 시간 조절, 자세, 호흡, 생각, 그밖에도 명상의 다양한 측면을 다루고 있다. 그렇지만 가끔은 세세한 조언 따위는 모조리 무시한 채 의자에 편히 자리를 잡고 등을 곧게 펴고 앉는 것으로도 족하다.

4월 ___ 3일 _____ 월요일

이른 아침, 일단 자리에 앉아 명상을 한 후 눈을 뜨니 집 앞 도로에 다람쥐 한 마리가 보인다. 우리 가족이 사는 더블린에는 다람쥐들이 종종 놀러 온다. 녀석들의 나들이 의지를 꺾는 장본인은 바로 트릭시인데 이따금 여우도 가세한다. 그래서 오늘처럼 다람쥐가 호기심 가득한 기운 넘치는 모습으로 쏘다니는 모습을 발견하니 특히나 좋다. 도심에서 야생동물을 접하는 잠깐의 기회.

4월 ___ 4일 _____ 화요일

일 년 명상 프로젝트의 이번 달 주제는 불교의 네 번째 성스러운 진리, 즉 고통 혹은 불만족을 극복하는 방법이다. 이 진리는 고통이 극복되고 해탈의 경지에 이르는 구체적인 방법에 관한 것이다. 이는 세 가지 핵심 원리인 계(戒, 계율), 정(定, 선정), 혜(慧, 지혜)*를 바탕으로 한 여덟 가지 성스러운 방법을 나타낸다. 불교 경전에는 사성제와 마찬가지로 이 '팔정도八正道'에 대해서도 자세한 설명이 많이 나와 있다. 팔정도의 각 요소는 이번 명상 프로젝트에서 다음 팔 개월에 걸쳐 다뤄질 것이다(내가 그만큼 오래도록 명상을 이어간다면).

세 가지 핵심 원리인 계율, 선정, 지혜에 대해 깊이 명상한다. 명상에 대한 명상이라니 뭔가 돌고 도는 기분이지만 어쨌든 한다.

＊ 삼학三學: 깨달음에 이르려는 자가 반드시 닦아야 할 세 가지 수행. 계율을 지켜 실천하는 계戒, 마음을 집중·통일시켜 산란하지 않게 하는 정定, 미혹을 끊고 진리를 주시하는 혜慧를 이른다.—옮긴이

4월 ___ 5일 _____ 수요일

라디오에서 흘러나오는 수다.
떨어지는 이파리 하나.
자두나무가 아름답지 아니한가?

4월 ___ 6일 _____ 목요일

자고 싶은데, 나는 자는 데 소질이 없다. 기차나 비행기, 자동차를 타고 갈 때든, 텔레비전 앞에서든, 침대 말고 다른 어디에서도 잠을 못 잔다. 침대에서는 쉽게 잠이 들고 새벽 대여섯 시에

잠이 깬 후 좀처럼 다시 잠드는 법이 없다. 꿈은 대중없이 꾸는 편이지만 작년에 인도에 있을 때는 시차에 말라리아 예방약에 전반적인 흥분 상태까지 겹쳐 휘황찬란한 총천연색의 강렬한 꿈을 꾸었다.

과거 나의 꿈에 아주 극적인 영향을 미쳤던 유일한 것은 바로 명상이었다. 몇 년 전, 일주일에 한 시간씩 명상을 하던 시절에 아주 생생한 꿈을 꾸곤 했다. 좋지도 나쁘지도 않은 꿈이었는데 희한하게도 늘 위안이 됐다. 이번 명상 기간에는 그런 꿈이 찾아오지 않았다.

4월 __ 7일 _____ 금요일

나는 아시아 문화에 반한 사람이다. 작년에 인도 여행을 가기 전, 더블린 근처에 있는 인도풍 조각 정원인 빅터스 웨이Victor's Way에 이미 마음을 빼앗겼더랬다. 위클로주의 라운드우드 바로 북쪽에 위치한 이 정원은 사려 깊은 배치도를 보여주지만 깔끔하게 손질되어 있진 않다. '가네샤'와 '시바'를 비롯한 여러 인도 신의 모습을 놀랍게 재현해낸 거대한 조각상들과 '단식하는 부처', '깨달음', '쪼개진 자', '열반에 이른 자' 같은 형상들로 가득한 곳이다. 정문인 빅토리아 게이트는 뜻밖에도 성스럽고 진기한 장소에 잘 어울리며 그 자체로 독특하고 놀라운 작품이다. 이 정원은 걷기 명상을 하기에 더없이 좋은 곳이다.

4월 ── 8일 ─────── 토요일

코크에서 아침을 맞이했다. 아일랜드의 새로운 정신능력법 제정에 관해 코크 대학교에서 열리는 회의에 참석차 코크에 와 있다. 호텔 객실이 아주 멋지다. 강 위쪽으로 높은 데 위치한 이 객실에서 강물이 내려다보이고 바로 저쪽 건너에는 코크 시내가 보인다. 영감의 기운이 감도는 환경에서 종종 그렇듯 이런 곳에서는 명상하기가 수월하다. 게다가 오늘은 습하지도 않고 상쾌하고 선선한 게 날씨도 완벽했다.

회의를 끝내고 오후에는 차를 몰고 더블린으로 돌아가 게이트 극장에서 공연하는 〈사생활〉을 보러 제시간에 도착했다. 이 연극이 참 좋다. 극장은 거의 만석이었고 배우들의 연기도 훌륭했다. 밤 열한 시에 집에 도착했다. 아주 기진맥진하다.

4월 ── 9일 ─────── 일요일

이해는 잘 표현된 말의 중심에 거한다.

부처

암, 그렇고말고. 다만 실천이 그리 쉽지 않을 뿐.

4월 __ 10일 _____ 월요일

오늘은 영화 두 편을 봤다. 〈퍼스널 쇼퍼〉와 〈아이 엠 낫 유어
니그로〉. 두 번째 영화는 엄청난 작품이다. 나는 혼란스러운 상태
로 영화관을 나섰다. 템플바 지역을 걸어가는데 그 어떤 것도 현
실적으로 느껴지지 않았다. 모든 사람이 뭔가 하는 척하거나 연기
를 하거나 다른 사람들로 대체된 것 같았다. 텔레비전 화면에서
이 세상이 흘러가는 광경을 내가 쳐다보고 있는 기분이다. 좋은
영화를 보고 나면 자주 느껴지는 그런 기분이다. 가끔 환자들이
설명하는 '현실감 소실derealization'(모든 것이 비현실적으로 느껴짐)과
'이인증depersonalization'(자기 자신을 포함해서 사람들이 낯설게 느껴짐)
이 경미한 수준으로 나타난다. 환자들은 이런 경험이 혼란스럽다
고 말하는데 내가 오늘 경험하는 상황은 불안하게 만들기보다는
안정감을 주고 궁극적으로 평화로운 감정을 안겨준다.

4월 __ 11일 _____ 화요일

바쁜 하루였다. 오전에 트리니티에서 약속을 하나 소화한 다

음 케리주의 켄메어까지 차를 끌고 갔다. 날씨가 아주 근사했다. 내려가는 길에 이멜다 메이의 ⟨Life Love Flesh Blood⟩를 들었다. 에너지와 생기가 가득한 멋진 곡이다. 점심시간 즈음 어딘가에서 명상을 했는데 오늘 내게 가장 큰 영향을 미친 것은 바로 그 음악이다.

저녁 늦게 켄메어에 도착했다. 중심가에는 쇼윈도를 보는 관광객 두세 명만 있을 뿐 거리는 한적했다. 숙소에 다다르자 바로 몇 분 전에 건물 바깥 풀밭에 어린 사슴이 서 있었다는 얘길 들었다. 아이들 여럿이 아주 신이 나 있고 부모들은 애들을 진정시키느라 고생이다. 숲과 그 너머 들판을 살펴보지만 사슴은 사라지고 없다. 차를 마시려고 준비한다.

4월 ＿ 12일 ＿＿＿＿ 수요일

이번 달 주제, 고통을 멸하는 방법은 계율, 선정, 지혜라는 세 가지 원리에 뿌리를 둔다. 내가 이 중에 얼마나 많은 것을 갖추고 있는지 모르겠지만 앞으로 수개월에 걸쳐 팔정도의 수행 방법을 하나씩 집중적으로 살펴볼 것이다. 이 여덟 가지 덕목을 이렇게 명확히 밝히는 식으로 하나씩 짚어 가면 실제로 그 덕목을 이뤄나가는 데 도움이 되는지 궁금하다.

나는 '바르다〔正〕'라는 단어가 좋다. 어떤 것은 바르고 다른 것은 그르다는 의미가 전해지는 말이다. 모든 것이 상대적이진 않아도 바른 것과 그른 것은 존재한다. 그것들은 실재한다. 팔정도를 구성하는 예들은 논쟁의 여지가 있는 것도 아니다. '바른 말'에 반대할 사람이 누가 있겠나? 하지만 정확히 '바른 말'이란 무슨 뜻일까? 그리고 바른 말을 터득하는 방법은 무엇일까?

4월 ___ 13일 _____ 목요일

웨스트 코크의 베어라 반도에 있는 불교센터 초첸 베어라에 왔다. 이곳은 국제적 네트워크의 불교센터인 릭빠_{Rigpa} 장기 수행 센터다. 수행 센터로 차를 몰고 들어가자 오렌지색 줄무늬 고양이 한 마리가 도로 한복판에 곤히 잠들어 있다. 고양이는 지나가는 차들이 위험하든 말든 아무 걱정이 없다. 어쨌든 여기는 지각 있는 존재를 향한 존중이 가득한 불교센터 아닌가. 시야가 탁 트여 저기 바다가 보이는 명상실은 고요하고 차분하다. 수행 센터를 나서는데 에뮤 한 마리가 도로를 따라 어슬렁어슬렁 내려온다. 에뮤 농장에서 탈출한 건가? 코크에 에뮤 농장이 있던가? 아니면 상상 속에 에뮤가 등장했던 건가?

4월 ___ 14일 _____ 금요일

상점 앞에 내걸린 문구: '공석 있음. 문의는 안에서_{Vacancy exists.}
Enquire within.*

아무렴!

---

* 저자는 불교의 공空, emptiness사상을 빌려, 공空이 존재한다면 이를 이해하기
위해 우리의 영혼을 주의 깊게 살피는 내면의 물음이 필요하다는 뜻으로 읽고
공감했다.―옮긴이

4월 ___ 15일 _____ 토요일

온라인상의 수많은 인용문이 부처가 한 말로 여겨지는데 종
종 그런 인용문의 '진짜' 기원을 두고 열띤 논의가 동반된다. 여
기저기서 가장 흔히 보이는 문구는 이거다.

계속 화를 품고 있는 것은 남을 해할 마음으로 뜨거운 석탄
을 꼭 쥐고 있는 것이나 마찬가지다. 결국 그것에 데는 사람
은 너 자신이다.

이 특별한 인용문의 출처를 두고 설왕설래가 많지만 그 기

원에 상관없이 나는 늘 이 말에 크나큰 진리가 담겨 있다고 느낀다. 화를 내지 않기도 힘들고 일단 생기면 쉬이 놓아 보내기가 지독히 어렵다. 하지만 화를 내봐야 아무 소득이 없다. 화내는 것이 강한 것과는 정반대라는 생각이 점점 든다.

4월 __ 16일 _____ 일요일

선禪은 중국에서 유래된 불교 종파로 특히나 상징적인 성격을 띤다. 선은 지난 수 세기에 걸쳐 생겨난 여러 종파 중 하나에 불과한데도 많은 사람들이 선을 불교의 전형으로 본다. 선은 극기, 명상, 스승과의 선문답으로 제일 잘 알려져 있다. 오래전에 더블린에서 엄격한 선 명상 수업에 참석한 적이 있다. 정좌 명상 후 걷기 명상 수련을 했다. 특정한 방식으로 합장하고 시계 방향으로 천천히 걸으며 일정한 리듬에 맞춰 호흡했다. 매우 엄격하고 형식화된 수련이었다. 나한테는 맞지 않아서 다시 찾아가진 않았다. 나는 선 수련 낙제생이다.

4월 __ 17일 _____ 월요일

골웨이에서 아름다운 부활절 주말을 보내고 더블린으로 돌아왔다. 운전해서 오는 길이 평화로웠다. 오는 길에 고양이 호텔에서 트릭시를 데려왔다. 나를 봐서 반가워하는데 잠깐 떨어져 있은 후에 종종 그렇듯 약간 불안한 기색이 보인다. 십오 분 동안 나와 함께 조용히 앉아 있지만 아직 썩 괜찮지 않다. 아니, 썩 괜찮지 않은 건 나인가? 트릭시가 무슨 생각을 하는지 궁금하다.

4월 __ 18일 _____ 화요일

업무에 복귀했다. 열흘 휴가 끝에 출근하니 여러 가지 일을 처리하느라 바쁘지만 결국에는 모든 게 마무리된다. 오후에는 중증 공포증이 있는 남자 환자를 진료했다. 요즘에는 공포증이 있는 환자를 보기가 힘들다. 왜 그럴까? 그 사람들이 정신과 진료를 받으러 오지 않는 것일뿐인가?

이 남자는 기침 공포증tussaphobia이 있다. 기침을 하지 않으려고 그 어떤 고생도 마다하지 않고, 혹시 기침을 하면 옷을 갈아입고 세탁을 하는 정성스러운 의식을 치른다. 그런데 자기 말고 다른 누군가가 기침을 하면 상황은 훨씬 나빠진다. 한 방에 있는데 누군가가 기침을 하면 그는 당장 그 방을 나와야 하고(사람들이 같이 있는 자리에서 극도로 난감한 상황이 종종 연출된다), 최대한 빨리 '안전한 장소'에서 옷을 갈아입고 세탁하는 의식을 치러야 한다.

이 모든 행동에 강한 강박적 요소가 있음은 분명하다. 그의 근본적인 불안이 몇 가지 다른 형태를 취하기 때문이다. 기침 안 하기, 기침에 대한 강박관념, 강박적으로 옷을 갈아입고 세탁하기 등. 이런 종류의 심각한 문제를 다루는 현재의 접근법은 심리요법에 중점을 둔다. 불안, 집착, 강박을 강화하는 감정과 생각과 행동을 살펴본다. 항우울제 약물치료로 도움을 받는 사람도 있지만(불안과 우울은 구별이 안 될 때가 많다), 이 남자는 심리요법에만 큰 관심을 보이는데 그래도 괜찮다.

이 같은 사례를 접하면 이렇게 고통스러운 감정과 생각과 행동 패턴이 어떻게 생기고 지속되는지 곰곰이 생각해보곤 한다. 이런 패턴을 촉발하는 최초의 특정 사건이 있을까? 아니면 그냥 임의로 시작되어 시간이 지나면서 점점 누적되고 단순한 습관을 통해 강화된 것일까?

심리요법 일정을 잡는데 이 환자에게 관상 수련도 도움이 되겠다는 생각이 들었다. 그는 명상에 필요한 '맑은 정신'이 아직 준비된 것 같지 않으니 요가가 심신의 집중에 도움이 될 것 같아 제안했지만 내가 농담을 하는 줄 안다. 우선은 심리요법 일정부터 잡고 경과를 확인하기 위해 조만간 다시 보기로 했다.

퇴근하고 집에 와서 산책을 하러 나갔다. 명상적인 분위기가 물씬 풍기는 저녁이었다. 공기가 훈훈해 여름 같았다. 저녁 식사를 하는 동안 기침을 두 번 했다. 나로선 이례적인 일이다. 나의 잠재의식이 뭔가를 말하고 있는 건가? 만약 그렇다면 그게 뭔지 모르겠다.

4월 ___ 19일 _____ 수요일

이번 달 주제에 따르면 나는 계율, 선정, 지혜, 그리고 이 세 가지를 통해 고통을 극복하는 것에 대해 깊이 생각해야 한다. 하지만 오늘은 지금 이 순간을 살기보다는 정신 보건법 분야의 향후 연구 프로젝트를 논의하는 데 많은 시간을 할애한다. 그런데 장래의 프로젝트를 계획하는 것이 바로 지금 하고 있는 일이고 지금 이 순간을 사는 데 부합하는 일이다. 미래의 계획이라는 주제에 집중하는 것은 곧 현재의 순간에 집중하는 걸까? 아니면 이 논의는 너무 돌고 도는 이야기일까? 이 논의가 말이 안 된다는 깨달음, 돌고 도는 생각은 줄이고 좀 더 간단하고 쉬운 방식으로 현재의 순간에 집중하는 게 중요하다는 깨달음이 온다. 그래, 그게 훨씬 낫다. 인식 모드보다는 경험 모드에 맞춘 더 직접적인 방식.

4월 ___ 20일 _____ 목요일

새로운 습관을 들이는 데 석 달이 걸린다. 이제 석 달 넘게 매일 명상을 하고 있고 아직 습관은 깊이 배진 않았다. 여전히 나는 명상하는 장소를 물색하고 다른 긴급한 문제들로 방해받지 않으려고 결사적으로 그 장소를 지켜내야 한다. 정신을 산만하게 하는 것들이 무수히 많은 생이다. 잠깐 구글에서 검색해보니 새로운 습관이 형성되는 데 걸리는 기간이 천차만별이라고 나온다. 그런데 이 검색 결과가 맞을까? '구글의 신뢰도는 얼마나 되는가?'라고 구글로 검색해볼까?

4월 ___ 21일 _____ 금요일

업무가 바쁜 날. 마음챙김을 시도하지만 실패.

4월 ___ 22일 _____ 토요일

올드 레일 트레일로 자전거를 타러 갔다. 웨스트미스주의 멀린가부터 애슬론까지 이어지는 멋진 보행자·자전거 전용도로다. 편도가 40킬로미터에 이르고 자전거로 명상적인 하루를 보내기에 좋다.

자전거를 타고 가는 동안 사람은 별로 마주치지 않았고 젖소, 양, 말, 암탉, 새 들을 셀 수 없이 많이 만난 데다 멀린가 바로 외곽에서 소나무담비도 한 마리 봤다. 담비가 운하 옆 수풀 속으로 잽싸게 들어가 버렸지만 녀석을 봐서 기쁘다. 야생에서 소나무담비를 본 건 이번이 처음이다. 참으로 마법 같은 순간이다.

자전거를 타고 80킬로미터 넘게 달린 후 멀린가 파크 호텔에 있는 미스터 왕 중식당에 들렀다. 그곳에서 베푼 자양강장의 향연에 감사해야겠다. 자전거 주행 후에, 소나무담비와 마주친 후에 찾아가기에 완벽한 식당이다.

4월 ___ 23일 _____ 일요일

트릭시는 당혹감을 안겨주고 딱 그만큼 깨달음도 전해주는 녀석이다. 선禪의 공력이 매우 높은 고양이다. 오늘도 나와 함께 자리를 잡고 앉는다. 하품을 하고는 잠들어버린다. 트릭시는 선 수련 낙제생이 아니다.

4월 ___ 24일 _____ 월요일

이번 달 책으로 선정한 마크 엡스타인Mark Epstein의 『자아 없는 정신요법Psychotherapy Without the Self』을 읽으며 시간을 보냈다. 이 책은 명상과 자기애, 공허감의 형태, 정신적 경로상의 함정, 내가 좋아하는 주제인 '정신분석 시 주의 집중', 즉 심리치료 시 치료사가 주의 집중하는 것을 자세히 살펴보는 내용 등 다양한 주제를 다루는 논문과 에세이 모음집이다. 일부 환자들에게 정신 질환 약물치료와 명상을 병행해서 적용하는 치료에 대해서도 매우 통찰력 있는 내용을 담은 에세이도 있다. 복합적인 접근법이 최선일 때가 많다. 한 가지 방식이 모든 경우에 적용되진 않는 법이다.

4월 ___ 25일 _____ 화요일

불교에서 '만물을 참모습 그대로 보는 것'을 뜻하는 '알음알이(識)*라는 개념이 늘 마음에 들었다. 이 알음알이의 많은 부분은 '연기緣起'라는 불교의 가르침에 집중한다. 연기는 모든 현상이 특정한 원인과 상황 때문에 생겨나고 머무르고 지나간다는 개념이다. 결과적으로 만물이 서로 인연하여 생겨나며, 보이는 것과는 달리 그 어떤 것도 독자적이고 영구적인 실체는 없다. 따라서 모든 현상에는 본디 저절로 생겨난 본질이나 근원적인 실체란 없다. 모든 현상은 비어 있다. 이 현상에는 '자아'도 포함된다. 자아 역시 실체도 영속성도 독립적인 존재도 없다. '우리'는 본질적으로 그물처럼 얽힌 현상이자 세계 곳곳에 분산된 존재이자 기계 속의 환영이다.

다시 말해 자아를 포함한 모든 현상은 그것이 생겨나게 한 원인과 상황의 집합체다. 모든 것은 끊임없이 변화하는 상태에

---

*   일과 이치를 파악하는 것. 또는 그러한 지혜와 재주.─옮긴이

있다. 그러므로 동일하다고 증명할 수 있는 고정된 자아란 없다. 오직 흘러가고 변화하는 자아가 남기는 인상만 있을 뿐이다.

정확히 말해 불교는 자아가 없다고 가르치는 게 아니다. 분명히 내가 이렇게 글을 쓰고 독자가 이렇게 읽는 그대로다. 불교는 자아라는 개념에는 환상에 불과한 고정성이 있다고 가르친다. 자아가 독자적이고 영구적이고 확정적인 실재라고 믿게끔 현혹하는 실체와 영속성의 껍데기가 있다는 뜻이다. 허나 그렇지 않다. 다른 모든 것과 마찬가지로 자아 역시 존재하기 위해 다양한 상황과 조건에 의존한다. 자아도 끊임없이 변화하며 따라서 우리가 일상적으로 당연시하는 실체라는 게 없다.

이 내용은 불교에서 매우 낙관적인 가르침이다. 변화는 끊임없이 계속될 뿐이므로 오늘의 문제는 내일이면 사라질 테고 오늘의 긍정적인 행동은 긍정적인 방식으로 장래에 영향을 미칠 수 있다(업보). 그뿐 아니라 어느 자아가 겪는 고통은 다른 이들의 고통과 연관돼 있다. 우리 모두는 인위적으로 구축된 자아들 사이에 아무런 차이가 없는 하나의 통일된 현상인 까닭이다.

이러한 가르침은 한 사람의 자아를 비롯한 만물을 향한 측은지심을 설명하는 강력한 논거가 된다. 너의 고통은 나의 고통과 상관이 있다. 너의 행복도 마찬가지다.

4월 __ 26일 _____ 수요일

말이 나온 김에 하는 말이지만, 이번 달 주제인 사성제의 네 번째 진리, 즉 고통이나 불만족을 극복하는 방법과 관련해서 내가 큰 발전을 보였는지 여전히 아무런 확신이 들지 않는다. 불만족을 극복하지 못한 건 확실하다. 해탈의 경지에 이르지 못한 것도 분명하다. 그렇긴 해도 나는 지금까지 굽히지 않고 조금씩 꾸준하게 명상을 해왔다. 지금으로선 그것만으로도 충분하다.

지난주에 왔던 기침 공포증 환자를 다시 만났다. 그는 이제 다다음주 심리치료 약속을 잡고 그 시간을 기다리고 있다. 그리고 인터넷에서 요가의 치료적 가치를 찾아보고 와서 지난주에 내가 불안감을 줄이는 데 도움이 될 요가를 해보라고 제안했던 게 진지한 것이었음을 알게 되었다. 기쁘다.

4월 __ 27일 _____ 목요일

리머릭에서 눈을 뜬다. 좋은 호텔에 있다. 중간급의 호텔 객실이 이상하게 마음이 편하다. 이따금 가는 출장은 논문을 쓰거나 고요히 앉아 있기에 기분 좋은 고독을 선사하는 시간이 된다. 고요히 앉아 있는 것에 관해서라면 할 얘기가 많다.

4월 ___ 28일 _____ 금요일

리머릭 대학교에서 정신의학의 역사에 관한 세미나를 주관했다. 대학 교정의 북쪽 구역에는 사방에서 새들이 지저귄다. 교정을 나서는 길에 2011년 4월에 달라이 라마를 봤던 건물을 지났다. 오래전이지만 그날 일이 기분 좋게 기억났다. 집으로 돌아오는 운전 길에 밴드 선즈 오브 서던 얼스터의 멋진 음반 〈Foundry Folk Songs〉를 들었다. 명상적이거나 불교적인 음악은 아니지만 여행길에 도움이 된다.

4월 ___ 29일 _____ 토요일

애비 극장에서 〈고도를 기다리며〉를 봤다. 이 작품을 참 오랜만에 봤다. 다시 봐도 놀랍다. 베케트의 작품은 아무리 봐도 싫증이 나지 않는다. 여전히 매일 밤 그의 소설을 두 쪽씩 아주 재미있게 읽고 있다.

내가 쓰는 에세이는 주로 정신분석학의 아버지 지그문트 프로이트와 관련이 있다. 2010년에 나 스스로도 영문 모를 이유로 총 스물네 권짜리 『지그문트 프로이트 심리학 전집 표준판Standard Edition of the Complete Psychological Works of Sigmund Freud』을 일 년에 한 권씩 읽겠다고 결심했다. 매년 《아이리시 메디컬 타임즈》에 에세이를

한 편씩 쓰고 있는데, 이 의학지에 쓴 글을 죽 읽어보니 내가 원래 프로젝트를 아주 좋아한다는 사실을 깨달았다. 어쩌면 병적으로 좋아하는 것 같다. 일 년에 프로이트 전집 중 한 권 읽기, 하루에 베케트 소설 두 쪽 읽기, 일 년간 매일 십오 분씩 명상하기(부디). 하지만 이걸 두고 너무 심한 자아 성찰에 빠질 필요는 없다. 특히나 '자아 성찰'이라는 말 속의 '자아'가 실제로 존재하는 게 아니라면!

4월 __ 30일 _____ 일요일

오늘로써 일 년 명상 프로젝트 여정의 3분의 1 지점에 도달했다. 지금까지 나는 무엇을 이뤘을까? 넉 달 동안 매일 명상을 했고 내게는 그 자체가 하나의 성취임이 분명하다. 어떤 효과가 있었나? 그런 것 같진 않다. 적어도 뭔가 큰 변화는 없다. 아마도 나의 정신 상태에 대해 더 깊이 생각하게 되었지만 명상 자체보다는 이렇게 일기를 쓰는 것으로도 똑같은 효과가 나타날 것 같다. 원래 나는 일기 쓰는 데 별 재주가 없던 사람이니까.

이제는 명상에 대해 더 진지해지고 일기는 덜 신경 써야 할 시점 같다. 오늘 퇴근 후에 운하 옆을 잠깐 걸으며 이런 생각들을 곱씹어봤다.

기분 좋은 저녁 시간에 케이크를 먹었다. 이번 달은 배턴버 그다. 속에 잼이 들었고 마지팬이 덮인 스펀지케이크다. 어렸을 때 좋아하던 간식이다. 이 케이크는 노란색과 분홍색의 스펀지가 교회의 스테인드글라스 창과 닮아서 '예배당 창문'이라고들 했다. 40년이 지났는데도 이 케이크에 대한 사랑이 식지 않는다.

팔
정
도

바른 견해

정견 正見

5월에는 영화를 더 많이 보러 가고,
'바른 견해〔正見〕'라는 불교 개념에
대해 생각하고, 계속해서 명상을
하려고 노력했다. 트릭시는 계속 나를
당혹스럽게 하지만 친구 같은 느낌으로
그런다. 이번 달에는 부처의 말씀으로
알려진 지혜의 말씀을 더 많이 찾아보고,
아침 일찍(그렇게 일찍은 아니지만) 명상을
하고, 명상에 더 깊이 집중하지 못하도록
훨씬 정교한 방법으로 작동하는 갖가지
심란心亂과 맞닥뜨렸다. 그래도 전진
앞으로.

5월 __ 1일 _____ 월요일

공휴일이 낀 주말이라서 아일랜드 영화협회에서 영화 세 편을 봤다(한 달을 시작하는 데 이만한 게 있을까). 나잇값을 못하는 의사에 관한 그리스 영화 〈선탠〉, 음울하고 강렬한 영화 〈레이디 맥베스〉, 남학생 기숙학교를 배경으로 한 아일랜드 성장 영화 〈우정의 조건Handsome Devil〉. 〈선탠〉은 오늘 본 세 편 중에 완성도는 제일 떨어질지 모르지만 여운은 가장 오래 남았다. 아무래도 사십 대의 남자 의사가 등장해서 그렇겠지. 물론 의사 코스티스의 상황과 그가 한 인생의 선택은 나와 아무 상관이 없지만.

5월 __ 2일 _____ 화요일

다시 한 번 보다 진지하게 명상 프로젝트에 집중한다. 이번 달은 명상의 경험적 측면에 더 중점을 두고 이 일기에서 나의 명상 관련 경험을 더 명확하게 돌아볼 필요가 있다. 다시 말해 명상을 하는 현실에 대해서 더 많이 쓰고 온라인 검색 내용, 고양이 이야기, 영화 보러 간 이야기, 이런저런 잡담은 덜 써야 한다. 쉴 새 없이 방황하는 나의 마음이여.

5월 __ 3일 _____ 수요일

이번 달 주제는 불교 사상의 팔정도 중 첫 번째 원리인 '바른 견해(정견正見)'이다. 팔정도는 자신의 고통과 타인의 고통을 줄이기 위해 이 세상에서 어떻게 생각하고 행동해야 하는지를 알려주는 지침이다.

그렇다면 바른 견해란 정확히 무엇일까? 본질적으로 만물을 착각이나 해석 없이, 왜곡이나 기교 없이 참모습대로 보는 것을 의미한다. 간혹 이 덕목은 '자아'를 비롯한 모든 실재의 참 본성을 보는 것, 어떤 꼬리표나 이름을 넘어서는 것, 현상의 내적·외적 본질을 (상상하거나 처음에 인지한 방식이 아니라) 있는 그대로 이해하고 받아들이는 것, 행위에 결과가 따른다는 것(업보)을 비판적으로 인정하는 것으로 설명된다.

바른 견해를 기르는 길은 현실을 인지하며 조용히 앉아 주변의 소동과 아우성이 가라앉게 해서 있는 그대로의 진리를 투명하게 보는 눈을 밝히는 것이다. 이는 마치 물 한 잔을 바라보며 물의 진짜 본질과 투명성을 가장 순수한 형태로 보여주는 수정처럼 맑은 물의 본체만을 남기고 찌꺼기가 가라앉기를 끈기 있게 기다리는 것이나 다름없다.

'자아'는 이 비유에 나오는 물과 닮았다. 닮은 것 이상이다. 우리가 한참을 조용히 아무런 판단 없이 앉아 있다면 자아는 투명해지다 못해 사라질 것이다.

5월 ___ 4일 _____ 목요일

온종일 바른 견해를 유지하려고 애쓴다. 쉽지 않지만 노력을 하니 확실히 달라지는 게 있다. 제일 중요한 건 바로 그런 변화겠지.

가만 보니 지금까지 내가 이 일기에서 다룬 임상 사례 대부분은 입증 가능한 진단을 받은 질환이었다. 우울증, 공황 장애, 조현병 등. 하지만 사실은 내가 정신과 의사로서 진료하는 많은 사람은 대부분 특정 유형에 고정되어 있지만은 않은 다양한 증상이 복잡하게 뒤섞인 상태로 병원에 온다. 많은 환자가 빈곤과 사회적 불이익으로 나빠질 대로 나빠진 힘든 유년 시절을 겪고 현재 새로운 스트레스 요인까지 복합적으로 안고 있다. 실직, 사별, 범죄, 그 밖에 여러 형태의 상실이나 트라우마가 그들을 괴롭힌다. 그중 수많은 이들이 습관적으로 마리화나를 하거나 알코올에 심하게 의존하거나 아예 두 가지를 다 하는데, 마리화나나 술을 끊으면 상태가 훨씬 나아진다. 하지만 대다수는 특정 진단 범주에 들어맞지 않는다. 모든 사람은 저마다 다른 존재다. 내가 본 바로는 인간의 고통 중 많은 부분은 다른 무엇보다도 불리한 생활환경과 제한된 삶의 선택에서 비롯한다.

5월 __ 5일 _____ 금요일

운하를 따라 자전거를 타고 이른 아침 침묵 명상 수업에 참석했다. 정좌 명상은 평소와 다름없다. 온화하고 따스하고 기운을 북돋아준다. 내 마음은 엄청나게 쏘다닌다.

자전거를 타고 출근해서 기나긴 바쁜 하루를 보내고 저녁 여덟 시 반쯤 집에 왔다. 기진맥진한데도 푹 자지 못한다. 올해 새롭게 재개한 명상 수련이 나의 수면이나 꿈에 영향을 끼치지 않는 게 희한하다. 몇 년 전에는 변화가 있었는데. 아마 앞으로 달라지겠지.

5월 __ 6일 _____ 토요일

주말이다! 일찍 일어나 다섯 시 반부터 논문 작업과 다른 일들을 하다 아홉 시가 되자 가족들의 하루가 시작된다. 쌀쌀하고 바람이 세찬 날이다. 트릭시는 상태가 좀 묘하다. 아침 일찍 나와 같이 자리를 잡고 앉는데 분명히 뭔가 불평분자 같은 눈빛으로 나를 쳐다보더니 고양이 출입구로 슥 나가버린다. 늘 하던 뭔가를 하러 가는 길이다. 트릭시는 비밀에 싸인 수수께끼 같은 아이다. 속은 수수께끼로 차 있고 겉은 털로 덮인. 나는 죽었다 깨도 저 녀석을 이해하지 못하겠지. 반면 트릭시는 나를 속속들이 이해할 테고.

5월 __ 7일 _____ 일요일

그래, 오늘 살짝 문제가 생긴다. 다른 일에 정신이 팔려서 가만히 앉아 있을 시간도 없을 지경이다. 어렴풋이 기억나는 한 연구가 있다. 누군가가 교도소에서 명상 프로그램을 진행하면서 재소자들이 명상에서 중도 하차하는 이유를 살펴본 연구였다. 재소자들이 밝힌 가장 흔한 이유는 시간이 없다는 것이었다.

5월 __ 8일 _____ 월요일

남의 허물, 남이 한 일, 혹은 하지 않고 내버려 둔 일을 괘념치
말라. 내가 한 일, 혹은 하지 않고 내버려 둔 일만 생각하라.

부처

나는 오늘 명상을 방치하지 않으리라!

5월 __ 9일 _____ 화요일

부처의 말씀으로 알려진 또 다른 문구 하나가 유독 머릿속에
맴돈다.

너는 네가 생각하는 존재가 되며, 네가 느끼는 감정을 끌어
오며, 네가 상상하는 것을 만들어낸다.

내가 일상적으로 생각하는 것이 내 인식의 정체성이라는 의
미에서 "너는 네가 생각하는 존재가 되며"라는 부분이 특히 와닿
는다. 내가 하루하루 하는 일이 나의 삶이다. 내 삶이 모두 오늘
시작한다. 삶은 언제나 오늘 시작한다. 내가 오늘 뭔가를 하고 생
각하고 느끼는 것이 곧 나다. 그게 나다. 그야말로 정신이 번쩍

들게 하는 생각인데, 동시에 자유롭게 해주는 생각이기도 하다.

5월 __ 10일 _____ 수요일

이번 주 날씨가 아주 근사하다. 도심 근처를 자전거로 달리고 에너지와 햇살과 기타 등등으로 충만해져 출근했다. 요즘 공동 작업으로 발표하려는 논문 몇 편에 특히 집중하고 있다. 아일랜드와 인도의 정신 건강 법안을 주로 다루는 논문이다. 흥미로운 작업이고 대단한 지적 노동이다. 전부 내 머릿속에서 이뤄진다. 의견을 개진하고 생각하고 글을 쓰는 과정이다. 이 작업에만 매몰되지 않기 위해 자전거를 더 타거나 명상을 더 하거나, 여차하면 헬스클럽에라도 가야 한다.

5월 __ 11일 _____ 목요일

트리니티 칼리지 더블린의 정신의학과 교수로 취임한 지 일년이 된 것을 기념하는 공개 강연을 했다. 지금까지의 내 경력을 개괄적으로 말하고 앞으로의 계획을 간략하게 밝혔다. 내가 크게 관심을 두는 역학疫學(인구 전반에 걸친 정신 질환 분포), 정신 건강 관련 법안(아일랜드와 인도의 사례), 의학 교육(가르치는 건 나의 즐거움)을 중점적으로 이야기했다. 의례적인 행사이기도 하고, 평소에 좋아하는 자리는 아니라서 명상에 잠길 시간이 좀 필요했다.

취임 기념 공개 강연에 참석해본 게 한 번뿐이라 내가 적절한 말을 하는 건지 확신이 서지 않았지만 결국 전부 잘 흘러가는 것 같았다. 행사를 포함해 긴 하루를 보내고 배가 고파 죽을 지경인데 급하게 겨우 요기만 하고 침대에 쓰러졌다.

5월 __ 12일 _____ 금요일

오늘도 일찍 일어났다. 우리 팀이 오전 여덟 시에 탈라대학병원의 병례病例 검토회에 참석하기 때문이다. 병례 검토회는 매주 병원 직원들이 모여서 교육적 관심사나 여러 관련 주제의 최근 동향에 대해 이야기하는 자리다. 우리 팀이 이야기할 조사 연구는 아일랜드의 새로운 정신 능력 법령인 '2015 의사결정보조(능력) 법'에 앞서 정신 능력에 대해 살펴본 것이다. 새로운 법령은 정신 능력이 손상된 사람(가령 치매를 앓는 사람)의 의사결정에 도움을 줄 새로운 지원 기구를 제시하게 될 흥미로운 결과물이다. 이 법령은 아일랜드가 국제 인권 기준에 더욱 부합하는 데 일조하겠지만, 의료 서비스와 사회 복지에서 상당한 변화를 요구할 것이다.

5월 ___ 13일 _____ 토요일

바쁜 한 주가 지나가서 기쁘다. 오늘은 조용하게 보냈다. 아침 일찍 살짝 일하고 잠깐 명상을 한 다음, 종일 가족과 함께 보내고 저녁에 DVD 한 편을 봤다. 〈런치박스〉라는 굉장히 유쾌하고 산뜻한 영화다.

5월 ___ 14일 _____ 일요일

정신과 의사는 특이한 직업이다. 사람들은 아주 개인적이고 종종 사적인 이유로 나를 추천받고 찾아온다. 그들은 다른 사람에게는 절대 말하지 않았고 심지어 스스로도 인정할 수 없는 것을 생판 남인 나에게 숨김없이 털어놓는다. 놀라운 점은 너무나 많은 사람들이 이런 식으로 마음을 터놓을 준비가 되어 있다는 사실이다. 그들은 그냥 그렇게 한다. 결과적으로 많은 이들의 솔직한 이야기를 듣는 이런 역할은 진짜 특권이긴 하지만, 반대급부로 이 특권은 직업상 갖가지 스트레스를 안겨준다. 위험에 노출될 것에 대한 염려, 일이 주는 압박, 모든 좋은 의료 행위에서 불변의 한 부분을 차지하는 불확실성 등등. 오늘은 이런 주제에 대해, 운 좋게도 내가 이어가고 있는 이 특이하고 성취감 가득한 직업에 대해 곰곰이 생각하다 퇴근한다.

5월 ___ 15일 _____ 월요일

십오 분간 적당한 명상. 머릿속에서 생각을 억지로 몰아내는 건 불가능하다. 그래서 관건은 그 생각들이 자연스레 흘러가게 두는 것이다. 이게 어렵다. 명상을 하면서 집중할 준비가 되어 있을 때가 많은데 정작 내가 해야 하는 건 많은 면에서 정반대의 성질이다. 긴장을 풀고, 지나가는 생각과 감정과의 끈을 느슨하게 하는 것이다.

5월 ___ 16일 _____ 화요일

명상 프로젝트의 일환으로 이번 달에 읽는 책은 피코 아이어Pico Iyer의 『숙녀와 승려: 교토에서의 사계절The Lady and the Monk: Four Seasons in Kyoto』이다. 이 책이 처음 나온 1991년에 읽었고 곧바로 좋아하게 됐다. 사실 나는 일정 기간 동안 다른 어딘가에 가서 살다가 그곳에 살면서 자신이 이룬 바를 보고하는 사람들의 이야기를 즐겨 읽는 편인데, 아이어가 일본을 세심하게 문학적으로 탐구하고 불교에 각별히 집중한 여정이 특히 좋았다.

그 후에 나온 아이어의 여행기와 다른 책도 재미있게 읽었다. 『열려 있는 길: 14대 달라이 라마의 세계 여행The Open Road: The Global Journey of the Fourteenth Dalai Lama』은 아이어가 실제로 달라이 라마를 알고 있고 그에 관한 섬세하고 통찰력 있는 글을 쓰는 덕에 특히 흥미로웠다. 아이어의 모든 글에는 말하자면 명쾌한 불교적 감각이 스며 있다. 그가 불교를 논하고 있지 않을 때조차 그런 기운이 배어난다.

하지만 『숙녀와 승려』가 여전히 확고부동한 나의 일순위다. 아이어의 산문에는 다른 많은 여행담보다 이 책이 돋보이게 하는 아주 뚜렷한 특징이 있으며, 더 피상적이고 자기 과장이 심한 일부 명상 수련 회고록과 구별되는 불교와의 진정한 연대성이 엿보인다. 어렴풋이 기억하기론 오래전에 아이어에게 편지를 써서 그의 책에 찬사를 표했고 그가 답장을 했는데 당최 찾을 수가 없다. 모서리가 잔뜩 접힌 『숙녀와 승려』 사이에도 없다. 내 기억이 나를 갖고 노는 건가? 걱정하지 말자. 불교의 가르침에 따르면 영원은 어쨌든 미망이니까.

5월 ___ 17일 _____ 수요일

바쁜 하루다. 오늘 진료한 환자는 심한 우울증을 앓는 여자, 자해 사건이 있었던 청년, 불안 장애가 있는 두 사람, 그리고 정신적으로 아프다기보다는 생활환경으로 인한 문제가 더 심각한 두 사람이다. 마지막 두 사람은 과거에 정신적 충격을 입은 젊은 남성이다. 둘 다 실직 상태이고, 매일 마리화나를 피우고, 자해 충동을 느낀다. 그들에게 각각 상당히 자세한 이야기를 들려준 후 정신 건강 서비스를 받을 수 있도록 다양한 지역사회 자원 기관을 안내해주었다. 마약 중독 치료 센터, 고용 지원, 상담 서비스 등. 부디 그들이 잘 헤쳐 나가길 바란다. 내일도 비슷한 문제가 있는 사람들이 더 찾아올 것이다. 그다음 날도. 그다음 날도.

5월 ___ 18일 _____ 목요일

이른 아침에 차분히 앉아 명상하는 것은 변함없이 긍정의 기운이 함께하는 경험이다. 처음 이십 분은 열의를 갖고 집중하는데 이내 나의 정신은 이리저리 헤맨다. 나의 생각들을 부드럽게 다시 호흡으로 데려온다. 두 번째 이십 분은 훨씬 더 어렵다. 산만함이 더 오래가고 생각을 통제하기가 더 힘들다. 게다가 가벼운 불안이 시작된다. 가장 힘든 단계다. 근근이 이 단계가 지나가게만 하면(반드시 지나갈 수밖에 없다), 이제 마지막 이십 분이 가장 좋은 단계다. 더 고요하고 더 차분한 시간이다. 비록 이 시간이 끝나면 이내 온갖 소음과 걱정과 근심이 가득한 세상이 밀어닥치리라는 슬픔이 점점 커지긴 해도.

배곳 거리의 떠들썩하고 소란한 아침이 오늘따라 이상하게 즐겁다. 안심이 되기까지 한다. 배달 트럭, 출근 전에 마지막 커피를 즐기는 회사원, 거리를 돌아다니는 사람, 휴대전화를 뚫어지게 쳐다보는 관광객 들. 모두 스쳐 지나간다. 내 눈이 예전보다 더 밝아진 듯하다. 번잡하고 부산스러운 세상살이에 내 생각을 완전히 몰입시킬 필요 없이 세상을 더 잘 보게 된 것 같다. 아마 이런 게 명상의 이로움인가? 자, 이제 출근이다.

5월 ___ 19일 _____ 금요일

너의 허물을 짚어주는 현명한 비판자를 찾아낸다면 숨겨진 보화에 이르는 지표를 따르듯 그를 따르라.

부처

비판자는 전혀 부족하지 않다. 다만 그중 현명한 자는 얼마나 될까? 누가 현명하고 누가 그렇지 않은지 어떻게 알겠는가?

오늘 타냐라는 열여덟 살 여성을 진료했다. 칼과 면도날, 그 밖의 갖가지 것들로 수시로 자해를 하는 문제가 있다. 타냐는 이 문제로 그저 약간 괴로워할 뿐이다. 오늘은 자기 파트너의 요청에 따라 혼자 나를 만나러 왔다. 타냐도 자기에게 어느 정도는 문제가 있다는 걸 알고 있지만 아직 인정할 준비는 안 되어 있다. 모든 사람이 자해야말로 중요한 문제라고 보는 반면 자신은 그저 하나의 증상으로 보는 차이에 타냐는 좌절감을 느낀다. 나와 타

159

냐는 자해에 대해 좀 더 자세히 이야기를 나누다가 얼른 대화 주제를 파트너로 바꿨다. 분명한 건 타냐가 오늘 나를 만나러 가라는 파트너의 조언을 귀 기울여 들었다는 사실이다. 이유가 뭘까? 타냐는 자기 파트너가 염려하는 이유를 이해할 수 있을까?

5월 __ 20일 _____ 토요일

트릭시가 명상에 관한 한 어떤 노력을 기울이는지 모르겠다. 저 녀석은 그냥 저기 앉아 있을 뿐이지만 스스로 달관한 듯하다. 저런 게 명상인가? 저 고양이처럼 다 비운 채 우두커니 앉아 있는 것.

5월 __ 21일 _____ 일요일

비상 대기 당번이라 낮 동안 많은 시간을 병원에서 환자들을 만나고 우리 팀과 함께 일하면서 보낸다. 밤에는 전화를 받고 필요하면 병원에 간다. 비상 대기는 긴장될 수밖에 없는데 오늘은 길기도 하고 할 일도 많아 바쁘다. 평소와 같은 24시간 안에 정말 다양한 환자들을 접한다. 자해를 해서 응급실에서 치료를 받은 후 정신과로 보내진 사람들, 우울감을 느껴 도움을 구하러 병원에 온 사람들, 청소년 자녀가 이상 행동을 보이거나 비참한 생각에 빠진 게 걱정스러워서 데려온 부모들. 줄줄이 찾아온 환자들의 사례는 일이 잠잠해진 시기에도 명상을 하는 데 큰 도전으로 다가온다. 그 도전은 절대 극복하지 못할 정도는 아니지만 더욱 잘 극복할 수 있도록 공력을 키울 필요는 있겠구나!

5월 __ 22일 _____ 월요일

나는 허물을 찾겠다는 일념으로 남의 그릇을 쳐다보진 않을 것이다. 이 훈련을 계속해나가야 한다.

부처

이걸 지키기란 말처럼 쉽지 않다. 당연히 우리는 항상 어떻게든 잘잘못을 찾는 데 몰두하며 '남의' 그릇을 쳐다보는데?

5월 __ 23일 _____ 화요일

이 일기를 다시 정상 궤도로 올려놓을 시점이다. 일 년 명상 프로젝트의 이번 달 주제, 팔정도의 첫 번째 덕목 '바른 견해'를 다시 생각해볼 때다. 바른 견해는 만물을 착각이나 해석 없이, 왜

곡이나 기교 없이 있는 모습 그대로 보는 것을 의미한다. 즉 '자아'를 포함한 실재의 진짜 본질을 보는 것, 그리고 모든 것이 본디 일시적이며 모든 행위에는 좋거나 나쁜 결과가 따른다는 진리를 진정으로 이해하는 것이다. 이해하기는 쉬우나 실천하기는 어려운 덕목이다.

내 생각에는 바른 견해란 흘러가는 현상에 너무 집착하지 않는다는 의미 같다. 그런데 이 원리가 분노나 짜증 같은 감정에 적용하면 참 좋지만, 행복이란 감정은 어떻게 하나? 나한테 그다지 필요하지 않은 물질적 대상에 적용하면 제격이지만 침대, 주전자, 자전거 등등 정말 필요한 대상에 적용할 때는 어떡하나? 정도의 문제라는 생각이 든다. 어울리지 않는 집착은 고통을 불러온다. 깨달음을 얻은 몰입은 그렇지 않다.

오늘은 이런 생각을 하느라 골이 아프다.

5월 __ 24일 _____ 수요일

남이 선을 행하면 그 일을 거듭하게 하라. 그가 거기에서 기쁨을 찾도록 놔두라. 선행을 쌓는 것이 지복至福이니라.

부처

오늘 날씨야말로 지복이로구나! 더블린 부둣가로 자전거를 타러 간다. 다니는 차량이 아예 없어 정말 조용하고 뜻밖의 탁 트인 공간과 바다와 교량으로 채워진 구역이다. 지구상에 나 혼자가 아님을 상기시켜줄, 딱 그만큼의 사람들만 주변에 있다. 나의 고독을 방해하지 않을 정도의 사람들.

5월 ___ 25일 _____ 목요일

이번 주도 영화 보기에 딱이다. 재개봉작 〈맨하탄Manhattan〉과 1차 세계대전에서 약혼자를 잃은 독일 여인의 이야기를 다룬 〈프란츠〉를 봤다. 프란츠가 작품 전체에서 전하는 강력한 반전 메시지는 불교의 가르침과 내가 명상 프로젝트에서 키워나가고자 하는 가치와 상당히 일맥상통한다.

5월 ___ 26일 _____ 금요일

헬스장에 꼬박꼬박 나가겠다는 목표는 아주 제대로 망했다. 러닝머신을 한두 번 탔을까 말까다. 명상은 훨씬 잘하고 있지만 전반적으로 개선해야 할 부분은 여전히 차고 넘친다. 더 열심히 노력해야 한다.

5월 ___ 27일 _____ 토요일

수년간 많은 환자에게 마음챙김과 요가를 추천했다. 이러한 추천에 약간 모순된 면이 있긴 하다. 마음챙김과 요가에 필요한 기술(집중, 주의 등등)은 정작 나를 찾아오는 환자들이 자신에게는 없다고 한탄하는 바로 그것이기 때문이다. 결과적으로 그들은 '하지만 그게 바로 내가 할 수 없는 거라고요!'라고 말하는 경우가 다반사다.

사실 바로 이런 이유로 마음챙김과 요가가 아주 이롭다고 할 수 있다. 마음챙김과 요가에서 공들이는 기술은 많은 환자가 노력을 쏟아야 하는 바로 그 기술이다. 마음챙김이나 요가 수업은 체계적인 개선 방법을 제시하고, 내가 본 바로는 수많은 사람이 그 수업에서 큰 도움을 받았다. 지금까지 나의 조언을 따른 환자가 그리 많진 않지만 그렇다고 마음챙김이나 요가를 해서 부정적인 결과를 얻은 사람은 한 명도 못 봤다. 나는 조언을 건넬 때 내 앞에 앉은 한 개인의 고유한 면과 그들이 세상을 대하는 특유의 접근 방식을 유념하며, 경우에 따라 마음챙김이나 요가 같은 제안을 받으면 당장 자리를 박차고 나갈 사람도 있다는 사실 또한 잊지 않고 조심해서 이야기한다. 신중하고 조심스럽되 낙관적인 마음으로 접근해야 한다.

5월 __ 28일 _____ 일요일

여전히 마음 단련을 위해 할 일이 많긴 하나 오늘은 명상이 잘된다.

지금 우리의 모습은 우리 생각이 만들어낸 결과다. 마음이 곧 모든 것이다.

부처

아이쿠야.

5월 __ 29일 _____ 월요일

이달 초(정확히 말하면 5월 2일), 명상의 경험적 측면에 좀 더 집중하고 일기를 쓰며 관상 수련에 대해 더 깊이 고찰해봐야겠다고 다짐했다. 하지만 실패했다. 5월 한 달에 걸쳐 적은 내용이라곤 영화, 고양이, 일상, 그 밖의 잡다한 이야기였다. 이 모든 것이 눈앞의 과제인 명상에 집중하지 못하게 하는 것들이다. 다시 집중하려고 노력하되 지나치게 열심히 하지는 않는다. 지나친 노력은 역효과를 낳으니까. 깊디깊은 좌절감에 빠진다. 이거 참 익숙한 감정이다.

5월 __ 30일 _____ 화요일

오늘 아침, 정좌 명상을 시작할 때 자리에 있는 사람은 나뿐이었다. 좌선이 진행되는 동안 두 사람이 합류했다. 한 명은 시작 후 십 분 뒤에, 다른 한 명은 삼십 분 뒤에.

좌선 시작 전에 명상실에 매트와 쿠션을 조심스레 놓아두며 준비를 했다. '종'도 찾아왔다. 좌선이 시작될 때 누군가가 이 근사한 명상 주발을 부드럽게 치고, 삼십 분 후에 한 번, 끝날 때 한 번 더 친다. 이 말은 곧 다른 명상자들이 종이 다시 울릴 때까지 시간을 잊고 있다는 뜻이다. 그야말로 보호받는 공간, 보호받는 시간이다.

알고 보니 평소에 종을 치고 명상 준비와 정리를 하던 사람이 부재중이다. 나는 시계를 안 차고 있어서 시간을 확인하려면 무음으로 해둔 휴대전화를 보는 수밖에 없다. 보통 명상하는 한 시간 동안 눈을 감고 있는 게 어렵지 않은데, 오늘은 정확한 순간에 종을 칠 수 있도록 이따금 휴대전화를 쳐다봐야 했다. 이건 작은 심란心亂에 불과한데 그렇게 마음이 흩어지는 것을 어떻게 다루느냐가 바로 명상의 핵심이다. 말하자면 집중을 흐트리는 것들은 생각을 한쪽으로 치워두고 호흡에 집중하며 마음챙김을 하는 기회로 작용한다.

오늘 새로 맡은 임무 때문에 유난히 집중이 흐트러졌다. 종 치는 사람에게는 막중한 책임이 있다. 나는 그 책임이 좋다.

5월 __ 31일 _____ 수요일

이렇게 또 한 달이 끝난다. 이 프로젝트에서 나는 어디쯤 왔을까? 집중을 방해하는 것들로 점철된 한 달이었다. 트릭시, 종치기, 영화, 끝도 없는 업무 요구. 이 상황에 대해 내가 내놓을 가장 그럴듯한 의견은 바로 이 단계가 나의 명상 프로젝트에서 빠질 수 없는 중요한 시기라는 점이다. 심란心亂을 넘어서고, 맑은 정신을 추구하여 심란을 초월하고, 더 나은 명상 수련으로 나아가는 데 필수적인 요소로서 심란이 극대화되는 단계 말이다.

이런 설명이 맞는지는 모르겠지만, 발전하지 못한 명백한 실패에 대해 나 자신을 끊임없이 질책한다고 별 도움이 되지 않는다는 건 확신한다. 다시 한 번 프로젝트에 전념하기로 한다. 특히 앞으로 수개월에 걸쳐 집중력을 더 높이는 데 힘을 쏟겠다.

그렇게 마음먹은 뒤 한 달 마무리 기념 케이크를 먹었다. 이번 달은 그냥 스펀지케이크다. 아이싱도, 잼도, 안에 든 것도 없는 담백한 케이크. 주말에 베이킹을 할 때 스펀지를 너무 많이 만들어서 남은 거다. 검소하고 엄격한 스파르타식 기운이 살짝 풍긴다. 거의 선 수련 분위기다. 여하튼 케이크는 늘 그렇듯 맛있다.

바른 결의

정사유 正思惟

이번 달에는 최선을 다해 명상하고, 좌절감을 이겨내려고 애쓰며, 굉장히 뜻밖의 발전이긴 한데 실제로 헬스클럽에 갔다. 그곳에서 아마 틀림없이 나의 '자아'가 마침내 사라지리라.

팔정도의 이번 달 주제를 찬찬히 생각하고 명상 수련과 신경과학 간의 관계를 고찰했다. 이 관계는 점점 관심도가 높아지는 주제이지만 이러한 연구 목적을 두고 문제가 제기되기도 한다. 가령 왜 연구자들은 고도로 숙련된 명상 능력이 있는 소수 수도자의 뇌 스캔만 하는가? 연구자들이 증명하고자 하는 것은 무엇인가?

이번 달에 등장하는 사연은 고양이 트릭시와 보낸 시간, 마음을 어지럽힌 집안의 대참사, 사랑스러운 반려견 맥스의 방문, 케이크 판매, 부처의 말씀, 에머슨과 인터넷, 정말 끝내주는 아이스크림과 (당연히 빠지지 않을) 케이크 등이다. 참 묘한 조합이네.

6월 __ 1일 _____ 목요일

출발! 새로운 달이다. 명상도 더 많이 하고, 아무 생각 대잔치도 더 많이 하고, 하루하루의 삶 속에서 마음챙김을 위한 노력도 더 많이 하며 지낸다. 일 년 명상 프로젝트는 여전히 순항 중이다. 비록 실제로 정신적 성장은 눈곱만큼도 이뤄지지 않았고 다만 계속해나가겠다는 굳건한 결심만 다질 뿐이지만.

6월 __ 2일 _____ 금요일

모든 것을 의심하라.

부처

6월 __ 3일 _____ 토요일

하루를 돌이켜보며 좌절감을 느끼지 않는 날이 없다. 그게 바로 '고苦'라는 생각이 든다. 모든 것에 대해 어디에나 존재하는 근본적인 불만족. 자, 앞으로 나아가자. 자리에 앉아 명상.

6월 __ 4일 _____ 일요일

내 발로 헬스클럽에 간다. 웬일이래! 이런 날이 올 줄 누가 알았겠나? 공휴일이 낀 주말, 연구 논문 작업을 한두 시간 하고 나서 오전 아홉 시 반에 헬스클럽까지 활기차게 자전거를 타고 갔다. 사람이 별로 없었다. 그래서 아주 좋다. 꼬박꼬박 헬스클럽에 다니는 사람들은 헬스클럽이 익숙지 않은 사람들에게 그곳이 얼마나 정이 안 가는 데인지 당최 이해하지 못한다. 이 많고 많은 기구는 어떻게 작동하는 거지? 내가 잘못하고 있는 건가? 웃겨 보이진 않을까? 도대체 저 사람들은 저기서 뭘 하고 있는 거야?

슬슬 머리가 벗겨지는 중년 아저씨가 러닝머신에서 몸부림 치는 모습이 여기 있는 건강한 젊은이들에게는 전혀 관심 밖이라는 게 이제 이해된다. 그들은 말 그대로 내가 안중에도 없다. 마침내 나는, 아마도 여기서 이런 식으로, 불교에서 말하는 '무아無我'에 다다른 게 아닐까? 나는 보이지 않는 존재다.

6월 __ 5일 _____ 월요일

기분 좋은 공휴일이다. 어제 헬스클럽에 간 여세를 몰아 아침에 좀 달리러 갔다. 그 전에 일단 한두 시간 일을 하고 십오 분간 명상을 했다. 이른 아침에 하는 일이 자리를 잡아간다. 글 초안을 쓰고 논문 교정을 보는 작업 등등. 달리거나 걷는 게 좋긴 한데 날씨가 좋을 때에 한해서다. 나는 좋은 날씨에만 뛰는 사람이다. 순 엉터리지.

오늘 아침은 선선하게 산들바람도 불고 거리는 한적했다. 명상 조깅에 완벽한 날이다. 간간이 걷기도 하고 그냥 주위를 둘러보기도 한다. 한 사십오 분 후에 집에 돌아가자 트릭시가 문간 계단에서 묵묵히 나를 기다리고 있었다. 트릭시는 자기가 원할 때면 언제든 뒷문의 고양이 출입구로 집 안에 들어갈 수 있다는 걸 뻔히 아는데도 누군가가 자기를 위해 현관문을 열어주길 기다리곤 한다.

6월 __ 6일 _____ 화요일

오늘 다시 업무에 복귀했다. 온통 분주한 일이 기다리는 일터로 돌아갔으니 잠깐이라도 앉을 짬이 있다는 게 다행이다. 오늘은 내 호흡에 너무 집착하지 않으려고 '그냥 앉아만' 있었다.

호흡에 지나치게 집착하는 것은 일상적으로 '호흡 마음챙김'을 수련할 때 나타나는 매우 실제적인 형태의 심란心亂이다.

다시 타냐를 만났다. 타냐는 자해를 끊지 못했지만 정신과 상담을 시작했으니 일단 다행이다. 그리고 마리화나를 줄이고 가능하면 끊기로 마음먹었다. 애초에 타냐에게 정신과 상담을 제안한 파트너와 헤어졌다는 소식은 뜻밖이다. 하지만 치료 과정의 상황 전개는 주로 이런 식으로 나타난다. 서서히, 때론 예상치 못한 방향으로, 복합적인 양상을 띤다. 보람 있는 일이기도 하다. 타냐는 실질적이고 꾸준한 경과를 보이고 있으며 타냐 본인이 그 변화를 자기 안에서 확인할 수 있다.

6월 __ 7일 _____ 수요일

오늘은 비상 대기 근무일이다. 의료 서비스 중 이 부분은 절대적으로 필요한 것이다. 정신 건강 문제는 언제든 위급한 순간에 다다를 수 있으며 저녁이나 주말에 특히 힘들어하는 사람들이 많다. 모든 대형 병원은 1년 365일 24시간 응급 정신과 서비스를 제공한다. 응급 의료 서비스이므로 특정 시간대(예를 들면 응급실이 바쁘게 돌아가는 새벽 네 시)에는 간혹 의료 서비스가 약간 제한적으로 제공되기도 한다. 그렇지만 정신 감정은 그런 상황에서도 이루어진다. 응급 치료를 받으려고 정신과 병동에 입원하거나 대체 치료 계획에 동의한 사람은 그 후 며칠 내지 몇 주간 후속 치료를 받기도 한다.

밀려들던 환자들이 빠져나가면서 자정 바로 직전에 상황이 진정되었다. 하지만 다시 한 번 말하지만 내일 또다시 찾아올 상황이다. 그다음 날도. 그다음 날도.

6월 __ 8일 _____ 목요일

일 년 명상 프로젝트의 이번 달 주제는 팔정도의 두 번째 원리 '바른 결의(正思惟)'다. 불교 경전에 따르면 바른 결의는 '욕망을 자제하고 악의에서 벗어나며 해를 끼치지 않기로 결심하는 것'을 뜻한다. 다시 말해 사성제를 따르며 팔정도가 알려주는 삶을 살기로 결심해야 한다. 얘기가 좀 돌고 도는 건가?

일 년간 매일 명상하기로 한 나의 결심은 바른 결의의 한 가지 예로 꼽을 수 있겠다. 즉, 애초에 바른 결의가 없었다면 명상 프로젝트는 시작도 못했을 것이다. 그래도 날마다 바른 결의를 새롭게 다져야 하고 그 결의를 받쳐줄 만한 다른 결심도 해야 한다. 가령 일상의 삶 속에서 마음챙김을 더 많이 실천하고, 욕심과 미망을 끊고, 모든 지각 있는 존재를 더욱 잘 보살피겠다는 결심. 특히 이 마지막 결심에는 적어도 남을 좀 더 배려하고, 햄버거를 덜 먹고, 우리 집 고양이에게 더 다정하게 대하는 게 포함되겠지.

(해야 할 일을 찾아보면 틀림없이 이것보다 더 많이 있을 것이다.)

6월 __ 9일 _____ 금요일

하늘도 무심하시지. 오늘과 내일 병원에서 또다시 비상 대기 근무를 해야 하는 상황이 적잖은 부담을 안겨주면서 나의 바른 결의가 휘청거린다. 그렇지만 부처의 조언을 따르며 이 상황을 버틴다.

인생의 풍파에 직면했을 때도 여전히 마음이 흔들리지 않고 슬프지 않으며 흠이 없이 안정된다면 이야말로 최고의 행복이다.

그렇다면 좋으련만.

6월 __ 10일 _____ 토요일

사실상 오늘 하루를 꼬박 병원에서 보냈다. 정신 건강 문제로 응급실을 찾은 환자들 진료가 주 업무였다. 알다시피 불교는 '자비'에 큰 중점을 둔다. 오늘 같은 날 의식적으로 간간이 자비를 떠올리며 집중하니 도움이 된다.

현대의 정신 건강 치료는 실제적인 측면에 열중하기 쉽다. 얼마나 많은 환자가 진료 대기 중인가? 빈 침상이 있나? 힘이 부치는 상황에서 우리의 도움을 구하는 다른 병원들이 있나? 이 환자가 지금 이 시간 새벽 세 시에 응급실을 나가 집에 가야 한다면 (혹은 집에 가겠다고 고집을 부리면) 집에는 누가 있긴 한 건가?

가장 큰 문제는 만약 누군가가 겪는 정신적 고통의 전적인 이유가 집이 없거나 가난하거나 사회가 어떤 식으로든 제 기능을 못해서라면 정신 병동에 부적절하게 '사회적 입원social admission'(굳이 입원하지 않고 외래 진료만 받아도 될 정도의 질환을 가진 환자가 장기간 병원에 입원해 있는 경우—옮긴이)을 하지 않도록 그들을 도와줄 시간 외 사회 복지 서비스가 있느냐 하는 것이다. 아니면 입원해서 정신과 치료를 받을 필요는 없지만 어떤 이유에서 궁핍한 상황에 처해 있다면 그들을 응급실에서 퇴원시켜 말 그대로 거리로 내보내지 않을 다른 방법이 있을까?

의식적으로 간간이 자비에 대해 되새기는 것이 오늘 같은 날 참 도움이 된다. 훌륭한 동료들과 몇 시간 동안 미친 듯이 그저 일만 할 수밖에 없는데 점점 더 좌절감을 느끼게 되는 그런 날. 정신 질환에 따라다니는 오명과 오해에 좌절하고, 노숙인 정신 질환자를 위한 더블린시의 대책이 부족해서 좌절하고, 아주 사소한 위반이나 고작 주소 제시 불능 따위의 이유로 정신 질환자를 처벌하는 사법제도에 좌절하고, 정신 건강 의료 서비스 시설은 폭력적인 사람이 맨 처음 들르는 곳이라는 사람들의 예상에 숱하게 좌절한다. 사실 정신 질환이 있는 사람들 대다수는 전혀 폭력적이지 않으며, 폭력성이 있는 사람들 대다수는 정신 질환이 없다.

이 모든 것이 정신 질환자에 대한 낙인과 차별과 사회적 배척과 연관된 사회적 문제다. 이러한 상황은 반드시 바뀌어야 하며 궁극적인 해결책은 정치와 관련되어 있을 것이다. 정신 질환자와 그 가족들이 맞닥뜨리는 부족한 의료 서비스와 불평등을 해결하도록 정치인들을 설득하고, 정신 질환과 심리적 문제를 겪는 모든 사람을 위한 사회 복지 서비스를 개선하도록 정부를 설득해야 한다.

이런 현실을 바탕으로 자비에 대해 의식적으로 다시 떠올려본다는 건 심각한 상황에서 하기 힘든 일이지만 절대적으로 중요한 일이다. 그건 사람과 사람을 연결시키는 훌륭한 방법이기도 하다. 응급실에 온 그들과 같이 앉아서 진정한 자비심으로 가감 없이 솔직하게 대화하는 것으로도 충분히 의미 있다. 내가 이런 말을 몇 번이나 하는지 세지도 못하겠다.

"지금은 답을 모르겠지만 우리가 해결 방법을 찾을 수 있는지 한번 봅시다." "힘든 상황에 처하셨네요. 저희가 환자분을 위해 모든 것을 해결할 순 없습니다. 하지만 오늘 저희의 최선책이 뭔지 보고 내일 무얼 할지 계획을 세워보죠."

연민, 솔직함, 에두르지 않는 직설이 이런 상황에서는 즉효약이지만 상당한 에너지를 요하는 일이기도 하다.

오늘 완전히 녹초가 되었는데 다행히 밤에는 열한 시에 딱 한 번 전화가 와서 짧게 통화만 하고 할 일이 끝났다. 그때 잠깐 깬 것 빼곤 밤새 세상모르고 정신없이 잤다.

6월 ___ 11일 _____ 일요일

화창하면서 바람이 거센 날이다. 일찍 일어나 세 시간 동안 연구 논문 작업을 했다. 십오 분간 명상을 하고 세상에 나설 준비를 했다. 오늘은 훨씬 느긋하게 시간을 보냈다. 비상 대기 근무 후 일상 리듬을 전반적으로 재설정하면서 책을 읽고 어슬렁거린다. 이런 날이 정말 필요하다. 기운도 덜 쓰고 수고도 덜 하되 효과는 높이는 날.

6월 ___ 12일 _____ 월요일

대부분의 종교적 전통은 명상적 요소가 강하다. 지난주에 라디오에서 흥미롭고 심오한 신비주의 이슬람교인 수피교에 관한 뜻밖의 질문을 받았다. 수피교에 이런 말이 있다.

반성은 마음의 등불이다. 반성이 그치면 마음은 빛을 잃으리라.

어둠은 어떤 무언가가 아니다. 빛이 없는 것이다.

6월 __ 13일 _____ 화요일

'명상을 할 때 우리의 뇌에는 어떤 일이 일어나는가?'라는 핵심 질문에 집중해서 최근 수십 년간 불교 수련과 신경과학에 대한 관심이 급증했다. 현재 꾸준한 명상이 뇌의 특정 부위의 혈류량과 신경 활동에 상당한 신체적 변화를 일으킨다는 증거가 많이 나와 있다.

나는 이 연구 분야를 자세히 살펴보는데 연구 내용이 잘못 해석될 수 있어서 염려스럽다. 신경과학과 명상을 연결시키는 것은 명상의 '효과'를 증명하려는 시도가 아니다. 명상은 경험적인 노력이다. 그 가치를 증명하기 위해 뇌 스캔의 도움 같은 걸 필요로 하지 않는다. 그런데 이 연구에서는 과학자가 신체 운동이 근육과 뼈와 여타 신체 기관을 어떻게 변화시키는지 연구하는 것과 똑같은 방식으로 명상이 뇌 구조와 기능을 어떻게 변화시키는지 자세히 알아내려고 한다.

이러한 많은 쟁점을 살펴보는 곳이 마음과 삶 연구소Mind and Life Institute다. 과학과 관상 수련을 통합하는 데 집중하는 이 연구소는 깊은 통찰력으로 사회적 맥락을 읽어내며 여러 문제를 분석한다. 사회적 맥락에 맞는 폭넓은 그들의 노력에 믿음이 간다. 웹사이트도 한번 살펴볼 만하다.

6월 ___ 14일 _____ 수요일

바쁜 하루. 트릭시가 정상이 아니다. 일단 나는 명상을 한다.

6월 ___ 15일 _____ 목요일

이번 달에 읽는 책은 로렌스 콕스Laurence Cox가 쓴 『불교와 아일랜드: 켈트족부터 반체제문화와 그 너머까지Buddhism and Ireland: From the Celts to the Counter-Culture and Beyond』다. 불교는 여전히 많은 이들에게 꽤 생경한 존재이지만, 알고 보면 아일랜드와 불교는 역사적으로 오랜 인연이 있는 사이다. 특히 아일랜드가 명상적인 수도원 제도의 역사가 뿌리 깊다는 점을 감안하면 그리 의외도 아니다. 주로 (하지만 꼭 한정적이지만은 않게) 로마 가톨릭교와 관련해서 그 역사가 깊다. 아일랜드 사람들은 장장 14세기에 걸쳐 다양한 방식으로 아시아의 불교를 접했을 것이다. 멀리 떨어진 대륙으로 여행을 가거나, 최근에 아일랜드에서 비종교적인 성격으로 확산된 불교 명상에 참여하거나, 개인이나 소그룹 수준에서 이루어지는 집중적인 영성 연구나 심리 연구 모임에 참석하는 식으로 접촉해왔다.

『불교와 아일랜드』는 불교적인 아시아에 대한 인식이 7세기 경 아일랜드에 자리 잡은 과정과 19세기에 버마나 일본과 마찬가지로 더블린과 서구권에 닥친 정치적·문화적 위기 상황에서 최초의 아일랜드 불교도들이 등장한 과정을 보여준다. 1960년대 이후 불교가 확산되면서 아일랜드에서도 비교적 흔한 종교가 되었다. 물론 일부에서는 불교가 그 자체로는 종교가 아니라는 주장도 나온다. 그들이 보기에 불교는 자기 자신과 세상을 마주하는 방법을 알려주는 기술과 조언이 축적된 총합이다. 즉, 맹목적인 신앙이 아니라 자신의 인생에서 그 기술과 조언 내용을 시도하고 그것이 어떻게 발휘되는지 확인하기에 충분한 믿음만 필요한 기술과 조언의 총체로 보는 것이다.

6월 __ 16일 _____ 금요일

아침에 짧게 명상을 하고 사무실에서 하루를 거의 다 보내다시피 했다. 중간에 잠깐 일을 끊고 TV 다큐멘터리 제작자들을 만났다. 그들은 1900년대 아일랜드 정신병원에서 지낸 여성들의 실상을 추적하고 있다. 1950년대와 1960년대에 아일랜드의 수많은 정신병원과 관련해 슬픈 사연이 많지만 마음 따뜻한 이야기도 있다. 그렇다 해도 전반적으로 이때는 정신 건강 치료에서 자비와 돌봄보다는 감금과 통제가 주를 이루던 힘든 시기였다.

　호의는 좋은 것이다. 자유는 더 좋은 것이다. 우린 더 좋은 것을 추구해야 한다.

6월 ＿＿ 17일 ＿＿＿＿＿ 토요일

　날이 참 따습다. 이번 달 주제, 팔정도의 두 번째 원리 '바른 결의'에 대해 또 생각해본다. '욕망을 자제하고 악의에서 벗어나며 해를 끼치지 않기로 결심하는 것'. 쉬운 게 아니다. 우리 대부분은 이따금 거창한 결심을 하는 경향이 있다. 가령 새해의 각오를 다지거나 어차피 거의 가지도 않을 헬스클럽에 등록하겠노라 결심한다. (나는 헬스클럽에 관한 한 '거의'와 '아예'의 중간쯤에 있다.)

　모든 결심은 새로고침하고 확장하고 발전시키고 변화하는 상황에 맞게 조정할 필요가 있다. 가장 좋은 결심은 정적이기보다는 동적이다. 나는 결심의 양을 줄이되, 결심의 질은 높이기로 다짐하지만 늘 그렇듯 스스로 진위를 따지는 미로에서 이내 길을 잃는다. 더 적은 수의 더 나은 결심을 하는 게 논리적으로 말이 되나? 더 나은 결심이라 함은 그 안에 더 많은 것이 포함돼 있다는 말이기도 할 텐데!

　가만히 앉아서 마음을 정갈히 하기로 한다. 아차, 이것도 결심임을 깨닫는다. 이럴 수가! 불교의 가르침이 옳구나. 맑고 차분한 정신이야말로 더할 나위 없이 귀한 보배로다.

6월 ___ 18일 _____ 일요일

아버지의 날이다. 케이크 판매에 참여하고 서점에 가고 피자를 먹었다. 아이스크림도 잠깐 등장한다.

더블린의 서점이 그냥 좋다. 호지스 피기스, 더브래이, 이슨즈, 챕터스, 그 밖에 도시 곳곳에 흩어져 있는 여러 독립 서점들이 좋다. 그중 어디에서라도 몇 시간은 너끈히 보낼 수 있다. 가능하면 거기서 책을 사려고 각별히 신경 쓴다. 서점이 우리 삶에서 사라진다면 정말 속상할 것이다. 서점이 없었다면 내가 읽게 되리라 꿈도 못 꿨을 책들을 어떻게 우연히 만났겠는가? 더없이 흡족한 마음으로 라스마인의 더브래이에서 책 구경을 한다.

6월 ___ 19일 _____ 월요일

날씨가 굉장히 화창해서 휴가 중인 기분이 들지만 현실은 그렇지 않다. 근무 중이다.

일과 불교의 관련성을 집중적으로 다루는 웹사이트가 많다. 일을 하는 상황에 적용할 목적으로 보이는 불교 경구도 몇 가지 있다.

> 네가 할 일은 너의 세상을 발견한 다음 최선을 다해 그 세상
> 에 전념하는 것이다.
> 불자라면 업으로 삼지 말아야 할 다섯 가지가 있다. 다섯 가
> 지는 무엇인가? 무기 장사, 사람 장사, 고기 장사, 술장사, 약
> 장사다.
> 선의만으로는 충분치 않다. 적극적으로 뛰어들어야 한다.

　전부 좋은 말이지만 뭔가 모호하다. 부처가 세상을 방랑한
이후 수 세기에 걸쳐 일의 세계는 확연히 달라졌다. 아마 최고의
조언은 가정에서, 직장에서, 그 사이 어디서든, 모든 곳에서 팔정
도의 가르침을 따르도록 노력하라는 것이다.
　명상 프로젝트가 순항한다면 9월에는 좀 더 깊어진 집중력
으로 '바른 생활'에 대해 생각해보게 될 것이다. 지금 당장은 그
저 계속 일을 하고, 앉아서 명상하고, 현대의 삶을 구성하는 수만
가지 것들을 해나가는 수밖에.
　전부 끝도 없이 복잡하고, 때로는 절망적일 정도로 복잡하다.

6월 ___ 20일 _____ 화요일

오늘 우리 집에 수위 높은 대참사가 벌어졌다. 아침 일곱 시에 고온 프레스의 온수 탱크에서 물이 철철 새는 사건이 발생했다. 그 결과 일어난 일들은 너무 고통스럽고 충격적이어서 말하기도 힘들다. 이런 일이 부처에게도 일어났을까? 배관공들이 출동한다. 누구든 마음챙김이고 뭐고 시험에 들 사건일 것이다. 확실히 나의 마음챙김의 한도를 넘어서는 일이다.

출근해서 스무 살 대학생 디어드레를 진료했다. 늘 불안하고 소심한 디어드레는 착실한 우등생이었다. 하지만 가족들은 지난 몇 개월간 디어드레가 집에서 도통 먹질 않고 점점 말라가는 걸 알아챘다. 왜 그러냐고 물었지만 디어드레는 아무 문제없다고 말했다. 그러나 몇 주 뒤 디어드레의 어머니는 딸이 화장실에서 일부러 토하는 모습을 발견했다. 알고 보니 디어드레는 뚱뚱해질까 봐 굶고 있었다. 검사 결과 거식증 같은 섭식 장애와 일치하는 다양한 신체적·심리적 증상이 나타났다.

이야기를 나눠보니 디어드레는 진심으로 자신이 뚱뚱해 보인다고 믿어 의심치 않는다고 했다. 끔찍하게 불행하다고 했다. 이 상황을 바꾸고 싶다는 디어드레의 말에 담긴 굳은 결심이 인상적이었다. 섭식 장애는 심리적 건강과 신체적 건강의 관점을 모두 살피며 치료하는 것이라 그 과정이 복잡할 수밖에 없다. 치료하기 가장 힘든 질병이지만 나는 디어드레가 잘 해내리라 믿는다. 디어드레는 명석하고 자신감이 있고 주변에서 든든한 지원도 받는다. 헤쳐 나갈 문제가 만만치 않지만 디어드레의 결심도 만만치 않다. 나는 이 같은 상황에서 사람들이 흔히 자기 자신 안에서 찾아내는 심연의 회복력에 깊이 감탄한다. 내 앞에 앉아 도움을 구하는 디어드레에게 그저 경외심이 들 뿐이다.

6월 __ 21일 _____ 수요일

독서 모임을 하는 날이다! 이번 달에는 다 함께 한나 그릴리 Hanna Greally의 『제비집 수프Bird's Nest Soup』를 읽었다. 1900년대 중반 아일랜드 정신병원의 역사를 돌아보게 하는 책이다.

저자 그릴리는 1925년에 애슬런에서 태어나 1943년에 멀린가의 성 로만 정신병원에 입원했다. 어머니가 서명한 민간 위탁 요청에 따라 표면상으로는 요양차 입원했는데 어머니는 반년 뒤에 세상을 떠났다. 『제비집 수프』는 그릴리가 성 로만 정신병원에서 보낸 19년 세월을 드문드문 베일로 가리듯 들려주는 강렬하고 충격적인 이야기다. 회색 벽, 형편없는 음식, 사생활이 없는 삶, 진정제, 유동 파라핀, 전기 충격 요법, 인슐린 요법. 분명 친절한 직원들도 있었지만 그릴리는 차라리 죽고 싶을 때가 많았고 수없이 탈출을 시도했다.

거의 20년이 흐른 후 의료진도 바뀌고 새로운 재활센터도

문을 열어 1962년에 그릴리는 이 병원에서 퇴원해 재활센터로 가게 되었다. 그릴리는 아일랜드와 잉글랜드에서 일을 하기 시작했고 시, 단편소설, 세 편의 장편 원고를 썼다. 『제비집 수프』는 1971년에 나왔고, 〈더 레이트 레이트 쇼〉에도 출연해 인상적인 모습을 남겼다. 그릴리는 1987년에 로스코먼에서 숨을 거뒀다.

전부 정신과 의사들로 구성된 독서 모임에서 『제비집 수프』에 대해 이야기한다. 이 책에는 우리가 깊이 생각해볼 내용이 많은데 특히 가장 우려스러운 질문이 있다. 우리가 현재 정신과 의사로서 최선의 의도로 하는 일 중에 훗날 사람들이 당혹스럽고 실망스러운 시선으로 돌아보게 될 것들이 있을까? 그게 무엇일지 우리가 어떻게 알까?

9월에 다시 만나 『벨 자』에 대해 토론해 보기로 했다. 나는 이 책을 오래전에 읽었는데 기억나는 거라곤 정신 질환과 관련된 이야기라는 것뿐이다. 검색해보니 저자 실비아 플라스가 이 책이 영국에서 처음 출간되고 한 달 후에 자살로 생을 마감했다. 1963년의 일이다. 잠자리에 들기 전에 이 책과 함께 플라스의 시선집도 주문했다.

6월 __ 22일 _____ 목요일

며칠 전 온수 탱크가 터져 물이 새어 나온 걸 닦을 때 그만 넘어지고 말았다. 갈비뼈 쪽으로 엎어져서 70킬로그램짜리 내 무게가 고스란히 왼쪽 흉곽에 내리꽂혔다. 아직도 너무 아파서 오늘 엑스레이를 찍어 갈비뼈가 부러진 건 아닌지 확인했다. 엑스레이상으로 이상이 없어 보이고, 의사는 1~2주 내에 통증이 가실 거라고 말한다. 갈비뼈가 부러지진 않았다. 만약 통증이 5~6주 지속되면 아마 갈비뼈가 부러진 것이리라. 경과를 지켜보기로 한다. 그러려니 하고 달관하듯 지내야겠다. 병원 동료들이 도움이 된다. 나도 일을 할 때 그만큼 도움이 될까? 깊이 명상해 봐야 할 어려운 주제다.

6월 ___ 23일 _____ 금요일

미국의 수필가 겸 시인 랄프 왈도 에머슨에게 관심을 가진 지 오래다. 이 관심이 실제로 그의 작품을 열심히 찾아 읽는 것으로 옮겨간 적은 없지만 그가 남긴 말은 유난히 감명 깊게 다가온다.

위대한 사람은 정신적인 것이 그 어떤 물질적인 힘보다 강하다고 보는 이들이다. 즉, 생각이 세상을 지배한다고 본다.

자립에 관한 그의 에세이를 읽으려는 마음은 늘 있었는데도 실제로 읽은 적은 없다. 이런 건 빨리 고쳐야겠다.

에머슨이 남긴 좋은 말을 더 살펴보자.

길이 이끄는 대로 가지 말고, 길이 없는 곳으로 가서 발자국
을 남기라.
끊임없이 너를 다른 존재로 만들려 드는 세상에서 너 자신이
되는 것이야말로 가장 큰 성취다.

  십 대들의 침실 벽에 붙어 있음직한 포스터 글귀 같지만 충
분히 마음에 새길 만한 진리다.
  생각도 많고 감정도 충만해지는 데다 살짝 울적함도 깃드는
날이다.

6월 __ 24일 _____ 토요일

  DVD로 〈우리의 20세기〉를 봤다. 엉뚱하면서도 뭔가 생각할
거리를 주는 분위기와 등장인물의 삶을 찬찬히 짚어보는 방식 때
문에 이 영화가 좋다. 진행되는 상황을 관객이 곰곰이 생각해볼
시간을 주려는 듯 종종 화면 속도를 늦추고 때론 아예 화면을 멈
추기도 하는 신중한 영화다. 어쩔 수 없이 속도를 늦춰야 하는 게
좋다. 며칠 전에 넘어진 뒤 끈질기게 따라다니는 흉곽 통증도 나
의 속도를 늦춰주었다. 통증은 유감스럽지만 내 삶의 속도가 느

려진 건 유감스럽지 않다. 속도는 늦춰주고 유념의 힘은 더욱 키워주는 것 역시 명상의 효과 아닐까?

6월 __ 25일 _____ 일요일

일찍 기상. 한두 시간 일하고, 명상하고, 시내에 나가 점심을 먹고, 서점을 돌아보고, 진짜 끝내주는 아이스크림을 먹고, 버스를 타고 집에 오는 길에 차茶를 사 왔다.

자전거를 가지러 오는 친구들이 반가운 발걸음을 하면서 반려견 맥스도 데려왔다. 맥스는 전적으로 순간을 살아가는 깨달음을 얻은 존재임이 확실하다. 맥스를 만나는 건 늘 즐겁다. 물론 친구들을 만나는 것도 즐거운데 맥스도 반갑다는 말이다.

하지夏至가 지난 지 고작 나흘인데 점점 저녁이 빨리 오는 게 보이는 느낌이다. 아마 내 상상이겠지만 그게 사실이니까. 아직 여름휴가도 안 갔는데 벌써 가을을 느끼고 있다.

나는 맥스가 정말 좋다.

6월 __ 26일 _____ 월요일

갈비뼈 부위가 아직도 욱신거린다. 마음챙김은 통증, 특히 만성 통증 증후군에 큰 도움이 될 수 있다. 이 의견을 뒷받침하는 연구 결과도 상당히 많고 임상 시험 때 효과가 나타나는 걸 본 적도 있다. 이와 관련된 책, 팀 파크스Tim Parks의 『가만히 앉아 있는 법을 가르쳐주세요: 몸과 마음 언어와 신체 건강과 치유에 대한 한 회의주의자의 추적기Teach Us to Sit Still: A Sceptic's Search for Health and Healing』 전체를 한번에 쭉 읽는다. 이 책은 저자의 만성 골반통과 진단 및 치료 연구를 중점적으로 다룬다. 파크스는 이런저런 방법을 찾느라 시간을 좀 낭비하고 마지막으로 명상을 시도한다. 명확한 신체적 원인이 없는데도 자신이 느끼는 통증은 그냥 넘길 수 없는 것임을 깨닫는다. 그의 고통은 진짜지만 현재의 생물학적 지식으로 마땅히 설명이 안 된다. 명상은 전형적으로 작동하는 방식대로 파크스에게 도움을 준다. 명상이 통증과 무슨 상관인가 싶기도 하고, 처음에는 힘들게 느껴지지만 무슨 까닭인지 그는 끈질기게 명상을 이어가고 확실한 변화가 서서히 뿌리내리게 된다. 처음에는 긴가민가해도 그 변화는 강력하고 오래도록 이어지는데 바로 이 점이 명상의 작동 방식이다.

나도 오늘 파크스의 방식을 시도해보지만 통증은 끈질기기만 하다. 혹시 갈비뼈가 부러진 건 아닐까? 의사 말대로 인내심을 갖고 달관하며 지내야겠다. 부처의 뜻도 그러하겠지.

6월 __ 27일 _____ 화요일

인터넷의 호의로 부처의 지혜로운 말씀을 더 들어본다.

수양이 안 된 마음만큼 반항적인 것은 없으며, 수양이 잘된
마음만큼 어질고 순한 것도 없다.

당연한 말 아닌가? 마음 수련 기간은 놀라운 결과를 낳는다.
좋은 집중력('바른 집중'이랄까?)을 갖추면 모든 것이 훨씬 더 수월
해진다. 그냥 약간 쉬워지는 게 아니라 누구도 예상하지 못하는
극적이고 다양한 방식으로 월등히 쉬워진다.

믿음의 기초를 다질 때 교리보다는 개인의 경험과 수련의 중
요성을 강조하는 이런 인용구도 마음에 든다.

단순히 그것에 대해 들었다는 이유로 뭔가를 믿지는 말라.
많은 사람의 입에서 나왔고 소문이 났다는 이유로 뭔가를 믿
지는 말라. 종교 서적에 그렇게 적혀 있다는 이유로 뭔가를
믿지는 말라. 단순히 스승과 연장자의 권위에 의지해 뭔가를
믿지는 말라. 여러 세대에 걸쳐 전해졌다는 이유로 전통을
믿지는 말라. 주의 깊게 살피고 분석한 후에 이성에 부합하
고 모든 사람에게 이롭고 득이 되는 것이라는 판단이 들 때
비로소 그것을 받아들이고 그에 합당하게 살라.

193

6월 __ 28일 _____ 수요일

업무가 많아 바쁜 날이다. 가만히 앉아 있을 틈이 거의 없다. 하지만 온통 정신없이 바쁜 와중에도 유념하는 생각이 있다. 이 것 역시 부처가 한 말로 알려져 있다(사실 그걸 누가 알겠나?).

매일 아침 우리는 다시 태어난다. 오늘 우리가 하는 일이 가 장 중요한 일이다.

이게 바로 내가 믿는 환생이다. 일신우일신日新又日新, 끊임없 는 변화의 가능성.

6월 __ 29일 _____ 목요일

나도 굳이 이유를 모르겠는데『힐빌리의 노래』라는 아주 유 명한 책을 읽고 있다. 저자 J. D. 밴스는 오하이오주 미들타운과 켄터키주 잭슨에서 자랐다. 그의 회고록은 유년 시절과 성장 배 경, 특히 미들타운의 사회적 상황에 집중한다. 『힐빌리의 노래』 를 다룬 신문 보도는 열광적인 반응 일색인데 나는 이 책이 별로 다. 이유는 딱히 모르겠다. 저자는 내가 병원 업무를 하며 인식하 는 일종의 사회적 혼란과 소외에 대해 묘사하지만, 아무리 책 초반에서 그가 노련하게 자기주장을 펼치는 느낌이 든다 해도 나머지 부분은 강렬함이 훅 떨어진다. 그럼에도 나는 꾸역꾸역 최선을 다한다. 중도에 책을 덮는 건 질색이라는 이유가 크다. 내 나름의 이 원칙이 좋은 방침인지 그냥 똥고집인지는 잘 모르겠다.

굳건히 밀고 나간다.

6월 ___ 30일 _____ 금요일

자, 이렇게 일일 명상 일 년 프로젝트에서 중간 지점에 다다랐다. 6개월이 흘렀고, 6개월이 남았다. 지금까지 변한 건 무엇일까?

첫째로 내가 충격을 받은 건 이래도 되나 싶을 만큼 영적인 성장이나 깨달음이라곤 없다는 사실이다. 매일 명상을 하는데도 여전히 나는 늘 해왔던 대로 한가로이 이 세상을 노닐고 있다. 다시 말하자면, 극적인 변화가 전혀 없다. 매일 명상을 한 결과 나는 생각이 더 깊어지고 더 유념하고 더 명상적인 사람이 되었나? 매일 십오 분씩 명상을 한 후부터는 그래야 한다고 생각한다. 하지만 하루 중 그 나머지 시간 1,425분은 어쩔 텐가? 그 시간 동안 내가 달라져 있나? 아무래도 아닌 것 같다. 물론 예전에 비하면 나의 정신 상태 변화를 인지하는 힘이 미미하게나마 나아지긴 했다. 그나마 다행이다.

비록 내가 공중 부양술을 터득하거나 깨달음을 얻지 못했을지언정 대차대조표의 플러스 항목에서 주목할 부분이 많다. 이 프로젝트에 전념해왔다는 사실이 나로서도 깜짝 놀랄 일이다. 명상 자체가 내게는 큰 즐거움이다(특히 이른 아침에 침묵 좌선을 하러 명상센터에 갈 때가 좋다). 그리고 난생처음 드디어 꼬박꼬박 일기를 쓴다는 사실도 놀랄 일이다. 게다가 친구네 개 맥스가 나를 좋아하는 이유가 바로 내가 차분한 사람이고 맥스가 차분한 걸 좋아하기 때문이라는 말까지 들었다. 이거 참 굉장한 거 아닌가?

대차대조표의 마이너스 항목에 둘 만한 걸 딱히 못 찾겠다. 매일 명상을 하는 데 십오 분을 쓴다고 해서 나의 일과 가정생활에 지장을 받지도 않았다. 일이나 가정생활이 아주 엄격한 시간표에 따라 진행되어서 일일 명상을 위해 십오 분을 따로 떼어놓는다는 이유로 곤란해질 일은 없다. 그렇지만 몇 가지 실망스러운 점은 인정해야 한다. 특히 지난 한두 달 동안 명상에 더 긴 시간을 할애해야겠다는 의욕을 키우지도 않은 점. 새벽 좌선에 더 자주 참석하려는 노력도 별로 하지 않은 점. 따로 명상 수행을 하러 가지 않은 점. 나의 명상이 좀 더 깊어지지 않은 점.

그러나 내가 나를 몰아붙이는 건 아무 의미가 없다. 바른 결의의 정신에 입각해 이런 부분을 받아들이기로 한다.

이제 월말 케이크를 먹는다. 늘 그렇듯 맛있다. 이번 달은 초콜릿 비스킷 케이크다. 사실 케이크라기보다는 큼지막한 초콜릿 조각 안에 잘게 부순 비스킷이 들어간 것이다. 어릴 적에 내 생일

케이크로 늘 이걸 골랐고 지금도 아주 좋아한다. 마시멜로를 가미해 '로키 로드' 케이크로 만든 건 손톱만큼의 감흥을 준 적이 없다. 오늘은 일 년 명상 프로젝트의 6개월 마무리 기념으로 옛날식 초콜릿 비스킷 케이크와 함께하기로.

케이크가 좋다.

맥스도 좋다.

난 정말 맥스가 좋다.

7월

바른 말

정어 正語

이번 달에 깊이 살펴볼 내용은 선불교, 자연인
소로, 트릭시의 비밀 산책이다. 이달의 주제는
'바른 말〔正語〕'이다. 깨달음을 주는 만큼 당혹감도
안겨주는 주제다. 이번에 프라하의 찻집에서 본
남자는 (바라건대) 미래의 내 모습이다.
처음은 아니지만 부득불 분신焚身에 관해 깊이
생각해볼 일도 생긴다. 대개 정치적 시위 차원에서
자기 몸에 불을 지르고 목숨이 위태로워지는 결과가
생기는 그 분신 말이다. 분신은 불교 역사에 등장하는
혼란스러운 특징이기도 하다.
여름휴가로 처음 베를린에 갔는데 이 여행이 무척
마음에 들었다. 정처 없이 돌아다니다가 명상
프로젝트 반년만에 충격적인 사실과 마주할 수밖에
없었다. 내가 정말 엉망으로 명상을 하고 있다는
사실. 결과적으로 내가 쓰는 일기가 훌륭하게 명상을
하며 보낸 일 년이 아니라 형편없이 명상을 하며 보낸
일 년에 관한 이야기가 될 판이다. 그게 문제일까?
그럼, 당연히 문제지.
이번 달에는 다른 여러 주제도 등장한다. 이를테면
명상이 뇌에 미치는 영향, 받아들임이 중요한 이유,
그리스 철학, 마음의 평정, 그 밖에 어디로 튈지 모를
수만 가지 잡생각의 향연이 펼쳐진다.

7월 ___ 1일 _____ 토요일

자, 이렇게 새로운 달이 시작된다. 여름이 시작되는 느낌도 든다(엄밀히 말해 느낌이 아니라 사실이다). 나의 명상을 번번이 방해하는 생각은 어떻게 하면 명상을 더 오래 더 잘하고 전반적으로 더 나은 명상가가 되느냐 하는 것이다. 그런 생각을 머릿속에서 떨치기가 힘들다. 거듭 노력하고 번번이 실패한다. 좀 더 잘하고 있는 건가? 내가 나아지고 있는지 어떻게 알겠나? 아마 절대 모르겠지 싶다.

선 격언 한 말씀.

깨달음 이전에 장작을 패고 물을 길어라. 깨달음 이후에 장작을 패고 물을 길어라.

불교에서 깨달음은 평범하지만 이해하기 힘든 개념이다. 정신 수련의 궁극적 목표로 제시되긴 하나 깨달음을 갈구해서는 안 되는 법이다. 그 자체가 불교 정신에 어긋나는 까닭이다. 내게 깨달음은 여전히 까마득하게 멀어서 내가 당장 처리해야 할 문제가 아니다. 오늘은 그저 앉아서 명상을 할 뿐.

7월 __ 2일 _____ 일요일

선 격언 하나 더

부처님의 길을 살피는 것은 곧 자신을 살피는 것이다. 자신을 살피는 것은 곧 자신을 망각하는 것이다. 자신을 망각하는 것은 곧 만물로 인해 깨달음을 얻는 것이다.

7월 __ 3일 _____ 월요일

일 년 명상 프로젝트의 이번 달 주제는 팔정도의 세 번째 원리 '바른 말[正語]'이다. 불교 경전에 이런 물음이 나온다.

바른 말이란 무엇인가? 거짓말을 삼가고, 불화를 일으키는

말을 삼가고, 욕설을 삼가고, 쓸데없는 잡담을 삼가는 것이
다. 이를 일컬어 바른 말이라 한다.

내 생각에 여기서 "쓸데없는 잡담"이 큰 위험요소다.

7월 __ 4일 _____ 화요일

바른 말에 대한 지침을 더 살펴본다.

수도자들이여, 다섯 가지 요소를 갖춘 말은 악평을 받지 아
니하고 좋은 평판을 듣느니라. 그 말은 식견이 있는 자들에
게 흠 잡힐 것도 없고 아무 허물도 없느니라. 다섯 가지란 무
엇이냐? 적시에 하는 말, 진실로 하는 말, 다정한 말, 이로운
말, 선의가 담긴 말이다.

이런 맥락에서 보면 팔정도에 '바른 침묵'이 함께 포함되지
않았다는 점이 흥미롭다. 살면서 바른 침묵이 내게 큰 도움이 되
었을 순간이 많았다는 생각이 든다. 어쩌면 지금도 그 순간 중 하
나일까?
존 크라카우어의 『야생 속으로』를 읽기 시작했다. 책의 화자
인 청년 크리스 맥캔들리스가 미국 곳곳을 여행하고 더 나아가

알래스카까지 간 여정을 들려주는 책이다. 알래스카에 당도한 그는 통탄할 만큼 전혀 준비가 안 된 상태에서 야생 속으로 들어갔다. 이 책은 비극적인 이야기다. 맥캔들리스는 초월주의 정신이 깃든 소로의 대표작 『월든: 숲속에서의 생활』의 영향을 받았다. 소로는 자연 그대로의 환경에서 살아가는 간소한 삶을 제안했다. 맥캔들리스도 같은 길을 갔지만 훨씬 더 큰 위험을 무릅썼고 극한의 대가를 치렀다. 그의 사연은 흥미롭지만 나는 조금도 공감이 안 된다. 그 정도까지 문명을 등지고 은둔할 필요성을 느껴본 적은 없다.

그런데 여기서 불교와 유사한 흥미로운 부분이 있다. 예전 자료에 따르면 부처는 특권을 누리는 자신의 삶을 버리고 아내와 자식을 뒤로한 채 깨달음을 얻기 위해 떠났다. 하지만 부처는 자기 안에서 깨달음을 찾고 있었던 데 반해, 맥캔들리스는 원초적인 자연에서 이미 깨달음을 얻었다고 믿었다. 그게 다른 점이다. 더구나 죽으면 깨달음이고 뭐고 아무것도 없다.

7월 __ 5일 _____ 수요일

『야생 속으로』와 소로에 대해 계속 생각한다. 소로의 삶과 철학은 맥캔들리스에 비하면 훨씬 더 불교적이었다. 소로는 우리가 요즘 '마음챙김'으로 알고 있는 것을 주장했다.

현재를 살고, 모든 파도에 몸을 맡기고, 매 순간 자신의 영원한 세계를 찾아야 한다.

부富는 삶을 충만하게 경험할 수 있는 능력이다.

자신의 신념대로 살라. 그러면 세상을 바꿀 수 있다.

널리 알려진 대로 소로는 왜 문명에서 벗어나 숲속에서 사는 삶을 택했을까?

내가 숲으로 간 이유는 인생을 찬찬히 살아보고픈 마음에서였다. 오직 인생의 근본적인 사실과 맞서고 싶었다. 인생이 가르치는 바를 배울 순 없는지, 내가 죽음을 맞이할 때 여태 헛살았구나 깨닫진 않을지 알고 싶었다.

하지만 소로는 모든 훌륭한 불교 스승들과 마찬가지로 맹목적인 독단주의를 경계한다.

나는 숲으로 갔을 때와 마찬가지로 합당한 이유가 있어서 숲을 떠났다. 아무래도 내게는 살아갈 인생이 몇 개 더 있어서 이제 더는 숲속 생활에 할애할 시간이 없는 것 같았다.

마음챙김 기운이 물씬 풍긴다. 소로가 좋다.

7월 __ 6일 _____ 목요일

매일 아침 일어나 아래층으로 가면 트릭시가 주방에서 나를 기다리고 있다. 이 녀석은 늘 호시탐탐 밖에 나갈 궁리를 하지만 내가 간식에 후하다는 것도 간파하고 있다(특히 치즈). 트릭시는 내가 고양이 출입구를 여는데도 밖으로 당장 달려나가고픈 욕구와 안에서 간식을 기다리는 간절함 사이에서 갈팡질팡하며 치즈를 얻어먹길 기대하면서 잠시 내 다리에 비비적댄다. 어느 시점쯤 치즈가 나올 일은 없겠다는 판단이 서면 트릭시는 고양이 문으로 빠져나가 뒷담을 넘어 사라진다. 이 녀석이 어디로 가는지 나는 모르겠다. 트릭시 본인만 알겠지.

이 '모른다는 것'이 내겐 중요하다. 나는 트릭시가 비밀이 있고, 내가 알 수 없는 트릭시만의 삶이 있다는 사실이 늘 마음에 들었다. 그런데 이 명상 프로젝트를 진행하면서 내가 이 '알 수 없음'을 얼마나 좋아하는지 깨닫게 되었다. 알고 보니 내가 이걸 무척 좋아한다.

나의 하루하루를 채우고 있는 것은 대부분 목적이 분명한 생각, 확실히 인지되는 도전 과제, 어수선한 시간표, 비교적 예상 가능한 결과가 따르는 의도적인 행동 등이다. 현대의 삶이 다 그렇듯 나의 하루는 지나칠 만큼 딱딱 정해져 있고 미리 완벽하게 계획되어 있다. 트릭시의 비밀은 멋진 대척점을 이룬다. 점점 비밀이 없어지는 세상에서 진정한 비밀을 안고 사는 아이다. 명상 덕

분에 나는 트릭시의 이런 진가를 알게 되었고 내가 알지 못하는
것, 알 수 없는 것, 그리고 말 그대로 내가 알 리가 없는 것에 더
욱 큰 가치를 두게 되었다. 이 공백은 스케줄 과잉, 융통성 제로
의 시대에 마치 신성한 공간처럼 느껴진다.

신비에 싸인 것에 대해 명상하고 알 수 없는 존재와 함께 앉
아 있는 것은 아마도 가장 큰 선물일 것이다. 트릭시는 두 가지
면에서 모두 도움이 된다.

7월 __ 7일 _____ 금요일

오늘은 이번 달 주제 '바른 말'에 대해 생각한다. 항시 "쓸데
없는 잡담"을 금하고, 늘 "적시에", "진실로", "다정"하고, "이로운",
"선의가 담긴" 말을 하기란 어렵다. 사실 불가능하다. 그래도 시
도는 해야 한다고 생각한다. 제일 힘들게 하는 원흉은 내가 보기
에 비이성적으로 구는 사람들이다.

'기본적 귀인 오류'라는 개념이 있다. 다른 사람들이 불합리
한 행동을 할 때 그들의 성격이 미치는 영향을 과대평가하고 환
경이나 상황의 영향을 과소평가하는 경향이다. 다시 말해 남이
비이성적인 행동을 하면 나는 그 사람이 비이성적인 사람이라고
결론짓는다. 만약 내가 비이성적인 행동을 하면 압박감을 느끼거
나 바쁘기 때문에 혹은 어떻게든 내 행동의 변명이 될 예외적인

상황에 처해 있기 때문에 그런 거라고 자신에게 말한다. 우리는 남을 판단할 때 너그러움이 박하다. 자신의 비이성적인 언행은 상황 탓이고, 남들의 경우에는 성격 탓이라고 결론짓는다.

이 유용한 개념이 바른 말의 중요성을 확실히 뒷받침한다. 남들을 향해 반사적으로 나오는 모진 말을 삼가야 한다. 그들은 우리가 이해하지 못하는 식으로 압박감을 느끼고 있을지도 모른다. 물론 이 모든 게 이론적으로는 더할 나위 없지만 실천하기는 어렵다. 혼잡한 시간대의 차량 행렬 속에서는 사실상 불가능하다.

7월 ___ 8일 _____ 토요일

프라하다! 정신 건강과 관련법에 관한 일주일 일정의 학회가 있어서 프라하에 왔다. 정신 보건법과 정신 질환자 인권 보호가 내가 하는 일의 핵심 주제여서 이번 학회는 무척 중요한 자리다.

더군다나 학회가 열리는 곳이 다름 아닌 프라하다! 한 20년 전에 딱 한 번 프라하에 와봤다. 그때 프라하가 참 좋았다. 오늘 밤 늦게 도착해서 보니 강 맞은편에 프라하성이 있는 구시가지가 어둠에 잠겨 있고 추억이 다시 밀려온다. 특히 레두타 재즈 클럽이 생생하고 프라하성에 갔던 기억도 난다. 프라하성을 둘러보고 있을 때 한가득 모여 있는 독일 남자 관광객들이 느닷없이 노래를 하기 시작했다. 우렁차고 열정적이고 정말 훌륭한 노래였다.

누가 봐도 그들은 유럽 전역을 투어 중인 합창단이었고 전혀 뜻밖이었던 그들의 노래는 프라하성에서 즉흥적으로 벌어진 멋진 순간으로 기억에 남았다.

7월 ___ 9일 _____ 일요일

회의를 마치고 바츨라프 광장을 한가로이 거닐다가 작은 골목길에서 네팔 찻집 간판을 발견했다. 좁은 길 끝에서 찾은 아름다운 찻집에서는 수천 가지의 다양한 차와 네팔 목제품, 불교 관련 서적과 이런저런 물품을 판매했다. 분위기가 아주 근사하고 기분 좋은 가게다.

한 테이블에는 수염을 기르고 히피 느낌을 풍기는 예순 줄의 남자가 조용히 무언가에 열중한 모습으로 앉아 있다. 테이블 위에 녹차 세트를 놓아둔 채 자신이 쓰는 글에 푹 빠져 있는 듯한 행복한 얼굴로 노트북 자판을 타닥타닥 두드린다. 약간 헝클어진 풍성한 회색빛 수염이 특히나 멋스럽다. 훗날 내가 예순이 넘으면 저 남자처럼 될까? 그때도 여전히 만족스러워하며 자판을 두드려 이런 일기나 다른 뭔가를 쓰고 있을까? 아니면 아예 다른 뭔가? 바라건대 딱 저 남자 같았으면 좋겠다. 단, 수염은 빼고. 요즘 유행하는, 뭔가 복잡하면서도 말끔하게 얼굴 털을 손질하는 게 약간 당황스럽다. 그래도 엄밀히 말하자면 이 남자의 수염은 말끔하게 손질한 축에 들진 않는다. 살짝 야생성이 묻어난다.

한 20년 후에 이 자유로운 영혼 같은 남자처럼 프라하 뒷골목 찻집에서 네팔 차를 즐기며 노트북으로 작업을 하는 내가 될지, 뭔가 훨씬 안 좋은 상태의 내가 될지 모를 일이다.

7월 ___ 10일 _____ 월요일

매일 아침 일곱 시가 막 지나자마자 내가 머무는 프라하 시내 중심가의 호텔 근처 어딘가에서 드릴 작업이 시작된다. 드릴 소리는 그리 시끄럽지 않다. 배경으로 낮게 웅웅대는 소리처럼 들린다. 나야 늘 드릴 작업이 시작되기 한참 전에 일어나지만 드릴 소리는 꽤 끈질기게 이어지고 집중력을 흩트릴 만하다. 사실 명상하기에 더할 나위 없어야 할 시공간(이른 아침, 집에서 멀리 떨어진 호텔 객실)에 결과적으로 균열이 생긴 것이다. 물론 이건 놀랄 일이 아니다. 고苦는 도처에 널려 있는 법이다. 나는 명상 스승들이 제안한 그대로 해보려고 한다. 드릴 소리를 심란心亂의 대상으로 가만히 주시하되 그것에 얽매이지 말고 흘러 지나가도록 놔두면서 나의 호흡에 집중하는 것. 실패한다. 하지만 내가 성공하지 못하는 게 어디 한두 가지인가. 드릴 소리쯤이야 그중 제일 사소한 것 정도겠지.

7월 __ 11일 _____ 화요일

1969년 1월 16일, 얀 팔라흐Jan Palach라는 스무 살 체코 학생이 프라하의 봄을 저지하는 것에 항의하는 의미로 자기 몸에 불을 질렀다. 팔라흐는 사흘 후 프라하 병원에서 세상을 떠났다.

최근에는 중국의 티베트 통치에 저항하는 티베트 불교 승려와 비구니의 분신이 줄을 이었다. 나는 불교와의 연관성을 감안해서 분신에 관심이 많지만, 아무리 좋게 보려 해도 불교의 생명 존중 사상과 뭔가 어긋난 관계처럼 보인다.

오늘 저녁에는 회의를 끝내고 다 함께 팔라흐와 얀 자이츠Jan Zajíc의 기념물이 있는 곳을 가 볼 예정이다. 자이츠는 팔라흐가 분신한 후 약 한 달 뒤인 1969년 2월 25일에 우리가 묵고 있는 호텔 바로 앞쪽에 있는 바츨라프 광장의 국립박물관 앞에서 분신한 또 다른 체코 학생이다. 작은 기념물은 유명한 박물관 앞의 분주한 거리 근처에 있다.

도저히 자기들의 목소리를 낼 길이 없어 막막하다고 느낀 이 젊은이들이 저항 의식을 드러낼 유일한 방식, 혹은 최선의 방식으로 택할 만한 게 자기 몸에 불을 질러 목숨을 끊는 것이었다고 생각하니 이루 말할 수 없는 슬픔이 밀려온다.

7월 __ 12일 _____ 수요일

온종일 회의장에 있다가 저녁에 프라하 시내를 잠깐 산책하고 그 사이 어딘가에서 십오 분간 명상을 했다. 이번에 참석한 회의는 여러모로 훌륭하다. 배우는 것도 많고 프라하를 즐길 기회도 된다. 블타바강 강변에 있는 아름다운 루돌피눔 콘서트홀에서 열리는 체코 국립교향악단의 공연을 보러 갔다. 유난히 기억에 남는 공연이었다.

7월 __ 13일 _____ 목요일

다른 나라의 서점에 가는 게 즐겁다. 회의 후에 바츨라프 광장에 있는 네오룩소르 팰리스 오브 북이라는 서점에 들른다. 몇 시간이고 즐겁게 시간을 보낼 수 있는 굉장한 서점이다. 체코어로 된 책이 대부분이지만 그 역시 또 다른 즐거움이다. 영어로 쓰인 유명한 책 중에 어떤 게 체코어로 번역되었는지 알아볼 수 있나 살펴본다. 아일랜드의 서점과 비교되는 주제별 코너의 크기가 눈에 띈다(정치 코너는 더 크고, 소설 코너는 더 작다). 영어 도서 코너도 살펴본다(광범위하고 훌륭한 구성이다). 예전에 읽었거나 사려고 관심을 둔 책들의 유럽판을 보는 게 특히 좋다. 유럽판은 보기에도 느끼기에도 색다르다. 그게 참 흥미로운 지점이다.

프랑스에 가도 언제나 서점에서 유난히 감명을 받는다. 특히 서점마다 책장과 갈리마르판 책장이 인상적이다. 많은 프랑스 서점에서 전해지는 책에 대한 경외심은 다른 데선 찾기 힘들다. 물론 여기 프라하에서도 그 이상이 느껴진다. 식이요법과 요리에 관한 천편일률적인 열풍이 아일랜드만큼 도가 지나치지 않아 상당한 안도감을 준다.

7월 ___ 14일 _____ 금요일

프라하에서의 학회가 오늘 오후로 끝났다. 지금껏 가장 유익한 학회였을 것 같다. 이번에 참석한 국제법률정신보건학회IALMH는 정신 질환 치료 관련 법률의 역할을 중점적으로 다루었다. 이 주제는 반드시 논의되어야 할 사안이다. 정신 질환을 앓는 사람들은 부당하게 권리를 침해당한다. 자유를 박탈당하고, 치료받을 기회를 얻기도 힘들고, 노숙률이나 구속률도 높다. 감옥은 정신 질환자들에게 치명적이기 때문에 구속률은 특히 큰 문제다.

이러한 주제는 내가 오랫동안 조사하고 글을 쓰고 이야기해 온 내용이지만 부당한 현실의 무게에 마음이 계속 무거울 뿐이다. 세계보건기구에 따르면 세계질병부담의 원인 14퍼센트가 정신장애, 신경장애, 물질사용장애인데도 이러한 장애를 앓는 사람들 대부분―저소득 국가의 경우 75퍼센트에 달하는 환자들―이 필요한 치료를 받을 기회가 없다. 이 같은 불평등은 의료 서비스에 대한 접근성뿐만 아니라 결과의 측면에서도 가늠할 수 있다. 전체 인구 중 비장애인과 비교하면 조현병을 앓는 남성은 15년 일찍, 여성은 12년 일찍 사망한다. 이 차이는 자연사로 설명되지 않는다. 주요 원인은 심장병과 암이다. 결과적으로 정신 질환을 앓는 이들의 정신적 건강과 신체적 건강에 똑같이 좀 더 집중할 필요가 있다. 금연 지도를 위한 추가 지원, 식습관 및 생활방식 개선, 심장병 위험 요인 검사 등이 포함된 관리가 이루어져야 한다. 항정신병 약물치료도 조현병 환자의 조기 사망 가능성을 크게 줄인다.

정신 질환자들이 경험하는 부당한 현실은 바로잡을 수 있다. 이번 학회는 이 목표를 달성하고 정신 질환자와 그 가족들의 삶을 개선하기 위한 법률 활용 방안을 논의하기에 좋은 기회였다. 명상도 이러한 부당한 상황에서 도움이 된다. 분노만으로 해결될 일이 아니다. 사실 분노는 역효과를 낳을 뿐 도움이 되지 않는다. 반면에 명상은 부당함을 받아들이라는 게 아니라 그것을 차분히 인정하고 깊이 생각하며 나 자신을 바꾸는 것부터 시작한 다음 점진적이고 지속적인 방식으로 세상을 변화시키는 방향으로 나아가자는 것이다.

결과적으로 명상이 내게 도움이 되었던 면은, 전 세계의 정신 보건에 관한 끔찍한 통계(절대 용납하기 힘든 수준이다)를 그저 받아들이기보다는 꼼꼼히 검토하고, 나의 일상생활과 업무에서 시도할 수 있는 방법을 고민하고, 어떻게 하면 상황이 보다 폭넓게 개선될지 살펴보게 했다는 데 있다.

이 모든 것은 차분하게 한 단계 한 단계 진행해나가야 할 큰 과제다. 명상이 이 과정에 도움이 된다.

7월 ___ 15일 _____ 토요일

프라하에서 마지막 날, 뜻밖의 일정이 이번 여정의 마지막 순간을 장식했다. 구시가지 광장의 킨스키 궁전에 자리한 국립미술관에서 열리는 '아시아 예술' 전시회에 다녀왔다. 그림, 벽에 거는 장식품, 공예품, 불상 등 아름다운 예술품이 전시되고 있었다. 관람 후에 근처 상점에서 멋진 좌불상을 하나 구입했다. 소장품이 점점 늘어난다. 명상하는 데 시간을 더 쓰고 불상을 사는 데는 시간을 덜 써야 하는데!

아름답게 복원되어 프라하 국립미술원의 한 부분이 된 성 아네슈카 수도원을 둘러본 것도 좋았다. 뭔가 쓸쓸하고 착 가라앉은 분위기를 풍기는 곳이다.

프라하는 굉장한 곳이다. 나는 유럽의 대도시가 정말 좋다. 암스테르담, 마드리드, 파리, 프라하, 코펜하겐, 로마, 그리고 언제나 사랑해 마지않는 세 도시, 스톡홀름·부다페스트·상트페테르부르크. 프라하를 떠나는 게 아쉽지만 그래도 냉정하게 발길을 돌려 저가 항공의 의례적인 수모에 대비해 마음을 단단히 먹고 공항으로 향한다. 저가 항공사는 마음챙김을 제대로 시험하는 잣대라 할 만하다.

7월 ___ 16일 _____ 일요일

앞으로 며칠 동안 혼자다. 이 상황을 최대한 활용해 〈생츄어리Sanctuary〉를 보러 극장에 갔다. 궁극적인 메시지가 슬프긴 해도 굉장히 마음에 드는 영화였다. 지적 장애가 있는 사람들에게 사회에 완전히 참여할 수 있는 유의미한 기회가 아직 제공되지 않았다는 내용이 담긴 영화다.

영화를 본 후 단골집인 몬티스 오브 카트만두로 넘어가서 늘 먹는 치킨 초일라와 치킨 칠리 낭글로(둘 다 아주 맵게)에 재스민 라이스를 곁들여 먹었다. 내가 이 메뉴를 얼마나 좋아하는지 말로 설명할 수가 없다. 한번 드셔들 보시라.

7월 ___ 17일 _____ 월요일

이번 달에 읽을 책으로 제임스 H. 오스틴의 『선과 뇌의 향연: 선 수행을 하는 뇌과학자의 시선』을 살펴보고 있다. 오스틴은

교토에서 안식년을 보내는 동안 임제종臨濟宗 선사 코보리-로시와 함께 선 명상 수련을 시작했고, 신경·신경병리학·신경화학·명상 뇌과학이 포함된 수십 년의 뇌 연구를 마무리 지었다. 비슷한 주제를 다룬 오스틴의 다른 책『선과 뇌: 명상과 의식에 대한 이해 Zen and the Brain: Towards an Understanding of Meditation and Consciousness』를 예전에 재미있게 읽었다.

두 책에서 오스틴은 선불교와 뇌 연구 간의 연관성을 탐구한 내용을 중점적으로 다룬다. 내가 오스틴의 연구에서 가장 흥미를 느끼는 부분은 신경과학을 그의 개인적인 경험과 통합시키는 것이다. 그 밖에 그가 살펴보는 영역은 플라시보 효과와 침술, 명상과 관련된 생리학적 변화와 신경 영상화, 다양한 몰입 상태, 심지어 편두통과 은유의 상관성, 달빛과 신비주의 등 온갖 다양한 주제를 망라한다.

아마 오스틴의 폭넓은 시야가 단연 인상적인 부분일 것이다. 공들여 연구하고 세부사항에 주의를 기울이는 것은 물론 명상에서 중요한 개념을 기꺼이 살펴보는 자세도 놓치지 않는다. 이해하고, 의미를 찾고, 깨달음을 얻는 데 확실한 목표를 두고, 그곳으로 나아가는 경로를 꼼꼼히 기록하는 그의 노력에 감명받지 않기란 어렵다. 기꺼이 그의 글을 다시 찾아 읽고 웹사이트를 둘러보고 연구 내용을 깊이 고찰한다. 물론 이 모든 것이 지금 내게 새로운 연결고리로 다가오는 이유는, 내가 명상을 일상생활과 통합하고 명상과 내 일의 연관성에 대해 생각하며 종종 일기로 정리하려고 노력하는 데서 비롯된다. 깊이 생각해볼 점이 많다.

7월 ___ 18일 _____ 화요일

평생 담배를 피워본 적이 없지만 가끔 흡연자가 부러울 때가 있다. 오늘 저녁 한 젊은 여성이 혼자 호텔 밖 출입구 옆에 서서 먼 곳을 응시하며 담배를 피우는 모습이 눈에 들어왔다. 그 여성이 담배를 피워야 한다는 마음에 이끌려 온 곳은 어쩐지 명상적이기도 한 고독한 공간이고, 그곳에서 하루의 이런저런 사건에서 벗어난 시간을 보내며 그저 담배를 피운다. 흡연은 근본적으로 서서히 자신을 태우는 일종의 자해인 데다 그것으로 깨우침을 얻을 건 아무것도 없지만, 흡연자들이 습관의 부름에 응하려고 무리에서 벗어나 만들어내는 자기만의 공간이 때로는 부럽기도 하다. 물론 담배 없이도 그렇게 할 수는 있다.

얼른 인터넷을 검색해보니 아니나 다를까 흡연과 명상에 관한 논의가 다양한 사연과 일화, 조언과 함께 줄줄이 쏟아진다. 심지어 마음챙김을 바탕으로 한 금연 방법도 있는데 좋은 생각인 것 같다. 흡연이라는 행위, 특히 혼자 담배를 피우는 것은 분명 마음챙김에 도움이 되며 그 후에 금연으로 향하는 길로도 쓰일 수 있다. 하지만 한 번도 담배를(그 외 다른 것도) 피워본 적이 없는 내가 이런 조언을 누구에게 할 입장은 아니다. 그러니 이 이야기는 그만해야겠다.

예순다섯 살 환자 그렉을 진료했다. 하루에 위스키 두 병을 마시는 그는 다 쓰러져가는 눅눅한 집에서 혼자 산다. 집에 쥐도 있다. 그렉은 오늘 아들의 마음이 편해지라고 혼자 진료를 받으러 왔다. 꾀죄죄하고 옷차림도 볼품없는 그렉은 음주가 자신의 신체적·정신적 건강에 악영향을 미치는데도 술을 끊을 마음이 전혀 없다. 그는 술이 자신을 죽이고 있다는 걸 잘 안다고 말한다. 나는 그가 정말로 이해하고 있다고 생각한다. 하지만 수십 년간의 알코올 남용 때문에 그의 의사결정 능력이 손상되었는지 가늠하기 힘들다. 이 상황을 판단할 의사 능력이 그에게 있을까? 그렉의 상태가 안쓰럽다. 이런 상황에서 어느 시점에 제3자가 개입해야 할까?

우리는 거의 한 시간가량 이야기를 나눴다. 그렉은 한 달 후에 나를 다시 만나러 오기로 하고 그 사이에 공중보건간호사가 방문해도 좋다고 허락하기로 약속했다. 이 정도면 장족의 발전이다. 그렉의 음주 습관처럼 누군가의 오랜 습관을 바꿔주려고 돕는다는 건 아주아주 어려운 과제다. 부디 지금이 너무 늦지 않은 시점이길 바란다. 물론 결코 늦지 않았다.

7월 __ 19일 _____ 수요일

지난 일요일에 본 영화 〈생츄어리〉가 계속 머릿속에 맴돈다. 극영화에서 지적 장애인을 볼 일이 별로 없어서인 것 같다. 아일랜드의 지적 장애인 치료 역사를 살펴보면 꽤 다양한 치료가 이루어졌음을 알 수 있다. 내가 가장 잘 아는 그 역사의 한 부분을 살펴보면, 1800년대와 1900년대에는 지적으로 장애가 있는 사람들을 대형 보호시설과 정신병원에 수용했다. 1907년에 리치먼드 지구 보호소(현재 더블린 기술대학에 속한 성 브렌던 병원) 원장은 코놀리 노먼 박사였다. 자기 의견을 거침없이 피력하는 진보적인 노먼 박사는 지적 장애인을 위한 제대로 된 의료 서비스가 없다며 "그들이 이 나라에서 무시당하는 존재라서 이 계층을 무시하는 것은 현명하지도 인도적이지도 않은 처사"라고 한탄했다.

7월 __ 20일 _____ 목요일

전하는 바에 따르면 아리스토텔레스는 "어떤 생각을 받아들이지 않고도 그 생각을 해볼 수 있는 것이 교육받은 사람의 특징"이라고 말했다. 이는 마음챙김과 유사하다. 어떤 생각을 가만히 지켜보되 얽혀들지는 않는 것, 생각의 존재를 유념하되 흘러 지나가게 놔두는 것. 많은 생각이 몰려오고 또 그만큼 흘러 지나갈 것이다. 이것이 명상의 핵심 기술이다. 불교 사상에서 명상은 정신적 발전에 중요한 역할을 한다.

아리스토텔레스의 또 다른 한마디.

정신의 에너지가 곧 삶의 정수다.

명상은 불교의 에너지이자 정수다.

7월 __ 21일 _____ 금요일

여러 웹사이트를 살펴보면 명상을 시작하거나 재개할 때 명상 일기를 쓰라고 권장하는 곳이 수두룩하지만, 내가 지금 쓰고 있는 식의 일기는 그런 웹사이트에서 염두에 두는 게 아닌 것 같다. 변호하자면 이 일기는 내 마음이 여기저기 돌아다니는 여정을 돌아보는 솔직한 기록이다. 이 주제에서 저 주제로 널을 뛰거나 명상, 영화, 업무, 휴가, 인터넷, 아무렇게나 떠오르는 수많은 생각으로 가만히 있질 못한다. 집중은 어려운 일이다. 그래서 우리가 명상을 하는 거다.

그렇기는 하지만 나는 실제 명상에 좀 더 집중해야 할 뿐 아니라 이 일기가 명상 일지에 적합한 글이라면 내가 하고 있는 것에 대해 보다 자세히 설명해야 한다. 하지만 실상은 어떤가. 지금까지 그

221

렇지 못했다. 더군다나 내 입장에서는 명상의 목적이 완벽한 정좌 명상을 하는 것이 아니라 명상을 하지 않는 다른 시간에 자신의 삶을 개선하는 것이기 때문에 명상을 하려고 애쓴다는 맥락을 배제할 수도 없다. 그렇긴 해도 조금 더 집중한다고 큰일 나진 않겠지.

7월 __ 22일 _____ 토요일

골웨이다! 2주간 휴가 중이다. 여기 골웨이의 햇살이 눈부시게 빛난다. 거리에는 관광객이 가득하고 강물은 햇살을 받아 반짝이며 이곳 전체에 에너지가 차고 넘친다. 이보다 더 좋을 수 있을까?

명상을 더 해야 하지만 너무 열심히 애쓰지는 말아야 한다. 그 균형을 맞추기가 여간 어려운 게 아니다. 햇살 속에 앉아 잠시 동안 균형에 대해 생각해본다. 그러다 그냥 햇살에 젖어 앉아만 있다.

7월 __ 23일 _____ 일요일

어제 〈베이비 드라이버〉를 봤다. 리얼리즘을 구현할 생각이 손톱만큼도 없는 액션 영화다. 빠른 자동차와 총격과 스릴에 전적으로 기댄 이런 장르의 영화 중에서 단연 최고라 할 만한 작품이다. 마음챙김의 여지로 건질 만한 건 거의 없다.

오늘은 사뭇 다르게 호주 서커스 쇼를 봤다. 골웨이 국제예술축제에서 선보이는 〈드리프트〉라는 이 서커스는 뛰어난 신체적 기량과 놀라운 우아함이 결합된 화려한 발레 아크로바틱 공연이다. 출연자들은 서로를 들어 올리고 서로의 품으로 뛰어들고 믿기지 않는 상호 이해를 바탕으로 동작을 조율하면서 전적으로 팀워크에 의지해 완벽한 합을 보여준다. 그들은 운동 능력과 감정적 유대와 신뢰를 바탕으로 언어와 인식을 초월한 상호 이해의 수준을 높여왔음이 분명하다. 이런 점은 명상이 추구하는 바와 맞아떨어지는 건 아니지만 그렇다고 아주 동떨어진 것도 아니다. 이런 공연과 명상 모두 중간 단계를 거치지 않는 직접적인 방식으로 세상과 마주하고자 한다. 그래서 현실을 더 잘 알고자 한다. 영감을 주는 공연이다.

7월 __ 24일 _____ 월요일

무슨 일이 일어나도 그대로 흘러가고 네 마음을 자유롭게 놓아주어라. 네가 무엇을 하든 받아들여서 중심을 지키라. 이것이 극치니라.

장자

지금 이 순간 나는 일기에 이 내용을 쓰고 있고, 그렇다면 이 것이 이 순간의 '극치'인가? 약간 소름이 돋으려고 하는군.

7월 __ 25일 _____ 화요일

가족과 함께 베를린으로 날아가 일주일간 휴가를 보내기로 했다. 내가 유럽의 도시라면 사족을 못 쓰는 사람인데도 베를린 은 처음이다. 해 질 무렵 번화가에 있는 숙소에 도착하니 토끼 한 마리가 문 앞에 앉아 있었다. 우리가 다가가자 잽싸게 달아난다. 베를린 토끼의 신비로운 삶이 더블린 고양이 트릭시의 묘연한 삶 을 떠오르게 한다. 지난 몇 달간 명상을 해오면서 내가 설명할 수 있는 수준을 훌쩍 넘어서는 신비한 세계가 있음을 인식하게 되었 다. 알지 못하는 것을 품고 앉아 있는 것이 명상의 정수다.

7월 __ 26일 _____ 수요일

비가 내렸지만 쇼핑도 하고 유대인박물관에도 갔다. 유대인 박물관에는 독일계 유대인의 이천 년이 넘는 역사에 관한 흥미로 우면서 충격적인 이야기가 담겨 있다. 이곳에 관해 명상해볼 것 이 많다.

7월 ___ 27일 _____ 목요일

베를린 동물원이다! 판다다! 판다의 내면생활이야 내게는 불가사의한 영역이고 짐작건대 모든 사람에게 미지의 세계일 것이다. 그렇지만 베를린의 판다들은 존재 자체로 기쁨을 주며 오늘 나의 명상에 약간 방해가 되기도 한다. 명상할 때 늘 그러듯 판다의 이미지가 베를린에 있는 내 머릿속에서 흘러 지나가게 놔두고 호흡에 집중하려고 노력한다. 효과가 있다. 여행 중일 때 명상이 더 잘되는 경우가 많다. 아마도 습관적으로 나를 방해하던 요소가 주변에 적어서 그런 모양이다.

판다 꿈을 꾼다. 정말 말도 못 하게 귀여운 녀석들이다.

7월 ___ 28일 _____ 금요일

이쯤에서 나의 일 년 명상 프로젝트에 관해 명백하고 엄연한 사실과 마주해야 할 것 같다. 일 년 중 절반 이상이 지났고 아직도 만족스럽게 명상을 하지 못하는 날이 대부분이다. 결과적으로 보아하니 나의 프로젝트가 명상을 잘하며 보낸 일 년이 되기보다는 명상을 잘 못하며 보낸 일 년으로 정리될 공산이 크다. 그게 중요한가? 중요하지 않다고 항변하고 싶은 마음이 굴뚝같지만(모든 노력은 그 자체로 좋은 것이다, 기타 등등), 아마 중요할 것이다. 그저 시작했다는 이유만으로 무작정 계속하기보다는 최소한 뭔가 기록할 만한 발전 내용이 분명 필요할 텐데?

더 열심히 노력해보기로 결심하지만(바른 결의?) 동시에 너무 발전에 목을 매지는 않겠다는 결심도 한다. 그건 좀 엉터리 같아서다. 물론 균형을 찾기가 녹록지 않긴 한데 그럼에도 지금 이 단계보다는 더 나아지게 되리라는 확신이 제법 든다. 지금은 자기 연민의 태도를 갖기로 하는데, 마음 한편으로는 질적·양적으로 명상을 더 잘하지 못하는 것에 대해 나 자신을 여전히 질책한다. 구글에서 공자를 검색하고 마음의 위로를 얻는다.

멈추지 않는 한 얼마나 천천히 가느냐는 중요하지 않다.

7월 __ 29일 _____ 토요일

공자 말씀 하나 더.

인생은 정말 단순하다. 그런데 우리가 고집스레 인생을 복잡하게 만든다.

하지만 일상적인 삶은 어떤 면에서 복잡하고 그걸 부정해봐야 소용없다. 우린 그저 쓸데없이 복잡한 것들은 무시할 필요가 있다. 숙련된 명상이 도움이 된다.

좋은 생각을 깊이 묵상하는 사람이 더 많아질수록 그 사람의
세상과 온 세상이 두루 더 좋아지리라.

7월 ___ 30일 _____ 일요일

베를린은 아름다운 도시다. 바쁘고 활기찬 도시 곳곳에 역사
가 가득하다. 거리마다 새로운 것과 오래된 것의 조화가 오묘하
게 느껴진다. 베를린 장벽의 흔적이 어디에나 있다. 장벽 자체에
서 나온 직접적인 잔해가 남아 있기도 하고, 장벽의 부재를 기념
하는 기념물도 있다. 두 가지 방식의 기억이 모두 중요하다.

여러 가지 측면에서 이 도시의 구조와 건축은 격동기의 과거
를 반영하도록 진화했다. 베를린은 도시의 장벽도, 도시의 역사
도 굳이 숨기려고 하지 않는다. 명상할 때처럼 그것들과 함께 차
분히 자리를 잡고 앉는다. 현실을 실제 있는 그대로 바라본다. 마
치 도시 자체가 복잡하게 뒤섞인 자신의 과거를, 유럽의 역사와
세계를 바꿔버린 결정과 행동을, 20세기 전쟁의 공포를 물리적으
로 표명하는 듯하다. 베를린은 이 모든 것을 숨기려고 하지 않으
며 과도하게 해석하려 들지도 않고 불편한 사실을 어떻게든 사라
지게 만들려고 하지도 않는다. 있는 그대로의 솔직한 진실과 과거

의 건물 잔해와 함께 앉아 있을 뿐이다. 그것은 본질적으로 명상적인 노력이고 베를린이라는 도시가 아주 잘하는 것이기도 하다.

7월 ___ 31일 _____ 월요일

이렇게 또 한 달이 마무리된다. 이전 달과 마찬가지로 소박한 일일 명상 습관을 이어왔지만 더 많은 시간을 명상에 할애한다거나 더 깊이 있는 명상 수준에 도달한다는 면에서 발전하지는 못했다. 내가 이 프로젝트를 끈질기게 계속하는 이유가 단순히 고집 때문인지 아니면 순수하게 명상적인 열심 때문인지 정말 모르겠다. 이 일기를 쓰겠다고 나 자신과 약속했기 때문에 명상을 계속해야 한다는 희한한 압박감도 느낀다. 내가 쓰는 글을 아무도 읽고 있지 않는데도 일기는 여전히 내게 끊임없이 상당한 압박으로 작용한다.

한 달의 마지막 날인 오늘 다시 한 번 명상을 더 많이, 더욱 잘해야겠다고 결심한다. 일상적으로 출근 도장 찍듯이 하기보다는 더욱 진심으로 전념하면서 프로젝트에 임하겠노라 다짐한다. 그래도 습관적인 요소는 유지해야 한다. 습관은 삶에서 강력한 힘을 발휘하며, 장기적으로 명상에 전념하는 첫걸음은 명상을 일상의 습관으로 만드는 것이다.

그래서 이제 명상이 일상 습관이 되어 있다는 사실을 인정할 때다. 더 나은 명상 수련으로 나아갈 때임을 인지하고, 지난 몇 달 동안 발전하지 못한 현실에 대해 얼마간 자기 연민을 느끼고, 그런 다음 충분히 누릴 자격이 있는(부디 그러길 바라는), 한 달 마무리 기념용 맛난 케이크를 먹을 때다. 이번 달은 여기 베를린에 있는 굉장히 고급스러운 빵집에서 공수한 굉장히 고급스러운 케이크다. 배와 아몬드가 든 프랜지페인을 큼직하게 자른 한 조각을 향해 손을 뻗는다. 솔직히 배는 있어도 그만 없어도 그만이지만, 나는 아몬드라면 아주 맥을 못 춘다. 오늘 베를린에서 맞이하는 이 마무리는 또 한 달의 일일 명상을 정리하기에 딱 어울린다.

○**부처의 마음으로 하는 비행기 여행: 영적 여행자를 위한 실용 안내서**

여행 자체는 신나지만 여행을 하며 겪는 일은 엄청난 스트레스를 안겨줄 수 있다. 현대의 비행기 여행에서, 특히 저가 항공사를 이용할 때 유독 혈압 오를 일이 생기기도 한다. 흔히 경험하는 부정적인 영향으로는 극도의 짜증, 격해지는 감정, 불안, 시차로 인한 피로 등이 있다. 남성의 15퍼센트가 집에 있을 때보다 비행기 안에서 영화를 보며 울 확률이 높아진다. 비행기 객실 내의 산소 수준이 기억력과 집중력에 영향을 주기도 해 비행기 여행에 예상보다 상당히 많은 스트레스가 따른다. 마음챙김, 명상, 불교의 가르침이 이런 문제에 도움이 될지 궁금한 적이 많았다. 비행기 여행 시 대처 능력이 한결 좋아지도록 도와주진 않을까?

다음 내용은 비행기 여행길의 난제를 해결하는 법을 가르쳐 주는 지침이다. 공항과 비행기에서 너무 심하게 정신적 상처를 입지 않고 그 여정을 헤쳐 나가도록 해주는 심리적인 방법과 전통적인 의학적 조언을 곁들였다.

여행이 미치는 부정적인 영향을 최소화하기 위해 보통 여행 관련 조언에는 심리적인 측면이 많이 포함된다. 특히 아이들과 함께 여행할 때 신중하게 여행 계획을 짜고, 여행 중에 이동을 수월하게 하려면 돈과 시간을 더 쓰고(식사, 휴식, 연결편에 드는 시간을 충분히 확보하면서), 필요하다고 생각하는 액수의 두 배만큼 돈을 더 챙기고 짐은 절반만 챙기자.

만약 비행기를 타고 날아가는 중이라면 현대의 비행기 여행에서 피할 수 없는 심리적 동요에 정신적으로 대비해야 한다. 상황을 수용하는 태도와 마음챙김이 큰 도움이 된다. 이 말은 곧 공항과 비행기 안에서 일종의 조절 장애가 생길 것을 받아들인다는 뜻이다.

공항에서 수차례 줄을 서서 기다릴 것이며, 그 과정에서 부당한 일이 생기기도 하고, 사람들이 야비하고 반사회적인 행동을 하면서도 은근슬쩍 빠져나가는 일도 겪을 것이라는 사실을 받아들이라. 어쩔 수 없는 일이다. 바뀌지 않는 상황이다. 그렇다고 공항을 사들여 운영할 수도 없는 노릇이고 인간 본성을 뜯어고치지도 못한다.

체크인이나 보안 검색 시 줄이 두 줄 이상이라면 통계상으로 더 빠른 줄에 서 있을 가능성이 높진 않다. 만약 줄이 열 개라면 가장 빠른 줄에 있을 확률은 10퍼센트, 그렇지 않을 확률은 90퍼센트다. 하지만 어느 한 줄이 다른 줄보다 더 빨리 줄어들면 짜증이 나기 마련이다. 어쩔 수 없는 이 불공평한 상황에 맞서느라 괜히 진을 빼진 말라. 받아들이라. 줄을 바꾸는 건 소용없는 짓이다. 줄이 두 줄 이상이라면 통계상으로 가장 빠른 줄로 옮겨 갈 확률이 높지 않다. 이 일에서든 다른 사안에서든 확률과 싸워 이기긴 힘들다. 심호흡을 하라.

마음을 다잡고 공항을 통과하라. 차에서 내려 체크인을 하러 가면서, 보안검색대를 지나 쇼핑하러 가면서, 탑승 구역에서 기내로 이동하면서 헤드폰을 쓰지 마라. 상황을 인지하고 연관성을 염두에 두고 움직이라. 꿈을 꾸는 게 아니라 여행을 하는 중이니까 주변 환경을 살피는 레이더망을 계속 가동한다.

일반적인 여행 조언을 하자면 수분 섭취를 충분히 하고 기회가 될 때마다 화장실에 들러야 한다. 이 조언은 도보, 자전거, 버스, 기차, 낙타, 열기구 여행에 적용되는데 공항 상황에 맞게 조정할 필요가 있다. 공항은 상점과 연결 통로 중간중간 화장실이 배치되어 있는 거대한 연결망을 이룬다. 그러므로 공항을 이용할 경우 물을 충분히 마시기는 하되 공항에 도착해서 중간에 필요할 때, 그리고 기내에 탑승하기 직전 정도만 화장실에 간다. (이 조언은 인도 북부 란치 공항에는 적용되지 않는다. 어떤 화장실이라도 있으면 하나라도 찾았다는 사실에 깊이 감사하며 반드시 사용해야 한다.)

탑승구에서는 비행기 탑승을 위해 줄을 서서 기다리지 않는다. 승객 대부분이 탑승할 때까지 탑승 구역에서 자리에 앉아 기다린다. 이 전략의 긍정적인 부분(자신이 통제하는 상황에서 평온하게 자리에 앉아 있음)은 부정적인 부분(여차하면 기내 수하물까지 들고 서서 기다림)보다 훨씬 크다.

비행기에서는 차분히 자리를 잡고 앉아 읽을거리나 음악을 신경 써서 준비하고 소지품을 깔끔하게 챙겨 넣어둔다.

심신의 긴장을 푼다. 논리적인 두뇌는 비행기 여행이 자동차 여행보다 압도적으로 안전하다는 사실을 안다. 감정적인 면은 이 논리에 따르지 못할지도 모르지만 차분한 마음과 안정된 신체적 태도에는 따를 것이다. 우리는 불안하게 행동해서 스스로 불안하게 만들곤 한다. 다시 한 번 호흡을 해본다.

비행기를 타고 가는 동안 유독 불안해진다면 머리 쓸 필요 없는 음악을 듣는 게 아주 좋다. 비행기에서 듣기에 완벽한 노래는 2007년에 브리트니 스피어스가 들고 나와 바로 외면당한 〈블랙아웃〉이라는 앨범에 실린 〈Ooh Ooh Baby〉다. 코러스가 특히나 부담이 없다. '베이비'라는 단어가 스물세 번이나 반복된다. 이에 비해 테일러 스위프트의 가사는 거의 도스토옙스키 수준이다. 레이디 가가의 〈Teeth〉가 부담 없는 최고의 기내 송으로 등장한 새로운 강자지만, 내 생각에는 여전히 브리트니가 근소한 차로 앞서 있다.

난기류가 발생할 때는 침착하게 앉아서 두 발을 바닥에 단단히 붙이고 두 손은 무릎에 올리고 고개를 똑바로 한다. 헤드폰을 벗고 책을 치우고 호흡에 집중한다. 통제력을 넘겨주는 연습처럼 그 상황을 이용한다. 아무것도 할 수 없다는 것을 인정하고 받아들인다. 역설적이지만 이러한 상황에서 해방감이 느껴진다. 모든 형태의 자유와 마찬가지로 이 해방감 역시 두려움을 동반할 수 있다. 하지만 난기류를 조금도 통제할 수 없는 와중에도 그것에 대한 자신의 반응은 통제할 수 있다. 자신이 능동적으로 무엇을 할 수 없다는 사실을 분명히 인지하고 상황에 따른다. 불안감을 난기류와 연결시킨 다음, 명상할 때 떠오르는 원치 않는 생각이나 살면서 맞닥뜨리는 원치 않는 감정처럼 불안도 난기류도 지나가는 것을 느낀다. 모두 지나간다.

비행기가 착륙하면 당장 다리를 펴야 할 절박한 상황에서만 즉시 일어선다. 그게 아니라면 무려 이십여 분간 괴상하게 짜부러진 자세로 서서 '비행기에서 내리기'만을 기다리고 있을 이유가 전혀 없다. 모든 사람이 가방을 꺼내고 외투를 찾으러 되돌아오고 아이들을 데리고 비행기에서 내릴 준비를 하는 동안 그 틈바구니에 껴서 이러지도 저러지도 못한 채 속만 태울 것이다. 딱 내릴 타이밍이 되었을 때 일어서라. 다시 한 번 말하지만 이 전략의 장점(자신이 통제하는 상황에서 평온하게 자리에 앉아 있음)은 단점(일어서서 속을 태우며 짜증을 키움)보다 훨씬 크다.

일단 비행기에서 내리면 제일 처음 눈에 띄는 화장실, 또는 그곳이 줄이 너무 길다면 두 번째로 마주치는 화장실에 들른다. 절대 세 번째까지 기다리지 말라. 청소 중일 것이다.

마지막으로 정리하자면 침착함을 잃지 말고, 부처와 같은 마음가짐으로 비행기를 타고 날아가며, 비행 여정을 즐겨야 한다는 것을 명심한다. 집으로 돌아오는 길에도 전부 똑같이 반복하면 된다.

바른 행동

정업 正業

또 새로운 한 달이 시작되고 십오 분 일일
명상을 (기품 있게 하기보다는) 악착같이
계속해나가야겠다 다짐한다. 그렇다 해도 나의
여정은 정처 없고 두서없다.
이번 달 일기에서 다루는 내용은
베를린(또다시), 웩스퍼드, '발견되는'
기쁨이다. 일 년 명상 프로젝트의 이번 달
주제는 '바른 행동〔正業〕'이며 여기에는 살생을
강력하게 금하는 불교 정신이 포함되어 있다.
깊이 고찰해보는 내용은 수피교('신비주의
이슬람교'), 불교에서 명상을 방해하는
'오개五蓋', 마음의 평정(웬만해선 찾기 힘든 것),
잡념을 일으키는 원인(도처에 포진해 있는 것),
명상에 발전이 없는 나의 현실(불가피하게 계속
등장하는 주제)이다.
내 입장에서 큰 도약이라고 꼽을 만한 점은
일일 명상 시간을 십오 분에서 이십 분으로
늘린 것이다. 박쥐, 여우, 바닷가재, 전생, 혼령,
불교적인 시인도 이번 달에 등장한다.
트릭시는 늘 그렇듯 내게 당혹감과 즐거움을
안겨준다. 스핑크스 같은 자태로 앉아서 조용히
명상에 잠긴 듯 멍한 채로 나의 서툰 발전
과정을 지켜본다.

8월 __ 1일 _____ 화요일

베를린에서 보내는 일주일 휴가의 마지막 날에 새로운 한 달을 시작한다. 오전에 국회의사당에 가보기로 했다. 나는 원래 의회 건물을 좋아하는데 이 의사당은 특히나 인상적인 곳이다. 독일 국회의사당에는 도시 전역이 보이는 웅장한 돔이 있다.

어떤 휴가든 마지막 날은 아쉽기 마련이다. 가족 모두 베를린에서 잘 머물다 간다. 이번 여행은 생각할 거리를 많이 안겨주기도 했다. 아마 가장 가슴 아픈 순간은 'T4 작전'의 희생자를 기리는 추모비를 보러 갔을 때였을 것이다. T4 작전은 독일, 오스트리아, 폴란드의 정신병원에서 7만 명 이상을 '강제 안락사'시킨 프로그램이다. 정신과 의사인 내게 이 사건은 나치 독일이 저지른 가장 충격적인 만행으로 꼽힌다. 수많은 정신 질환자와 지적 장애인을 계획적으로 냉혹하게 죽인 사건이다. 베를린에 있는 희생자 추모비는 절제되어 있으면서도 압도적인 분위기를 자아낸다.

8월 __ 2일 _____ 수요일

아일랜드로 돌아왔지만 출근까지 아직 일주일이 더 남았구나! 가족과 함께 남은 시간을 아일랜드를 돌아다니며 보내기로 했다. 나는 집이 아닌 다른 장소에서 잠을 잘 못 자는 고질적인 문제가 있는데도 여행이 좋다. 인터넷에서 본 "도착이 능사가 아니라 여행을 잘하는 것이 더 낫다"라는 말은 보통 부처의 말씀으로 여기는 경구다. 사실 이 말은 누가 해도 이상하지 않다. 원조가 누구든 간에 참 맞는 말이다.

하지만 "도착이 능사가 아니라 여행을 잘하는 것이 더 낫다" 하더라도 도착할 때의 즐거움도 여전히 크다. 예전에 일곱 살 여자아이가 숨바꼭질을 하면서 한 말을 들었을 때 깨달은 개념과 일맥상통한다. 그 아이는 항상 뻔히 보이는 곳에 숨었고 술래가 곧바로 여자아이를 찾아냈다. 그애한테 왜 제대로 숨지 않느냐고 묻자 아이는 "누가 날 찾아내는 게 좋거든"이라고 답했다.

8월 __ 3일 _____ 목요일

웩스퍼드에서 아침을 맞이했다. 우리 가족은 부둣가의 아름다운 아파트에 닷새 동안 머물 계획이다. 이른 아침, 햇살이 눈부시게 내리쬐는 부두로 나와 산책을 하다가 나처럼 아침 산책을 나온 무당벌레 한 마리를 만났다. 녀석은 부두 반대편을 향해 가는 데 여념이 없는 듯 목표 의식으로 충만해 종종걸음을 친다.

나는 자리를 잡고 앉아 십오 분간 너무 티 나지 않게 명상을 했다. 야외에서 하는 명상은 실내 명상과 사뭇 다르다. 다행히 부두는 이 이른 시간에 고요하긴 한데 그래도 정신을 흩트리는 건 있다. 바람, 새, 간간이 지나가는 자동차. 이 모든 것으로 인해 지금 이 순간에 신경을 쓰게 되면서도 지나가는 소리에서 벗어나 호흡에 집중하기를 간절히 바라고도 있다. 끝내 명상은 겨우 조금밖에 성공하지 못하더라도 밖에서 상쾌한 시간을 보내는 데 의의를 둔다.

8월 __ 4일 _____ 금요일

일 년 명상 프로젝트의 이번 달 주제는 팔정도의 네 번째 원리 '바른 행동〔正業〕'이다. 불교 경전은 이번 달 주제에 대해 보다 직접적인 조언을 한다.

불교는 아주 강력하게 살생을 금하는데 이 범위는 지각 있는
모든 존재에 해당한다. 인간, 동물, 새, 벌레는 물론이고 누군가는
식물까지 포함시켜 말한다. 하지만 대부분의 불교도는 식물이 지
각 있는 존재라고 여기지 않는다. 그렇긴 해도 대개 식물이나 자
연환경의 여러 측면에 불필요한 해를 끼치지 않는다는 뜻은 담고
있다.

이 모든 금지령이 일단 대단히 어려운 과제로는 보이지 않
는다. 사람들 대부분이 인간이나 동물에게 행하는 잔인한 행위를
증오하는 까닭이고, 많은 사람이 이따금 벌레를 죽이긴 해도 대
부분 그러지 않으려고 노력해서다. 게다가 일부러 식물을 해치려
고 나서는 사람도 거의 없다. 불교 사상은 환경 의식과 전적으로
일치한다.

불교의 살생 금지는 확고하게 채식주의를 염두에 두고 있으
므로 음식과 연관되면 더욱 어려운 도전 과제가 된다. 이 지점에
서 나는 철저히 실패한다. 이 일기에서 거듭 언급되다시피 햄버
거와 여러 종류의 고기가 내 생활에서 중요한 한 부분이기 때문
이다. 결과적으로 이번 달의 팔정도 원리와 관련해 나는 어떻게
든 발전을 보이게 될 것이다. 채소는 늘리고 고기는 줄이되, 부디
가끔 햄버거를 먹는다면.

8월 ___ 5일 _____ 토요일

트릭시 이야기를 좀 해야겠다. 집수리가 진행되는 사이 약한 달 동안 트릭시를 고양이 호텔에 보냈다. 좋은 고양이 호텔이지만 그래도 주인 없이 혼자 있다는 사실은 변함이 없다. 우리 가족은 트릭시가 잘 지내는지 확인하려고 전화를 건다. 직원은 잘 지낸다고 답한다. 그렇기야 하겠지만 트릭시는 우리 집에 있을 때 뒷마당을 돌아다니거나 누군가의 무릎 위에 동그랗게 몸을 말고 있으면서 가장 행복하게 지낸다. 녀석이 돌아오면 다시 집에 잘 적응하기를 바란다. 새로 깐 바닥과 새로 칠한 벽 등등 적응하는 데 시간이 좀 걸리겠지만 자고로 고양이는 적응력이 꽤 좋다고 들었다. 그에 비하면 나는 적응력이 한참 떨어지는 편이고. 어쨌든 트릭시가 걱정되긴 한다.

8월 ___ 6일 _____ 일요일

나는 신문을 너무 좋아한다. 종이에 인쇄되어 나오는 구식 신문이 좋다. 매주 토요일 《아이리시 타임스》, 《가디언》, 《파이낸셜 타임스》를 산다. 가끔 《뉴욕 타임스 국제판》도 산다. 웩스퍼드에 있는 지금처럼 휴가 중일 때.

특집 기사로 아일랜드에서 혼자 명상 수련을 할 수 있는 시설을 제공하는 곳이 나왔다. 그곳에서는 며칠 동안 수도원이나 명상센터에서 지내거나 근처에 머물면서 프로그램과 수업에 참여하고(참여 여부는 본인 선택) 자신이 원하는 만큼 혼자만의 시간을 보내거나 다른 사람들과 함께 수행하는 기회를 갖는다. 기사에 나온 곳들을 설명하는 내용에서 가장 흥미로운 지점은 그런 시설 중 일부는 로마 가톨릭교 시설과 연관되어 있고 대다수가 불교 공동체, 영성 센터, 심지어 건강관리시설 같은 다양한 종류의 센터와 연관되어 있다는 사실이다. 혼자 하는 명상은 수많은 영적 전통에서 수행자들이 확실히 중요하게 여기는 수련 방법이다. 거의 모든 종교적 신앙에는 강력한 명상적 요소가 포함된다.

웩스퍼드 서점에서 토마스 머튼의 자서전 『칠층산』을 본다. 미국 트라피스트회Trappist(성 베네딕트의 규율을 따르며 공동으로 엄격하게 수행하는 가톨릭 관상 수도회—옮긴이) 수사이자 신학자, 신비주의자, 시인, 사회운동가였던 머튼은 가톨릭교도였지만 다른 종교에도 관심이 있었다. 수많은 종교적 전통을 공부하는 데 상당한 시간을 바치며 전념했고, 불교·힌두교·자이나교·도교·수피교의 여러 측면에서 큰 가치를 발견했다. 그가 언급했듯이 수많은 신앙에는 공통적인 특징이 있는데 아마 관상 수련이 가장 두드러진 공통점일 것이다. 이 책은 서점에서 그냥 훑어볼 게 아니라 언젠가 제대로 읽어봐야겠다.

8월 __ 7일 _____ 월요일

어디서 읽었는지 기억이 가물가물한 어느 승려 이야기가 있다. 그가 명상에 너무 몰입한 나머지 작은 짐승들이 그의 발가락을 먹는데도 꼼짝도 하지 않았단다. 이 이야기의 출처를 지금은 찾아낼 수가 없는데, 오늘 아침에 웩스퍼드 부둣가의 계선주(배의 밧줄을 매는 기둥—옮긴이)에 앉아 가만히 눈을 감고 있을 때 개 한 마리가 느릿느릿 다가와 내 손을 핥기 시작했다. 이야기 속의 승려와 달리 나는 곧바로 눈을 뜨고 이 잘생기고 활기 넘치는 개를 쓰다듬었다. 그러자 개는 이제 내 얼굴을 핥기 시작했다. 이걸 무시한다고 깨닫는 건 아무것도 없겠지! 결국 나는 보란 듯이 축축해지고 말았다.

웩스퍼드에서의 마지막 날. 더블린으로 돌아가는 길에 킬마커리의 국립식물원에서 우연히 불교 기도 깃발을 봤다. 여러 색깔의 깃발은 영국의 식물학자이자 탐험가이자 왕립식물원 원장이었던 조지프 달톤 후커 경Sir Joseph Dalton Hooker의 탄생 200주년을 기념하는 것이다. 후커는 아일랜드에도 왔고 전 세계를 두루 여행했다. 그중 네팔과 인도로 간 여정이 가장 유명하다. 그가 탐험에서 모아온 종자들은 1850년에 더블린 글래스네빈의 국립식물원으로 전해졌다. 1862년에 킬마커리에 심긴 묘목은 그 후 식물원에서 여전히 잘 자라고 있다. 부탄과 시킴 히말라야에서 전해진 불교 기도 깃발이 오늘 여기서 펄럭이며 후커의 삶과 일과 여행을 기린다.

8월 __ 8일 _____ 화요일

    일기에 토마스 머튼에 대해 쓴 데 이어서 인터넷에서 수피교나 신비주의 이슬람교에 관한 내용을 찾아 읽고 있다. 이 내용은 계속 나오는 주제다. 아래는 하즈라트 이나야트 칸Hazrat Inayat Khan(수피의 메시지를 맨 처음 본격적으로 서양에 들여온 도사─옮긴이)이 한 말이다. 생각할 거리를 많이 안겨주는 흥미로운 이 인용문에서 불교적 함의가 뚜렷이 드러난다.

> 개인의 조화에는 두 가지 측면이 있다. 영과 육의 조화, 개별 인간들 간의 조화. 이 세상과 개인과 군중 속에 일어나는 모든 비극은 부조화에서 비롯된다. 자기 자신의 삶에서 조화를 이뤄낼 때 조화가 가장 잘 구현된다.
> 첫 번째 가르침은, 직면하는 모든 문제를 맹공격하지 말고 인생의 자잘한 어려움 앞에 자신을 맡기는 것이다. 문제를 이렇게 다룰 수 있는 사람이라면 굳이 어마어마한 힘을 키울 필요가 없을 것이다. 그 사람의 존재 자체에 치유하는 힘이 있다.

아마 마지막 단락은 일상 수준에서는 더욱 간단치 않은 내용 같다. 우리는 살면서 사소한 불평등에는 휘말리기 쉽고 중요한 것, 즉 관심을 받을 만한 큰 부당함과 인생의 기쁨은 놓치기 십상이다. 수피교에는 감탄할 만한 부분이 많다. 중동의 역사와 문화에도 관심이 가는 면이 많다.

8월 __ 9일 _____ 수요일

줄기차게 마음이 흐트러진 채 자리에 앉아 있다. 가만히 있질 못하는 내 성격이 웬수다. 불교에서는 명상을 방해하는 '오개五蓋'에 대해 이야기한다. 시각, 청각, 후각, 미각, 육체적 감각을 통해 행복을 추구하는 욕망과 관계된 음욕(탐욕개貪慾蓋), 화·증오·냉소와 관계된 악의(진에개瞋恚蓋), 나태하고 둔한 심신이 무력함에 빠지는 무기력(수면개睡眠蓋), 마음을 차분하게 하지 못하는 불안과 근심(도회개掉悔蓋), 신뢰나 확신이 부족한 의심(의법개疑法蓋)이 오개에 해당한다.

마음을 가만두지 못하는 불안이 큰 문제다. 뭔가를 계속해야 하고 계속 움직이려는 욕망이 있다. 근심의 형태로 나타나는 마음의 불안이 특히 치명적이다. 이 시간을 뭔가 다른 일을 하는 데 써야 하나? 내가 왜 명상을 하고 있지? 뭔가 할 일을 잊어버렸나? 별 뾰족한 수도 없는 걱정이 끝도 없이 이어진다.

8월 ___ 10일 _____ 목요일

마르쿠스 아우렐리우스가 쓴 『명상』을 읽고 있다(기보다는 훑어보고 있다). 그의 주 종목인 스토아 철학은 불교와 공통점이 아주 많다.

> 너는 외부 상황이 아니라 네 마음에 대한 통제권이 있다. 이 점을 인식한다면 힘을 찾게 될 것이다.
> 외부의 어떤 것 때문에 괴롭다면 그 고통은 외부 상황에서 비롯되는 것이 아니라 그것을 판단하는 네 마음에서 비롯된다. 언제든 이 상태를 무효화할 힘은 바로 너에게 있다.

아우렐리우스는 마음챙김, 감사, 행복에 관한 불교의 주제도 다룬다.

> 아침에 일어나면 살아 있다는 것, 생각한다는 것, 즐긴다는 것, 사랑한다는 것이 얼마나 큰 특권인지 생각해보라.
> 절대 미래가 너의 걸림돌이 되게 하지 말라. 미래와 마주해야 할 때가 되면, 현재에 맞서 오늘 너를 무장시키는 바로 그 이성이라는 똑같은 무기를 들고 미래를 만나게 되리라.
> 행복한 삶을 살기 위해서 많은 것이 필요하진 않다. 필요한 모든 것은 자기 안의 사고방식에 있다.

8월 __ 11일 _____ 금요일

오늘도 소소하게 십오 분간 명상을 한다. 꾸준히 계속하고 있다.

한 환자가 언론에서 보도하는 정신 건강 문제에 불만을 표한다. 재스민은 우울증이 심한 육십 대 여성이다. 두 번이나 심각하게 자살 시도를 했다. 재스민은 지난 3년간 생활방식을 바꾸고(운동을 늘리고, 식습관을 개선하고, 술을 끊었다), 심리치료를 받고, 항우울제를 복용해서 현재 잘 지내고 있다. 그는 이 세 가지 치료 요소가 모두 필요하다고 말한다. 재스민의 경우, 나도 그의 말에 전적으로 동의한다. 지금 단계에서 재스민은 자신이 말하는 내용을 인지하고는 있는데 그 방식은 상대방인 내가 짐작만 할 뿐이다.

오늘 재스민이 신경이 곤두선 이유는 대중매체에 정신 건강 문제가 점점 더 많이 등장하기 때문이 아니라(많이 다뤄지는 건 좋다), 가령 재스민의 경우처럼, 목숨을 위협하는 우울증 같은 심각한 정신 질환을 가볍게 보거나 간과하는 경향이 있기 때문이다. 재스민의 말에 따르면, 많은 언론 보도가 달리기나 식습관 변화로 모든 것을 고칠 수 있다는 인상을 심어주며 이런 방법을 제대로 따르지 않으면 거의 실패자 취급을 한다. 재스민은 달리기와 브로콜리만으로는 문제 해결에 충분하지 않다고 이야기한다.

나는 이 (훌륭한) 방법이 때로는 충분치 않다는 점에서 재스민의 말에 동의하지만, 심각한 정신 질환(조현병, 조울증 등)을 다루는 언론 보도가 최근 점점 늘어났고 약물치료의 역할에 대한 인식도 늘어났다는 점도 짚어준다. 재스민은 여전히 수긍하지 못하지만 내 눈에는 긍정적인 변화의 조짐이 분명히 보인다.

8월 __ 12일 _____ 토요일

다시 마르쿠스 아우렐리우스의 말

다쳤다는 감각을 거부하면 부상 자체가 사라진다.

불교와 마찬가지로 아우렐리우스도 평정을 중시하고 만사를 있는 그대로 보는 것 또한 중요하게 여긴다.

첫 번째 규칙은 흐트러짐 없는 정신을 유지하는 것이다. 둘째는 만사를 똑바로 보고 그 실체를 있는 그대로 아는 것이다.

결국

우리 삶은 우리 생각이 빚어낸다.

8월 ___ 13일 _____ 일요일

불교는 평화주의적인 철학이지만 그렇다고 소극적이지는 않다. 불교는 폭력을 증오하지만 목표를 이루기 위해 엄격하고 적극적이고 지속적인 노력을 요구한다. 노력이 필요한 강도를 감안하면 모순적인 느낌도 든다. 불교 수행의 목표 중 하나가 평온한 마음이기 때문이다. 이것은 다른 여러 철학 체계에서 추구하는 목표이기도 하다. 불교 근처에도 안 가봤을 로마의 정치가 마르쿠스 툴리우스 키케로도 "행복한 삶은 마음의 평온함 속에 깃든다"고 말했다. 불교는 마음의 평온이 대부분은 습관이며 천천히 꾸준하게 열심히 수련하면 길러질 수 있는 것이라고 역설한다.

나의 명상 프로젝트는 주로 불교의 방법에 기반한 '마음의 평온'을 이루기 위해 꾸준히 노력하는 것이다. 물론 다른 많은 종교적 전통과 철학적 전통도 마음의 평온에 도움이 되긴 한다. 마음은 이 주제에서 저 주제로 널을 뛸 뿐 아니라 자연스러운 평정을 방해하는 경향이 있다. 평온하게 있기보다는 안절부절못하는 것이 마음의 자연스러운 휴지상태라는 믿음이 들 정도다. 하지만 사실은 그렇지 않다. 평온하게 있는 것이 마음의 자연스러운 휴지상태. 마음을 원래의 평온한 상태로 되돌리는 데 도움이 될 이런 믿음을 다시금 새겨볼 만하다.

8월 __ 14일 _____ 월요일

또다시 완벽한 하루가 시작되고 또다시 미흡한 명상을 한다. 점점 나아지고는 있다. 안정감은 늘었고 잡념은 줄었다. 명상 후에 더 상쾌해진 기분을 느낀다. 명상 후에 찾아오던 과민함도 현저히 줄었다. 다만 이러한 변화 속도가 거북이처럼 더디다. 이건 마치 차를 몰고 경사로를 오르는데 경사가 매우 완만해서 언덕을 오르고 있다는 기분이 전혀 들지 않는 것 같다. 하지만 얼마간 시간이 지나면 주위를 둘러보며 자신이 전진했음을 깨닫는 순간이 온다. 아주 서서히 나아가고 있어서 변화를 감지하지 못하지만 어느 시점쯤에 그 변화가 차곡차곡 쌓여서 자신이 지금껏 꾸준히 전진하고 있었다는 사실에 놀라게 된다. 명상이 바로 이런 것이다. 소리 없이, 서서히, 강력하게 진행되는 여정.

8월 __ 15일 _____ 화요일

이번 달 주제, 팔정도의 네 번째 원리 '바른 행동'으로 돌아가서 이 의미가 '살생 금지'뿐 아니라 '도둑질 금지'와 '성적 방종 금지'이기도 하다는 점을 떠올려본다. 마지막 규율은 수도자에게는 금욕을 뜻하고 일반인에게는 간통이나 여러 형태의 성적으로 부정한 짓을 삼간다는 뜻이다.

도둑질을 금하는 규율은 '주어지지 않은 것을 취하지' 않도록 금한다고 표현되기도 한다. 직접 훔치거나 속임수를 써서 훔치는 것을 금한다는 뜻이다. 훔친다는 게 무엇인지 판단할 때 의도와 행위 모두 중요하다. 업보에 미치는 영향이 있기 때문이다. 불교에서 기본적으로 업보가 뜻하는 바는 좋은 행동이 좋은 결과를 낳고 나쁜 행동이 나쁜 결과는 낳는다는 것이다. 의도와 행위 모두 업보에 중요하게 작용한다.

도둑질 금지라는 규율을 적용하는 게 처음에는 꽤 간단해 보이지만 막상 실천하려면 복잡해진다. 실제로 은행을 턴다거나 가게에서 물건을 훔치는 사람은 별로 없지만, 자신이 원하는 바를 유도하는 식으로 부당하게 다른 사람들을 조종해서 강탈과 조작과 협상의 경계를 모호하게 만드는 사람들도 있다. 이 방식은 매우 미묘할뿐더러 다른 사람들이 저항할 수 없는 불합리한 요구를 하려고 기존의 권력 관계를 무의식적으로 사용하는 행위도 포함한다. 이처럼 어떤 행위가 애초에 훔치는 것처럼 보이진 않으나 기저의 의도는 강탈일 수 있다. 이런 식으로 행동하지 않으려면 주의 깊은 자기 인식이 꼭 필요하다.

8월 __ 16일 _____ 수요일

오늘 아침에는 평소보다 오 분 더 길게 이십 분간 명상을 했다. 명상 프로젝트에서 전진했다가 다시 후퇴하고 싶지 않아서 주저되는 면이 있다. 그래서 지금까지 명상 시간을 늘리는 걸 꺼렸다. 일단 한 걸음 전진하면 확실히 유지하고 싶은 마음이 크다. 절대 되돌아가면 안 된다.

하지만 지난 수개월간 꾸준히 십오 분 명상을 해온 뒤 오늘 충동적으로 일일 명상 시간을 이십 분으로 늘리기로 마음먹었다. 왜 다른 날도 아닌 오늘 이런 결심을 하게 되는지 모르겠지만 이렇게 되었다. 이게 비록 작은 한 걸음일지라도 부디 꾸준한 전진이길 바란다.

저녁에는 더블린 시내까지 걸어갔다. 날이 저무는 시간이 조금씩 앞당겨지고 있고 저녁 시간이 예전보다 시원하다. 돌아다니는 관광객들을 보니 주변을 둘러보는 횟수만큼 여행 안내서를 들여다보고, 도시를 바라보는 횟수만큼 휴대전화를 쳐다본다. 나는 마음챙김 모드를 유지하려고 노력하면서 계속 걸었다.

8월 ___ 17일 _____ 목요일

비상 대기 근무 중이다. 낮에는 병원에서 근무하고, 밤에는 전화로 일을 처리하며 정신 감정을 한 뒤 내일 다시 출근한다. 우리 팀이 맡은 정신 감정은 한두 건만 있는 조용한 밤이다.

정신의학은 병원의 여타 많은 부서와는 다른 특정한 방식의 주기와 양상을 보이는 특이한 의학 분과다. 다른 측면에서 급성 정신의학은 병원 시스템에 곧바로 투입 가능하다. 즉, 주야간 모든 시간에 응급상황 설명이 이루어지고 외래 환자로든 입원 환자로든 치료가 가능하다. 예기치 않은 복잡한 문제 역시 언제든 발생할 수 있다.

정신 질환을 단지 사회적 구성체일 뿐이라 주장하며 여러 사람 틈에서 어울리지 못하거나 그저 남들과 다른 사람들을 설명하는 경멸적인 방식으로 다룬다는 사실에 나는 늘 충격을 받는다. 일부에게는 일말의 진실이 적용되는 말이기도 하지만 내 경험상 그런 주장은 결코 전체에 다 적용되거나 심지어 큰 부분을 차지하는 이야기도 아니다.

정신 질환이 심한 사람을 만나자마자 확실해지는 것은 일단 어떤 근거를 들든, 어떤 해석 틀이 사용되든 이 사람은 긴급히 이해와 도움과 치료가 필요한 존재라는 사실이다. 크나큰 괴로움 속에서 심한 고통에 시달리며 정신 장애를 앓는 사람과 마주치면 모든 철학적·사회학적 이론화가 희한하게 무관해진다. 그 순간 오직 중요한 일은 고통을 덜어주는 것뿐이다.

8월 ___ 18일 _____ 금요일

적당한 집중력으로 이십 분간 앉아 명상을 한 후《뉴요커》에 실린 〈미국인의 해탈〉이라는 기사를 읽는다. 내가 좋아하는 작가 애덤 고프닉이 쓴 글이다. 특히 미국에서 나타나는 특정 갈래의 현대 불교 사상을 분석한 내용이 흥미롭고, 불교 철학의 핵심 원리를 개괄적으로 설명한 부분도 도움이 된다. 불교를 뒷받침하는 사상에는 확실히 마음을 끄는 구석이 있다. 우리가 수련과 명상으로 자신의 마음을 통제할 수 있으며 측은지심과 자비가 행동에 영향을 준다는 것이다. 이러한 생각을 실천에 옮기기란 힘든 일이지만 그렇다고 아예 불가능하진 않다. '바른 노력'이 반드시 필요하다! 10월에 '바른 노력'에 대해서 좀 더 생각해보게 되길 바란다.

8월 ___ 19일 _____ 토요일

저녁에 가족과 함께 더블린 외곽의 셀브리지에 있는 캐슬타운 데메스네에서 '배트 워크bat walk'를 하고 왔다. 킬데어 배트 그룹이 주관한 이 멋진 행사는 내셔널 헤리티지 위크 기간 중에 진행된다. 우리 가족이 배트 워크에 참여하는 건 이번이 처음은 아니다. 앞으로도 기회가 있으면 또 할 테니 오늘이 마지막도 아닐 것이다. 땅거미가 질 즈음 값진 보상이 돌아왔다. 집박쥐와 도방통 박쥐들이 맹렬한 속도로 날아다녔다. 신기하다!

밤 열 시 반쯤 집에 도착했는데 현관 바깥에서 여우 한 마리와 마주쳤다. 우리는 차 안에 앉아 있고 여우도 그 자리에 앉아서 흔들림 없는 시선으로 우리를 응시했다. 우리도 같이 뚫어지게 쳐다보고 있을 때 트릭시가 등장했다. 트릭시는 여우와 애증의 관계다. 때로는 여우와 잘 노는 듯하고 또 어떤 때는 냉큼 쫓아버린다. 불자佛子인 트릭시가 여우를 너그럽게 봐주기도 하고, 심술궂은 트릭시가 자기 영역을 지키기도 한다. 오늘은 트릭시와 여우가 몇 분 동안 서로를 쳐다보더니 한참 덤불 안팎을 들락거리며 뒤를 따라다녔다. 그러다 결국에는 트릭시가 여우를 쫓아버렸다.

트릭시는 침입자를 처리한 후 우리와 같이 밤을 보내기 위해 집으로 들어온다. 우리가 허락만 한다면 트릭시는 기꺼이 우리와 함께 차 한 잔이라도 마실 아이다. 아, 트릭시는 우유를 탄 차가운 브랙퍼스트 티를 마시겠지. 하지만 우리가 들은 조언에 따르면 트릭시가 마실 수 있는 음료는 물뿐이라서 물과 간식을 조금 먹고 우리 가족 모두 잠자리에 든다.

저 냥냥이! 부디 여우가 정신적 외상 같은 건 입진 않았길.

8월 ___ 20일 _____ 일요일

아침 일찍 명상을 좀 한 다음 이번 주말의 자연 친화적인 주제를 이어가 보기로 엄두를 냈다. 킬터난의 숲속을 걸어보려고 길을 나섰지만 비 때문에 다시 차로 돌아와서 가족과 함께 영화관에 가서 〈불편한 진실 2〉를 봤다. 이 영화는 지구온난화를 다룬 2006년 작 다큐멘터리 〈불편한 진실〉의 속편이다.

오늘 고른 영화는 아주 흥미진진하다. 앨 고어는 인상적인 웅변가이자 사상가로 그려지며 영화의 메시지도 강력하다. 물론 이런 영화를 보기는 쉽지만 자신의 삶에서, 특히 치명적인 소비 열풍 위에 구축된 사회에서 실질적인 변화를 만들기는 훨씬 어렵다. 그래도 노력하지 않을 이유는 없다. 우리 가족은 '바른 결의'로 충만해져 극장을 나섰다.

8월 ___ 21일 _____ 월요일

어제의 생태학적 주제를 이어가자면, 불교가 자연을 깊이 존중하는 마음을 가지도록 가르치는 점을 이야기하고 싶다. 자연계와의 일체감은 불교 철학의 중심이다.

최근 수십 년간 자연에 대한 불교의 관심은 어제 본 영화와도 맥락이 같은 보존과 환경 의식의 언어로 전환되었다. 그런데 불교와 자연의 연대성은 그 기원이 훨씬 오래되었고 최근에 서양이 다시 각성한 환경 의식보다 훨씬 차원이 깊다.

끝까지 다 읽지 못하고 꽂아둔 수많은 책과 함께 책장 한 자리를 차지하고 있는 책 중에 『불교와 생태학』이라는 두툼한 책이 있다. '다르마'는 불교의 가르침을 지칭하고 특히 이 책의 경우

환경과 관련된 가르침을 말한다. 이 흥미진진한 책은 태국·일본·인도·미국의 생태 체험을 다루며 불교의 자연 철학, 불교와 동물, 불교의 생태학적 세계관 적용 등의 주제를 자세히 살펴본다.

『불교와 생태학』을 훑어보는데 2011년 8월 5일자 《가디언》에서 오려둔 기사가 책장 사이에서 떨어졌다. 기사에는 부처의 첫 설법을 기념하는 날이자 긍정적인 행동의 가치가 곱절로 빛나는 날인 티베트 음력 초전법륜일에 티베트 불교도들이 바닷가재 534마리를 매사추세츠주에서 먼 대서양에 방생한 내용이 담겨 있다. 이 기사에 나오는 승려들은 해산물 도매상에서 바닷가재 272킬로그램을 구입했고 그걸 쪄서 먹지 않고 바다에 다시 풀어준 것이다.

기사에는 바닷가재 한 마리를 바다에 떨어뜨려 보내는 승려의 모습을 담은 멋진 사진이 있다. 승려는 얼굴 가득 극도로 집중한 표정을 하고 있다. 바닷가재는 아주 기뻐하는 것 같다(물론 바닷가재들의 심정을 헤아리기는 힘들다). 어쨌든 미간을 찌푸린 승려와 행복한 바닷가재를 이어주고 모든 생명체를 하나로 맺어주는 것은 바로 생명존중 사상이다.

달라이 라마는 이렇게 말한다.

인간처럼 더 진화된 종에 속하든, 동물처럼 비교적 단순한 종에 속하든, 모든 존재는 근본적으로 평화와 안락과 안전을 추구한다. 생명은 인간에게 소중하듯이 말 못하는 짐승에

게도 소중하다. 하물며 단순하기 그지없는 벌레도 자기 생명
을 위협하는 위험에서 자신을 보호하려고 애쓴다. 우리 모두
살고 싶어 하며 죽고 싶어 하지 않듯이 우주의 다른 모든 생
명체도 마찬가지다. 다만 이를 이루기 위해 생명체가 저마다
어떤 능력을 발휘하는지는 별개의 문제다.

8월 ___ 22일 _____ 화요일

　조용히 명상을 한다. 평소보다 더 잘된다. 안정적이고 온화
한 상태로 적절히 주의를 집중한다. 잘되고 있을 때 뿌듯함을 느
낀다니 참 재미있다.
　명상이라는 건 간단한가 싶으면서도 어렵다. 명상 방법은 말
도 안 되게 간단하기만 하다. 앉아서, 가만히 그대로 있는 상태에
서 호흡만 하고, 다른 건 아무것도 하지 말되, 정신이 산만해진다
해도 너무 염려하지 말고, 그저 다시 집중한다. 하지만 실제로 해
보면 여간 어려운 일이 아니다. 생각을 그만하는 것과 다른 걸 그
만하는 것이 가장 어려운 부분이다. 그래도 좋은 수련의 보상은
그 순간에도, 그리고 틈틈이 확인된다. 성급함이 줄어들고 차분
함이 늘어나며 세상에 대한 인식이 더욱 커진다.

8월 ___ 23일 _____ 수요일

환생에 대한 가르침은 부처가 설법을 펼치던 시대 이후로 불교 사상의 중요한 특징이 되었다. 부처는 깨달음을 얻은 그날 밤에 10만 개가 넘는 전생을 기억해냈다고 한다. 하지만 환생은 환생 이론의 특정 측면과 관련해서 끊임없이 적잖은 논쟁을 불러일으켰고, 비교적 최근에는 환생이 현대의 '불가지론적인' 불교 사상에서 꼭 필요한 특징이 아니라는 주장도 대두된다.

환생 사상을 뒷받침하는 실증적인 '증거', 특히 전생의 무의식적인 기억과 최면으로 되살아난 기억에 대해 연구에 기반한 증거를 찾는 것을 두고도 상당한 논쟁이 있다. 말하자면 자신의 '전생'에 관한 구체적인 세부사항이 기억난다고 말하는 사람들을 연구한다는 것이다.

결국 '전생'에 관한 연구의 다양한 출처와 결과와 해석은 분명히 이 주제를 다루는 신중하고 숙련된 접근법이 필요하다는 점을 부각시킨다. 증거가 없다고 해서 현상이 일어나지 않는다는 뜻은 아니라는 점을 명심할 필요도 있다. 어떤 현상은 증명하기가 엄청나게 어려울 것이다. 그렇지만 유효한 증거를 비판적인 시각으로 평가하는 것도 여전히 중요하다. 이런 근거로 보자면, 최면 퇴행(최면술에 의해 전생의 기억으로 되돌아감)을 통해 끌어낸 '전생의 무의식적인 기억'의 경우는 그다지 설득력이 없어 보인다. 대개 최면의 결과로서 의식적이고 무의식적인 왜곡, 정교화,

확충이 일어날 가능성이 높기 때문이다.

　이 주제를 다룬 문헌에 따르면, 환생에 관한 실증적인 증거를 찾는 과정을 논할 때 고려하는 부분이 있다. 즉, 불교가 큰 가치를 부여하는 명상적·영적 경험 같은 특정한 영적 맥락에서 중요한 다른 형태의 '증거'를 찾는 노력과 결부시켜 환생의 실증적 증거를 찾는 노력을 해석하는 것이 유용할 수도 있다고 본다.

　'실증적'이고 '경험적'인 증거를 가장 바람직하게 풀어내는 해석에 영향을 미치는 것이 있다. 전반적으로 불교 사상과 연결시킬 때 적용되는 능숙함의 수준이 어느 정도냐, 그리고 사상가와 수행자 들이 불교 전통과 수련의 다른 영역을 충분히 고려하는 태도를 어느 정도로 유지하느냐이다. 환생이라는 이 주제가 명상적 경험, 마음챙김 함양, 영적 사고 및 수련과 관련된 보다 폭넓은 불교 주제를 두루 노련하게 포용하는 것에 뿌리를 두었는데, 전반적으로 '실증적인' 접근법은 이 주제에 대한 보다 개별적인 접근법을 대체하기보다는 논란을 일으키는 들러리 역할을 하는 것으로 드러났다.

8월 ＿ 24일 ＿＿＿＿ 목요일

　명상: 마음이 흐트러진 와중에 간간이 차분함을 유지한 이십분. 그리 나쁘진 않음.

8월 __ 25일 _____ 금요일

루니 마라, 케이시 애플렉 그리고 혼령 몇이 등장하는 〈고스트 스토리〉를 봤다. 이 영화는 기묘하고 유쾌하고 예측 불가능한 면이 있다. 혼령들은 슬퍼 보인다.

혼령에 대해 좀 생각해본다. 그들은 우리 머릿속에 확실히 존재한다. 혼령은 우리의 정신 밖에서도 별개의 독립체로 존재할까? 불교에서 '자아는 없다'고 가르친다면 우리는 혼령이란 말인가?

8월 __ 26일 _____ 토요일

일 년 명상 프로젝트의 이번 달 주제이자 팔정도의 네 번째 원리 '바른 행동'으로 돌아가 살펴본다. 8월 들어 지금까지 온갖 잡다한 내용을 다뤘다. 어떤 생명체를 내 손으로 직접 살생하진 않았지만 고기를 먹었으니 엄밀히 따지면 살생을 금한 게 아니었다. 뭘 딱히 훔치진 않았으나 아일랜드 같은 부유한 나라가 누리는 부는 많은 개발도상국의 상황과 크게 대조되므로 그 자체가 도둑질이라 불릴 만하다. 그렇지만 8월 한 달간 바른 행동에 대한 의식이 높아졌고 악한 의도는 최소한으로 줄였으니 첫걸음을 내디딘 셈이다. 명상 덕분에 확실히 더 차분해졌고 그 역시 내 일상에 도움이 된다.

8월 ___ 27일 _____ 일요일

오늘 아침 일정: 대운하에서 두 시간 동안 카약 여행. 뜻밖에도 화창하고 고요하고 명상적이고 녹음이 무성한, 그리고 축축한 여정!

8월 ___ 28일 _____ 월요일

이번 달에 읽는 책은 데니스 패트리 레이디Denise Patry Leidy가 쓴 『불교 예술: 불교 예술의 역사와 의미The Art of Buddhism: An Introduction to its History and Meaning』이다. 이 책은 초기의 불교 기념비와 사리탑(유물이 들어 있는 반구형 구조물)부터 19세기 유물까지 불교 예술을 총망라해서 보여준다. 나는 예전부터 이 책을 수도 없이 훑어봤고, 캄보디아의 바욘 사원에 있는 석상을 비롯해 다양한 석상에 늘 큰 감동을 받는다. 강인하면서도 평온하고 대단히 매력적인 얼굴을 한 석상들이다.

세계에서 가장 큰 종교 사원인 앙코르와트에 가보고 싶다. 앙코르와트는 원래 비슈누 신에게 바쳐진 힌두교 사원이었는데

20세기에 들어서 점차 불교 신앙의 중심지가 되었다. 직접 앙코르와트에 가기 전까지 지금으로선 이 책을 보며 만족하고 있다. 명상을 더 해야겠다. 여행도 더 하고.

8월 ___ 29일 _____ 화요일

티 안 나게 바쁜 업무가 이어지는 와중에 짬을 내 이십 분간 명상을 한다. 지난 몇 주간 달리기에서도 점점 발전하는 모습을 보이고 있다. 일주일에 두 번 달리러 나가서 이십 분에서 이십오 분 정도 뛰다 온다. 장하다.

하지만 솔직히 고백하면, 나는 달리기를 싫어한다. 일주일에 딱 두 번만 하려는 이유는 그 정도가 나의 몸과 마음 건강에 이롭다고 믿어서다. 나는 달리기가 눈곱만큼도 즐겁지 않다. 신문, 잡지, 인터넷 등 사람들이 달리기를 한 후에 느낀다고들 하는 극도의 희열감을 조목조목 들려주는 기사가 수두룩하다. 즐겁단다. 에너지가 솟구친단다. 이 세상 것이 아닌 듯한 기쁨을 느낀단다. 하지만 나는 그런 걸 경험해본 적이 없다. 단 한 번도. 내딛는 걸음걸음이 괴롭고, 일진이 사나운 날이면 내가 달리기에 쓰는 시간이 심히 억울할 지경이다.

8월 __ 30일 _____ 수요일

오늘 아침 내내 트릭시가 나를 쳐다보며 시간을 보냈다. 앉아서 명상을 하고 아침 식사를 하고 컴퓨터 작업을 하는 동선을 줄곧 눈으로 좇았다. 퇴근하고 집으로 돌아왔을 때도 트릭시는 여전히 자기 자리에 스핑크스 같은 자태로 신비롭게 차분히 앉아 있다. 저 녀석에게 배울 게 많다.

8월 __ 31일 _____ 목요일

자, 8월이 저문다. 이제 일일 명상 일 년 프로젝트의 3분의 2를 마무리한다. 이번 달에 잘한 것을 꼽자면, 명상을 꾸준히 했고 약간 더 차분해졌고 나의 정신 상태를 더 잘 인식하게 되었다. 못한 점을 꼽자면, 내가 별로 충분한 발전을 보이지 못했다고 느끼는 지질한 마음을 떨치지 못한 것이다. 이 일기에 너무 많은 시간을 쏟는 반면 적절한 영성 수련이나 관상 수련에 충분한 시간을 할애하지 못해 걱정스럽기도 하다. 그리고 내가 걱정이 너무 많다는 생각도 든다. 과하다 싶을 정도로 너무 자주 걱정에 대해 걱정한다. 그게 더 걱정해야 할 이유일까?

케이크를 먹는다. 이번 달은 미니 레몬 머랭 파이다. 페이스트리 베이스에 레몬 커스터드로 속을 채우고 매혹적인 머랭으로 토핑을 한 케이크다. 나야 머랭이라면 언제든 환영하는 사람이라 이번 주 초에 이 케이크를 선물한 손님들은 분명 취향 저격임을 알고 있었을 것이다.

　나를 위한 한 달 마무리 기념용 당 충만 케이크가 이렇게 하나 더 추가된다. 마음에 든다.

9월

바른 생활

정명 正命

가을이 찾아오고 명상은 계속된다. 범패梵唄 (석가여래의 공덕을 찬미하는 노래 혹은 불경 읽는 소리—옮긴이)를 듣고 다양한 주제에 대해 깊이 생각해본다. 기억에 남는 불교 서적 제목, 명상 방법, 집필, 인도에 있는 티베트 난민, 불교 정치, 이번 달 주제 '바른 생활〔正命〕'을 살펴보는데 주제가 여기에만 국한돼 있진 않다. 다시 수피교도 살펴보고 관상 수련에 관한 다양한 책(읽은 것도 있고 아직 안 읽은 것도 있다)으로 돌아온다. 책은 많이도 다루는데 명상은 부실하게 하다니!

트릭시는 아무런 거리낌도, 설명도 없이 나타나고 사라지고 다시 나타나기를 반복한다. 이번 달에 등장하는 내용으로는 차에서 수피교 음악을 크게 틀어놓는 이야기, 수도원에서 지내면서 명상에 더 힘쓰는데 뭔가 뒤섞인 결과를 맞이하는 사연도 있다. 변명의 여지가 없는 나의 현 상황에 대해서도 이야기한다. 명상과 관련해서 진정한 발전이라곤 없으며, 제대로 명상적인 몰입을 하지도 못하며, 그러니 당연히 깨달음도 없는 상태. 그래도 나는 계속한다.

9월 __ 1일 _____ 금요일

새로운 달. 확실히 가을이다. 날이 더 선선하고 상쾌하다. 문득 궁금해진다(안타깝게도 명상 중에). 이 단계 정도면 명상을 더 길게 해야 하지 않나? 정신을 가다듬고 다시 집중하려고 하지만 힘들다. 이런저런 생각이 계속 내 머릿속으로 들어오고, 이쯤에서 명상을 멈추고 이것저것 기억해두어야 할 내용을 적어두고 싶어진다. 이 유혹을 견뎌내고 이십 분 명상이 끝날 즈음에는 내가 뭘 기억해두려고 했는지 까맣게 잊어버린다. 마음 같아선 그저 싱긋 웃고 내 일상을 이어가겠노라 말하고 싶지만 그러질 못한다. 적어두었어야 했는데 깡그리 잊어버린 것 때문에 애매하게 괴로운 상태가 이어진다. 지금은 그게 뭔지 도통 모르겠다. 새로운 달을 이리 심란하게 시작하는구나. 그래도 우리는 전진. 앞으

271

로, 또 앞으로.

9월 __ 2일 _____ 토요일

아라스 안 우아치타레인Áras an Uachtaráin(1754년에 세운 아일랜드 대통령의 관저. 더블린 피닉스파크에 위치해 있다―옮긴이)을 구경했다. 가본 지 오래되었다. 전에 갔을 때, 전임 대통령 어스킨 해밀턴 칠더스가 1973년에 달라이 라마를 만난 사진을 본 기억이 난다. 오늘 가보니 그 사진은 흔적도 없다. 내가 착각한 건가 의아해진다. 나중에 잠깐 검색을 해보니 1973년 10월 10일에 달라이 라마가 방문했던 것으로 나온다. 그 만남을 기록한 반가운 영상도 유튜브에서 찾았다. 젊은 달라이 라마가 유럽 순방 일정으로 아라스 안 우아치타레인을 방문한 모습이 나온다.

불교 사상에는 본질적으로 마음을 끄는 뭔가가 있다. 그 부분이 나의 명상 프로젝트와 이 일기의 많은 부분을 떠받치고 있고, 심지어 달라이 라마가 1970년대 아일랜드에서 대단한 인기를 얻은 사실도 설명해준다. 아무래도 내가 그 기저에 진리라는 힘이 있다는 말을 하는 모양이다.

9월 ___ 3일 _____ 일요일

명상과 불교에 관한 소장본이 점점 늘어난다. 뭔가 대단한 제목을 달고 있는 책도 심심찮게 눈에 띈다. 이를테면 이런 것들. 『어디를 가든 바로 거기: 일상생활의 마음챙김 명상Wherever You Go, There You Are: Mindfulness Meditation for Everyday Life』, 『무아경 후의 빨래: 영적 노정에서 마음은 어떻게 지혜로워지는가After the Ecstasy, the Laundry: How the Heart Grows Wise on the Spiritual Path』.

나는 어느 한 명의 스승이나 작가에게 딱히 영향을 받지 않는다. 사실 불교든 뭐든 어느 분야의 수행자나 스승 단 한 명이 과도하게 집중받는 경우를 미심쩍어하는 편이다. 그렇게 세간의 집중을 한몸에 받는 사람들 중에도 특별히 설득력 있는 목소리를 내는 이들도 있다. 가령 『붓다의 심리학: 명상의 정신치료적 적용』과 『붓다와 프로이트: 무아의 심리치료』를 쓴 마크 엡스타인이나 존 카밧진, 잭 콘필드 등. 그리고 공동의 경험이나 영적 발전에 이바지하기보다는 자기만의 수행 학파나 불교 진영을 발전시키는 데 더 관심이 있는 이들도 있다. 이런 부류는 경계해야 한다. 다양한 목소리가 있고 다양한 청중이 있다는 건 좋은 일이고 필요한 일이다.

하지만 우리 집에는 책이 너무 많기도 하고 그 책들이 빚어내는 혼란이 불교의 명징함과 초연함에 어긋나는 것 같다. 이 물리적인 책들을 우선순위에 따라 분류하고 다른 데로 옮기고 책에서 좀 떨어져야 한다. 물론 진짜 문제는 물리적 잡동사니가 아니라 정신적 잡동사니다. 그러니 결론은 명상.

9월 __ 4일 _____ 월요일

트릭시가 오늘 유난히 개구지다. 쏜살같이 집 주위를 뛰어다니나 싶더니 잠깐 조용히 앉아 있다가 다시 집 주위를 내달린다. 도무지 이해가 안 가는 녀석이다.

9월 __ 5일 _____ 화요일

수년에 걸쳐 명상과 불교 관련 CD를 소소하게 모았다. 명상 방법에 관한 것이 많은데 도움이 된 적은 전혀 없다. 명상 관련 지침은 책이나 인터넷에서 읽고 잘 기억한 다음 방해받지 않고 실천해보는 편이 낫다. 10년도 더 전에 들은 '명상 입문' 수업도 도움이 되었다. 하루하루 이어가는 보잘것없는 노력에 아직도 영향을 미치는 수업이다.

그래서 명상 방법 CD들을 한쪽으로 치워두고 제일 좋아하는 불교 CD를 찾는다. 라마 카르타의 〈티베트 범패, 불교 명상〉이다. 자꾸 이 CD에 손이 간다. 승려 한 명의 범패 소리가 담겨 있어서다. 음악 반주도, 큰 종소리도, 작은 종소리도, 새소리도, 고래 울음소리도, 돌고래 노랫소리도, 팬파이프 소리도, 간혹 범패에 곁들여지는 다른 어떤 소리도 없다. 나는 아무런 꾸밈없는 단순한 범패 소리가 좋다. 이 CD가 그 소리를 명징하게 고스란히 전달해준다.

라마 카르타의 목소리는 걸걸하고 개성이 가득하다. 나는 그가 무슨 말을 하는지 전혀 못 알아듣는다. 찾아보면 된다는 건 알지만(실제로 CD에는 소책자가 같이 들어 있어서 지금 보고 있다), 언어의 영향을 받지 않으며 소리를 듣는 경험이 대단히 귀하다고 생각한다. 인지력보다는 경험의 근력을 키우는 시간이다. 내겐 이런 시간이 더 필요하다.

언어가 끼어들지 않는 직접적인 본성에 충실한 경험을 하기 위해 내가 오늘 추천하는 코스는 더블린 캠던가의 북인도 레스토랑 '피클'이다. 파우지 치킨 윙과 이어서 나오는 파머스 버터 치킨의 조합. 그야말로 무슨 말이 필요하랴.

9월 __ 6일 _____ 수요일

어제 범패에 대해 열정적으로 말을 늘어놓았지만, 고백하건대 사실 나는 차에서 〈수피교 음악 간략 가이드〉를 볼륨 높여 듣고 또 듣는다. 수피교는 넋을 잃게 하면서 사람의 마음을 움직이는 면이 있다. 귓전에 울리는 수피교 음악 때문에 신호 대기 중인 다른 운전자들이 희한하다는 표정을 선사하더라도 그 정도는 감수할 가치가 있다.

9월 __ 7일 _____ 목요일

웅웅 울리는 수피교 음악은 조금 자제하기로 한다. 좀 차분한 시간을 가질 때다. 업무로 바쁜 하루지만 잘 조절해가며 환자를 만나고 회의에 참석하고 밀린 이메일을 처리한다.

메리라는 여성을 진료했다. 담당 지역보건의가 불안증이 있는 것 같다고 나에게 보냈다. 메리는 안절부절못하는 상태로 왔다. 면담이 진행되는 동안 나는 거의 말을 하지 않고 그저 메리가 자기 속도대로 자기 이야기를 털어놓게 해준다. 조금 지나자 진정된다. 이야기를 들어보니 메리는 긴장, 두통, 수면 부족으로 괴로워하고 있다. 늘 초조하고 짜증이 난다. 심장이 빠르게 뛰는 걸 느낄 때도 많다. 이 모든 증상을 다 찾아봤고 자신에게 불안증이 있다는 결론을 내렸다고 말한다. 입맛도 없고 기력도 바닥이고 직장에선 정신을 집중하느라 애를 먹는데 막상 밤에 자려고 누우면 일에 대한 생각이 머릿속에 휘몰아친다.

메리는 스트레스가 쌓인 상태다. 우리가 '스트레스'라는 단어를 사용하는 경우는 우리에게 계속 자극을 주고 양질의 수행능력을 유지하게 만드는 일상의 압박감을 설명할 때다. 하지만 우리에게 가해지는 요구가 끊임없이 우리의 정신적 능력을 넘어서면 상황은 감당할 수 없는 지경에 이르고 우리 몸은 지속적으로 높은 스트레스를 받는 상태에 돌입한다. 스트레스는 우리 시대의 새로운 평균값이 되었다. 도저히 끝 수가 없다.

메리는 일에서 조금 물러나 스트레스를 줄이는 적극적인 조치를 취할 필요가 있다. 메리와 나는 이 점에 대해 한동안 이야기를 나눴고, 메리는 스스로 훌륭한 제안을 내놓았다. 내가 생각해냈을 법한 그 어떤 것보다 훨씬 더 나을뿐더러 메리의 삶에 더욱 구체적으로 적용되는 제안이다.

우리는 자신이 뭘 해야 하는지 알고는 있는데 다만 그것을 실제로 해내지 못하는 경우가 부지기수다. 어찌 보면 이건 명상하고 비슷하다. 나는 이론에 관해서는 한 치의 의구심도 없지만 실천하는 데 주춤하고 만다.

9월 ─ 8일 ────── 금요일

이번 달 주제는 팔정도의 다섯 번째 원리 '바른 생활[正命]'이다. 바른 생활은 남에게 해를 끼치지 않고 정직하고 숙련되며 윤리적으로 긍정적인 방식으로 살아가는 것을 뜻한다. '그릇된 생활'을 삼가야 한다. 즉, 재산을 지나치게 축적하지 않도록 삼가며 사기, 해악, 살생은 물론 불교에서 졸렬하고 우매하다고 여겨지는 여타 모든 행위를 삼간다.

대체로 누구나 바른 생활을 해나갈 수 있다. 물론 직접적으로 살생에 관여된 일을 하는 사람이라면 어떻게 그럴 수 있을지 판단하기 힘들긴 하다(가령 도살장에서 일하는 사람). 하지만 고기를 먹는 사람이 도살장에서 일하는 사람더러 지각 있는 존재를 살생한다고 비난하는 것은 위선적으로 보인다. 육식은 지각 있는 존재를 죽여 음식으로 만드는 데 집중된 일련의 행위를 완성시키는 한 부분인 까닭이다. 근본적인 문제는 도살자가 아니라 육식을 하는 우리에게 있다.

바른 생활에서 제시하는 과제를 따르기가 쉽지 않다. 특히 뿌리 깊은 습성을 바꾸는 것과 관련 있다면 더더욱 힘들다. 그래도 바른 생활이라는 가르침은 우리가 더욱 깊은 지혜와 자비와 이해와 깨달음을 얻으려면 이 방향으로 정진하도록 노력해야 한다고 권면한다.

9월 __ 9일 _____ 토요일

날이 참 좋다. 조금 이른 시간에 명상을 하고 한두 시간 일을 하고 가족과 이것저것 한 다음 미슐랭 별을 받은 레스토랑에 가서 특별한 외식을 한다. 사실 나는 유난스럽게 셰프의 손을 탄 까다로운 음식을 못 견뎌하는 편이다. 거대한 접시에 이것 찔끔, 저 것 찔끔, 얇디얇게 펼쳐진 요리가 선보이는 호화로운 구경거리는 도저히 먹을 수가 없게 생겼다. 내가 아주 질색하는 레스토랑은 직원이 '저희 콘셉트에 대해 누가 설명드렸나요?' 하고 묻는 곳이 다. 그리고 음식이 무슨 석판이나 나뭇조각, 미니 쇼핑카트, 잔가 지 무더기 등등에 담겨 나올 때도 대략 난감이다. 멀쩡한 접시에 뭔 일이라도 생긴 건가? 접시가 얼마나 훌륭한데.

수많은 고급 요리는 어떻게든 관심을 요구하는 동시에 마음 챙김 식사와는 정반대의 자리에 서 있다. 화려한 장식과 비약적 인 상상에 대한 강박을 조장하며 불교의 주의 깊은 금욕주의와는 한참 궤를 달리한다. 단순함이 핵심이다. 적당한 크기의 접시야 말로 음식을 담아 나르는 임무를 수행하기에 용이하고 수월하고 더없이 효율적이다. 접시가 이보다 더 나아질 수는 없다. 접시는 단순한 물건이며 그렇기에 그 자체로 완벽하다.

9월 __ 10일 _____ 일요일

불교와 정치가 함께 어울릴 수 있을까? 분명히 불교는 정치 적 행동이 자비를 중심에 두어야 한다는 명확한 틀을 제시한다. 자비는 간혹 표현되듯이 막연하거나 설득력이 떨어지는 가치가 아니라 굳건하고 확고한 가치로서 반대파의 정치적 담론에 이의를 제기할 뿐 아니라 타인의 고통이 우리 자신의 고통과 연관되어 있다는 원칙에 근거해 고통에 대한 깊이 있는 의식을 요구한다. 우리 모두는 하나된 존재로서 고통받는다.

불교와 정치라는 주제를 다루는 책 중에 특별히 재미있게 읽은 두 권이 있다. 하나는 멜빈 맥러드Melvin McLeod가 엮은 『마음챙김 정치: 더 나은 세상을 위해 불교가 안내하는 길Mindful Politics: A Buddhist Guide to Making the World a Better Place』이다. 이 책에는 틱낫한, 달라이 라마, 페마 초드론, 조지프 골드스타인, 리타 M. 그로스 등이 쓴 글이 실려 있다. 불교와 정치에 관한 다양한 관점을 보여주는 이 책은 하나의 통일체로서 상당히 잘 어우러지는 의견들을 들려준다.

두 번째 책은 뭔가 믿기 힘든 제목을 달고 있다. 『마음챙김 국가: 간단한 수련으로 스트레스를 줄이고 능력을 향상시키고 미국 정신을 되찾는 법A Mindful Nation: How a Simple Practice Can Help Us Reduce Stress, Improve Performance, and Recapture the American Spirit』. 미국 국회의원인 저자 팀 라이언Tim Ryan은 마음챙김이 사회 전반에 미치는 이로운 영향을 힘주어 말하는데 이 부분이 내가 이 책을 아주 마음에 들어 하는 이유다. 그의 주장에는 불교 사상의 본질과 매우 일치하고 오늘날 많은 사회에 절실히 요구되는 뚜렷한 공동체 의식이 담겨 있다. 두 권 모두 꼼꼼히 살펴본 보람을 느끼게 해줄 뿐 아니라, 이상적으로 말하자면 내가 불교적 가치에 뿌리를 둔 정치적 행동을 하도록 설득하는 것 같다.

9월 __ 11일 _____ 월요일

이 일기의 제목을 뭐로 할지 생각해본다. '일단 앉아라', '나의 일일 명상 일 년, 내 삶을 어떻게 변화시켰나', '제대로 된 명상을 못한 일 년, 내 삶을 어떻게 변화시키지 못했나', '저 고양이 녀석!', '자아가 없으면 셀피도 없다' 등등.

어떤 의미에서 보면 이 일기에 과연 제목이 필요한지 별로 확신이 안 서지만 그래도 있어야겠다 싶다. 처음에는 일기가 도움이 되기보단 마음만 어수선하게 하는 애물단지 같았는데, 서서히 이 명상 여정에서 중요한 부분으로 자리 잡으면서 명상 시간 이외에 찬찬히 반성하고 더 깊이 생각하도록 이끄는 역할을 한다. 이쯤이면 이런 역할을 반영하는 제목이 필요하다는 생각이 든다. '일 년간 정좌한 의사'는 어떨까?

9월 __ 12일 _____ 화요일

업무로 바쁜 날. 하지만 애초에 조용한 날이란 건 없다. 일정에 빈틈이 생길라치면 당장 새로운 업무와 전화 통화와 회의와 우선 처리할 일들이 득달같이 자리를 채운다. 수천 가지 자잘한 일들이 집짓기 블록처럼 현대 생활을 빼곡히 채운다.

바쁜 하루 중 어딘가에서 어영부영 명상을 한다. 명상을 할 수 있는 조용한 시간이 올 때까지 기다리는 게 나은지, 일상의 폭풍이 몰아치는 가운데 어떻게든 명상할 틈을 만들려고 의식적인 노력을 해야 하는지, 다시 말해 바쁜 와중에 기어코 명상을 해내고 결과적으로 하루 중 많은 시간을 차지하는 야단법석 아수라장을 통제하는 능력을 보여주고자(그런 게 있다면) 애써 노력해야 하는지 판단이 안 선다.

결국에는 두 가지 접근법을 절충하는 게 도움이 되겠다고 판단한다. 명상을 할 수 있겠다 싶은 순간에 최소한 얼마 동안이라도 명상을 하지 않는다면 좌절감에 시달릴 테니 적절히 절충하는 편이 낫다. 매번 자신을 실패냐 성공이냐로 전전긍긍하게 만들 이유는 없다.

9월 ___ 13일 _____ 수요일

일요일에 시작하는 단기 수행을 하러 가기로 했다. 체계적인 수행은 아닐 것이다. 일정에 맞춰 진행되는 명상 시간이나 여타 '의무적인' 활동도 없다. 현실에 한발 양보하는 셈 치고 인터넷 접속이 가능한 곳을 골랐다. 그래야 매일 쌓이는 이메일을 처리한 다음 명상과 그냥 '있기'('하기'가 아니라)에 집중할 수 있으니까. 이곳은 침묵 걷기 시간과 개인 성찰 시간도 제공한다. 로마 가톨릭교 수도원이라서 성당에서 드리는 전례에 참석할 기회도 있을 것이다. 조과朝課(아침 기도), 만과晚課(저녁 기도), 종과終課(하루의 마지막 기도—옮긴이) 등등. 나는 이런 게 좋다. 이유는 모르겠다. 오래

전부터 이런 걸 해보고 싶다는 생각을 했다. 집중해서 더 많은 시간 동안 명상을 하고 명상 프로젝트의 지평을 넓히고자 하는 나의 바람에 부디 도움이 되었으면 한다.

수개월 동안 이 일기에서 온갖 잡다한 것들(영화, 책, 고양이, 시시콜콜 덧없는 이야기)에 대해 쉴 새 없이 지껄였다. 마침내 명상에 집중할 시간이다.

차분한 상태라기보다는 의식적인 노력을 하는 상태로 집중을 하다 말다 하며 명상을 한다.

9월 __ 14일 _____ 목요일

명상은 지혜를 불러오며, 명상이 부족하면 무지에 빠진다. 무엇이 너를 앞으로 이끌고 무엇이 너를 방해하는지 분명히 알라. 그리고 지혜로 이끄는 길을 택하라.

부처

그래, 계속 앞으로, 앞으로 가자.

다시 메리를 진료한다. 여전히 스트레스가 쌓여 있고 지난주에 자신이 결심한 것의 절반 정도"밖에" 해내지 못해서 실망스러워한다. 직장 상사와 이야기를 나누고, 오후 다섯 시에 정시 퇴근하고, 알코올 섭취를 줄이고, 요가 수업에 참석하는 것이 목표였다. 메리에게 솔직히 말했다. 하기로 결심한 것 중에 절반을 해낸건 놀라운 성과라고. 메리는 진짜 잘하고 있다.

9월 ___ 15일 _____ 금요일

이번 달에 읽는 책은 티모시 홀츠Timothy Holtz가 쓴 『리틀 라사의 의사: 망명 중인 티베트인들과 다람살라에서 함께 보낸 일년A Doctor in Little Lhasa: One Year in Dharamsala with the Tibetans in Exile』이다. 홀츠는 티베트 불교도 난민들이 모여 있는 인도 다람살라의 델렉 병원에서 자원봉사 의사로 일하며 일 년을 보냈다.

홀츠는 난민들과 함께한 일상생활의 현실을 매우 선명하게 그려낸다. 그리고 병원에서 접하는 여러 문제의 원인을 난민 정착지 내의 사회적 환경에서 찾는 과정을 하나하나 보여준다.

불교적 관점에서 보면 이 책은 인도에 있는 티베트 불교도 난민의 어려운 처지를 중요하게 다룬다. 뿐만 아니라, 의료적·사회적 돌봄을 실천하는 홀츠의 이타적인 활동과 헌신적이고 열정적이며 겸손하고 보는 이들로 하여금 겸손하게 만드는 그의 행보가 보여주는 묵직한 힘을 강조한다.

『리틀 라사의 의사』는 의대생은 물론 의료 서비스와 사회 복지 분야에 몸담은 모든 사람이 의무적으로 읽어야 할 것 같은 멋진 책이다. 하지만 세상에 책은 차고 넘치고 나는 책 읽는 데 시간을 너무 쓰는구나! 아무래도 명상을 더 많이 하고 책을 덜 읽는 편이 낫지 않을까?

9월 ___ 16일 _____ 토요일

'명상 책은 너무 많은데 명상은 너무 조금!' 하는 문제도 심각한데 한술 더 떠 내가 직접 책을 쓰고 있다. 앞서 언급했다시피 이 책은 '아일랜드의 정신 건강: 환자, 가족, 의료 전문가, 건강하고 싶은 모두를 위한 완벽 안내서'라는 제목으로 나올 것이다. 정신 건강 관련 문제와 해결책을 제시하는 실용적인 지침서가 되었으면 하는데, 이러한 문제와 상황에 짓눌려 좌절감을 느껴본 적이 있거나 정신 질환을 앓는 모든 사람에게 도움을 주고자 한다.

이 책을 쓰겠다고 마음먹은 지가 몇 년 되었다. 퇴근 후 저녁 시간에 글을 쓰는 건 딱히 마음챙김다운 일과는 아니지만 확실히 마음을 차분하게 만드는 힘은 있다. 기본적으로 내가 의료 관련 일을 하면서 목격하는 문제와 해법에 대해 쓰고 있으니 나의 직장 생활이 전부 종이에 담기는 게 당연하다. 글을 쓰는 게 추가 업무 같다는 생각은 안 든다. 일상생활의 연장선일 뿐이다. 글을 쓸 때 생기는 리듬을 좋아한다. 단어들이 흘러나오고, 그걸 읽어보고, 교정하고, 다시 읽어보고, 다시 교정하는 등등의 과정. 이 과정은 안도감을 주고 반복되는 뭔가가 있다. 마음을 달래주기까지 한다. 아마 그게 마음챙김다운 거겠지.

9월 __ 17일 _____ 일요일

단기 명상 수행을 하러 왔다. 이렇게 훌쩍 오니 마음이 좀 그렇지만 명상 프로젝트를 진지하게 생각한다면 나에겐 이 단계가 필요하다. 수도원에 도착하자마자 맞닥뜨리는 문제가 한두 개가 아니다. 명상 스승이라면 오개五蓋 같은 '방해물'이라고 부르겠지만 내게는 그저 문제일 뿐이다. 더구나 꽤 거슬리는 문제들이다.

첫 번째 문제, 내 방에서 인터넷을 사용할 수 없다. 이런 곳에 왔으면 모름지기 인터넷 같은 것에서 벗어나도록('피정'의 목적에 부합하도록) 노력해야 한다는 건 알고 있다. 하지만 나는 이메일을 다 처리한 후에야 훨씬 더 안정감을 느낀다. 나는 인터넷이 좋다. 인터넷의 노예로 살진 않지만 정말 좋아하긴 한다.

두 번째 문제, 커튼이 하얗고 얇다. 나는 침실이 아주아주 깊숙한 동굴처럼 어둡지 않으면 어김없이 정말 꼭두새벽(네댓 시)에 깬다. 칠흑같이 깜깜한 침실에서도 대체로 여섯 시 전에는 일어난다.

세 번째 문제, 전화가 아예 안 터져서 내가 여기 잘 도착했다는 소식을 가족에게 전할 수가 없다.

이런 게 너무 짜증난다. 이 문제들을 명상의 방해물로 여기고 차분히 다뤄야 하지만(문제를 깊이 생각하고 잘 헤쳐 나가기 등등), 지금 당장은 짜증 그 자체일 뿐이다.

그나마 위안 삼을 건 이 수도원이 정말로 기막힌 장소에 위치해 있다는 사실이다. 원래 나는 당장 내가 머무는 장소에 별 감흥이 없는 사람이다. 전망이 좋은데 와이파이가 안 터지는 곳보다는 주차장에 면해 있는 편하고 기능적인 곳에 머무는 쪽을 선호한다.

어차피 처한 상황을 최대한 활용하기로 마음먹고 오후 여섯 시에 '만과'에 참석한 후 저녁 식사를 하고(다행히도 침묵 속에) 여덟 시 조금 넘어서 '종과'에 참석했다. 모든 게 아주 수도사다운 일정이다. 움베르토 에코의 『장미의 이름』이나 영화 〈신과 인간〉과 〈위대한 침묵〉에서 보던 수도원 생활이 늘 흥미로웠다. 〈위대한 침묵〉은 좋아하는 영화 중 하나다. 뜻밖의 이야기가 담긴, 강렬하고 아주아주 감동적인 영화다.

오늘 저녁에 참석한 저녁 기도 역시 감동적이고 차분하면서도 강렬한 시간이었다. 이곳이 점점 좋아지고 있다. 희한하게도 수도원 안의 게스트 룸에 머무는 남자는 나밖에 없다. 종과 시간 후에 이 일기를 쓰는 사이 나처럼 여기에 묵는 사람 셋이 내 방 창문 밖에 앉아 한담을 나눈다.

— 여기 되게 조용하네요.
— 그러게요, 아무 소리도 안 들려요.

— 정말 아름답고 평화로운 곳이에요.

— 차도 안 다니고 떠드는 사람도 없고.

— 그러니까요. 아무것도 없네요.

— 그냥 아름답고 고요해요.

— 시끄러운 소리며 쓸데없는 수다며 다 벗어나니까 정말 좋네요.

— 내 말이요.

— 잡담 소리 하나 안 들리잖아요.

— 전 그냥 조용한 게 좋아요.

— 여기 진짜 조용하네요.

— 말소리 하나 없고.

— 정말 평화로워요.

이런 대화가 한 삼십 분가량 그치질 않지만 그 나름대로 충분히 평화롭게 이어지다 마침내 마무리된다.

9월 __ 18일 _____ 월요일

밤잠을 설치고 일찍 깼다. 조과 겸 찬과讚課(주로 성가를 부르는 아침 기도 시간—옮긴이)에 참석하려고 종종걸음으로 성당에 갔다. 어둑하고 쌀쌀한 아침이지만 뒤척이며 밤을 보낸 후 찾은 잠잠한 성당은 고요하고 평온하다. 멀리서 개 한 마리가 간간이 짖는데 그것 말고는 아무 소리도 안 들린다. 아침 기도는 저녁 기도나 마지막 기도와 별반 다르지 않다. 명상적이고 신심이 충만하고 절제되어 있다. 기도와 영창詠唱과 성가가 섞여 있다. 기도 시간이 끝나자 날이 밝으며 화사한 태양이 모습을 드러낸다.

지금부터 종일 수도원의 체계에 따라 움직인다. 정오 즈음 미사를 드리고, 이른 저녁에 만과를 드리고, 식당에서 침묵 식사를 하는 등. 수도원 경내를 좀 걷다가 신문을 사러 슬쩍 빠져나온다. 운전을 해서 몇 킬로미터 가는 거리다.

평소처럼 이십 분 명상을 하는데 더 길게 하진 못한다. 성당에서 진행되는 다양한 예배에 참석하고, 들판을 걷고, 혼자 있는 시간은 연구 논문을 교정하는 데 쓰느라 너무 바쁘다. 인터넷 상황 때문에 컴퓨터 작업에 제약이 있지만 그렇다 해도 평소보다 더 길게 명상을 하진 않는다. 짚고 넘어가자면, 명상 시간을 늘리는 건 내가 여기 올 때 세운 몇 가지 분명한 목표에 들어 있지 않다. 전반적인 평온함을 찾는 게 주된 목표였다.

그렇긴 하지만 오늘 전반적으로 더욱 명상적인 모습으로 지내고 있다. 더 정확히 말하자면 나의 몸가짐이 전반적으로 정관적이다. 더 신중하고 안정되고 (비록 밤잠은 설치지만) 활력이 넘친다. 이런 전반적인 변화야말로 더 오래 앉아 명상하는 것보다 중요하지 않을까? 단순히 명상 시간을 한 단계 올리는 것보다 중요하지 않나? 아니면 내가 또 착각하고 있나? 명상을 안 하는 것에 새로운 핑곗거리를 만들고 앉았나?

이런 생각을 차분히 해보려고 다시 산책을 하러 나간다.

9월 __ 19일 _____ 화요일

사흘간 정확히 수도자처럼 살고 있진 않아도 이번에는 내가 도달 가능한 수준에 근접해 있는 것 같다. 오늘도 이른 아침부터 조과와 찬과로 시작하고 미사를 드리고 만과와 종과도 드린다. 수도자가 된다는 게 무엇인지 궁금하다. 얼마쯤 되어야 수도 생활의 리듬이 자연스럽게 느껴지고 몸에 완전히 배게 될까? 내가 집에 있을 때, 일을 하러 가고, 한꺼번에 수십 가지 다른 일을 할 때 느껴지는 나의 일상만큼 결국 수도자의 하루도 똑같이 수도자에게 스트레스가 될까?

또다시 수도원 경내를 걷다가 잠깐 나가서 신문을 사고 숙소로 돌아와 일을 한다. 수도원에서 마지막으로 꼬박 채우는 하루다. 여기서 보내는 시간을 즐기고 있다. 일상생활의 한 뭉텅이를 뚝 잘라내 잠시 멈춰서 생각할 수 있는 시간을 내게 선물한 것이다. 이곳에 머무는 동안 특별히 중요한 문제에 대해 생각을 하거나 구체적인 결론에 이르진 않았지만 며칠간 조용히 생각에 잠겨본 시간이다. 생각을 하지 않으며 생각에 잠기다? 또렷이 불교의 울림이 깃드는 순간이다.

9월 __ 20일 _____ 수요일

더블린을 향해 출발한다. 오늘 아침의 조과와 찬과, 어둑하고 상쾌한 가을 새벽, 수도사들의 낮은 목소리, 성가와 그 밖의 모든 기억을 뒤로하고 떠난다. 금세 고속도로를 타고 쌩하니 집으로 향한다. 수도원에서 천상의 아름다움을 경험한 뒤 버락 오바마 플라자 휴게소에서 만난 주유소의 주유기와 패스트푸드와 금속성 음악이 딴 세상처럼 느껴진다. 하지만 이게 나의 세상이다. 나는 순식간에 적응하고 그 세상으로 밀고 들어간다.

9월 __ 21일 _____ 목요일

나도 안다. 살생을 조장하지 않으면서 건강도 챙기려면 고기를 덜 먹어야 한다는 것을. 하지만 수도원에서 사흘을 보내고 난 후 햄버거가 간절해지지 않았다고 하면 거짓말이다. 이 사안에 대해선 아직 손봐야 할 게 좀 있다.

9월 __ 22일 _____ 금요일

발은 땅을 디뎌 땅을 느낄 때 비로소 발의 감각을 느낀다.

정말 부처가 했던 말일까? 집 밖에서 내 발의 감각을 한번 느껴본다. 내 발이 땅을 느끼는 것 같다. 달리 표현하자면, 땅이 없다면 내 발은 아무것도 느끼지 못할 것이다. 지금 내가 뭔가를 놓치고 있는 듯한 기분도 든다.

9월 __ 23일 _____ 토요일

부처의 말씀을 더 적어본다(말씀을 참 간단명료하게 하신다).

과거에 머무르지 말고, 미래를 꿈꾸지만 말고, 지금 이 순간
에 마음을 집중하라.

그래야죠.

9월 __ 24일 _____ 일요일

지난 단기 명상 수행에 대해 여러 측면에서 곰곰이 생각하고 있다. 특히 낯설었던 성서 구절이 맴돈다. 오늘 이것저것 보다가 다소 종말론적인 구절을 「에제키엘서」에서 찾아냈다. 지난주, 조용하고 어두운 성당에서 들을 때 그 생생한 내용에 기가 푹 꺾일 정도였다.

그때 내가 바라보니, 북쪽에서 폭풍이 불어오면서, 광채로 둘러싸인 큰 구름과 번쩍거리는 불이 밀려드는데, 그 광채 한가운데에는 불 속에서 빛나는 금붙이 같은 것이 보였다. 또 그 한가운데에서 네 생물의 형상이 나타나는데, 그들의 모습은 이러하였다. 그들은 사람의 형상과 같았다. 저마다 얼굴이 넷이고, 날개도 저마다 넷이었다. 다리는 곧고 발바닥은 송아지 발바닥 같았는데, 광낸 구리처럼 반짝거렸다. 그들의 날개 밑에는 사방으로 사람 손이 보였고, 네 생물이 다 얼굴과 날개가 따로 있었다. 그들의 날개는 서로 닿아 있으면서, 나아갈 때에는 몸을 돌리지 않고 저마다 곧장 앞으로 갔다.

그들의 얼굴 형상은 사람의 얼굴인데, 넷이 저마다 오른쪽은 사자의 얼굴이고 왼쪽은 황소의 얼굴이었으며 독수리의 얼굴도 있었다. 이것이 그들의 얼굴이었다. 그들의 날개는 위로 펼쳐진 채, 저마다 두 날개는 서로 닿고 다른 두 날개는 몸을 가리고 있었다. 그들은 저마다 곧장 앞으로 나아가는데, 몸을 돌리지 않고 어디로든 영이 가려는 곳으로 갔다. 그 생물들 가운데에는 불타는 숯불 같은 것이 있었는데, 생물들 사이를 왔다 갔다 하는 횃불의 모습 같았고, 그 불은 광채를 낼 뿐만 아니라, 그 불에서는 번개도 터져 나왔다. 그리고 생물들은 번개가 치는 모습처럼 나왔다 들어갔다 하였다.

—가톨릭 성경 「에제키엘서」 1장 4절~14절

9월 __ 25일 _____ 월요일

오늘은 평소에 하던 방식대로 명상을 한다. 잡념을 최소화한 채 이십 분간 명상. 창문으로 햇빛이 들어오는 이층에 앉는다. 얼굴에 내려앉는 햇살이 따스하다. 햇살이 물리적인 것처럼 느껴진다. 정말 그렇다. 나도 그러하다.

9월 __ 26일 _____ 화요일

저녁에 한동안 인터넷 검색을 하며 명상 방법을 찾아본다. 이유는 모르겠다. 내 명상 방법이 부족한 것도 아니다만! 나한테 부족한 건 실천이다. 어쩌면 자기 신뢰도 부족한 것 같다. 수련을 꾸준히 이어가면 끝내 발전이 있으리라는 믿음이 부족하다. 자기 신뢰는 때론 과해서 탈이기도 하지만 무엇인가를 끈기 있게 해내려면 어느 정도 꼭 필요하다.

중국의 철학자 노자 왈, "스스로를 믿는 자는 남들을 설득하려 애쓰지 않는다. 스스로에게 만족하는 자는 남들의 찬성이 필요치 않다. 스스로를 인정하는 자는 온 세상이 그를 인정한다."

마크 트웨인은 더 신랄하지만 역시나 직접적으로 표현했다. "최악의 고독은 자기 자신에게 편안함을 느끼지 못하는 것이다."

9월 ___ 27일 _____ 수요일

트릭시가 또 아무런 맥락 없이 나타났다 사라졌다 다시 나타난다. 저 녀석은 스스로를 완전히 인정하는 모양이다. 노자가 좋아하겠구먼. 마트 트웨인도 마찬가지고. 하지만 내가 트릭시의 속마음을 확신할 수 있나? 어쩌면 트릭시는 내면의 의심으로 괴로워 죽겠는데도 그저 드러내지 않는 게 아닐까? 그런 것 같진 않다. 저렇게 잠을 많이 자는 생명체가 자기 자신에게 유난히 불편함을 느낄 거라고는 상상이 안 된다. 저 녀석이 꿈을 꾸는지 문득 궁금해진다.

9월 ___ 28일 _____ 목요일

이 일기에 쓰는 내용이 주로 불교 명상과 관련되어 있긴 하지만 명상이 결코 불교적인 활동만은 아님을 다시금 강조할 필요가 있다. 관상 수련은 사실상 모든 종교와 영적 전통에서 나타난다. 기독교인에게 명상은 하나님에 대해, 하나님의 말씀에 대해 깊이 묵상하는 기도의 형태다. 6, 7세기에 활동한 기독교 수도자 성 요한 클리마쿠스는 "명상은 인내를 낳고, 인내는 인식으로 마무리되며, 인식으로 성취한 것은 쉽사리 뿌리 뽑히지 않는다"고 강조했다. 불교의 명상에 관해서도 비슷한 말을 할 수 있다. 명상을 하면서 끈기 있게 노력하는 수행자는 모든 것을 참모습대로 보는 힘을 얻을 뿐 아니라 쉽게 소멸하지 않는 여러 가치, 다양한 재주, 삶에 대한 참된 태도를 키울 수 있다.

9월 ___ 29일 _____ 금요일

오늘의 명상은 그다지 훌륭하지 않다. 호흡부터 시작해서 문밖에서 나는 소리와 업무상 해야 하는 일인데 오랫동안 잊고 있던 세부사항까지 오만 가지가 마음을 흩트린다. 거슬리는 생각들이 하늘의 구름처럼 흘러 지나가도록 해보지만 별로 성과가 없다. 명상 수련을 하면서 초기에 반복적으로 등장하던 문제(명상 후에 밀려드는 짜증)에 대한 걱정으로만 가득한 채 좌절감을 느끼며 명상을 마쳤다. 내일 다시 제대로 명상을 시도해보는 수밖에 없다.

9월 ___ 30일 _____ 토요일

적당한 노력으로 적당한 결과를 얻으며 이십 분간 명상을 한다. 일일 명상 일 년 프로젝트의 4분의 3 지점을 통과한다. 나는 무엇을 배웠을까? 정말로 특별히 내세울 게 없다. 그리고 내가 책에서 못 읽었을 법한 것도 분명 없다. 그렇지만 경험한 건 있다고 본다.

하나, 명상은 간단한 동시에 어려운 것이며 하루에 이십 분 명상이 안정기에 접어든 것 같다. 둘, 명상은 날마다 하면 점점 수월해진다. 셋, 지난 아홉 달에 걸쳐 나는 꾸준히 불완전한 발전 과정을 이어왔다. 일체개고로구나!

좋은 점을 꼽자면, 이번 9월에 수도원에서 사흘을 보낸 것이다. 나의 명상 수련이 날개를 달고 훌쩍 날아오르진 못했어도, 피정 덕분에 확실히 명상의 밀도가 높아지고 더욱 주의 깊어지고 자기 인식력도 강화된 상태로 들어섰다. 내가 선택한 수련원은 불교 시설은 아니었지만 명상 수련이라는 속성을 충분히 공유할 뿐 아니라 애초에 관련성도 있고 도움이 되는 곳을 찾겠다던 내 의도에도 부합했다. 여하튼 여전히 궤도를 따라가고 있다는 자체로 행복하다.

어김없이 한 달 마무리 케이크를 먹는다. 이번 달은 이웃에게 발판 사다리를 빌려준 답례로 받은 이웃집표 애플 타르트다. 타르트를 답례로 받을 필요까진 없었지만 일단 받으니 참 기쁘다. 어렸을 때는 애플 타르트 하면 질색이었는데 어른이 된 후 좋아하게 되었다. 점점 케이크를 편식하지 않게 되었다고나 할까. 오늘은 타르트 한 조각을 먹고 명상을 계속해나가리라는 다짐을 새로이 한다. 별 거 없다. 계속해나가기.

바른 노력

정정진 正精進

그럭저럭 명상을 잘해나가면서 이번 달 주제 '바른 노력〔正精進〕'에 대해 깊이 생각해본다. 이는 마음을 바르게 지키고, 혹시 결과가 처음에는 실망스럽거나 불합리할 정도로 나쁘게 나오더라도 긍정적인 마음을 유지하는 것이다.

불교에서 분신으로 목숨을 바치는 자기희생의 의미를 다시 한 번 곰곰이 생각해본다. 분신은 고통을 안기는 것은 물론 생명 존중 사상에도 어긋나지만, 다른 한편으로 보면 분신자살을 택하는 승려와 비구니와 여러 사람의 선한 의도에는 의심의 여지가 없다. 그럼 분신은 바른 노력일까? 절대로 그렇지 않다.

그 밖에 다른 주제들도 불쑥불쑥 계속 등장한다(깊이 명상에 돌입해 있어야 할 때 주로). 명상 자세(특히 좌선), 이 일기의 성격(확실치 않다), 이 일기의 제목을 '미간을 찌푸린 승려와 행복한 바닷가재'로 붙일 가능성(사연이 길다), 여러 공연과 책과 다양한 잡념까지.

전반적으로 일일 명상이 잘 이루어진 한 달이다. 물론 내가 오로지 명상에서 발전을 이루기만을 바라는 건 아니지만. 일체개고로구나! 계속 나아가야 한다.

10월 ___ 1일 _____ 일요일

차분하게, 겨울을 담은 정조를 품은 채 깊은 묵상을 하며 앉아 있다.

10월 ___ 2일 _____ 월요일

생겨나는 속성이 있는 무엇이든 소멸하는 속성도 있기 마련이다.

부처

이 말이 특히나 마음에 와닿는다. 모든 것은 변하는 법이다. 우리 마음에 흡족한 것들도 언젠가 떠나갈 것이다. 우리를 짜증나게 하는 것들도 언젠가 지나갈 것이다. 이 조언 역시 어느 순간 스쳐 지나가리라.

10월 ___ 3일 _____ 화요일

지금까지 쓴 일기를 전부 쭉 읽어본다. 퍼뜩 정신이 든다. 대체 내가 뭘 하고 있는 걸까? 약간 걱정스럽다. 일기를 보면 내가 정말 꾸준한 발전을 보이고 있는지 아닌지 전혀 알 수가 없다. 한편으론 지금까지 나를 돌아보는 정직한 기록이다.

명상 과정은 비순차적인 변화를 보인다. 1차원보다는 3차원의 양상을 띤다. 명상을 하며 보낸 시간은 다른 일을 하며 보낸 시간과 질적으로 다른 셈이다. 좌선은 조용한 방에서 그저 이십 분을 보내는 게 아니라, 질적으로 매우 다른 어떤 것이다. 지금 이걸 뭔가 더 잘 표현하질 못하겠다. 아마 영영 그러지 못할 것 같다.

10월 ___ 4일 _____ 수요일

'바른 노력〔正精進〕'은 일 년 명상 프로젝트의 이번 달 주제이자 팔정도의 여섯 번째 원리다. 바른 노력이란 무엇인가? 불경에서는 그것을 '의지'라고 말한다.

> 바른 노력(正精進)이란 무엇인가? 수도자가 자신의 의지를 일
> 깨우고, 노력을 기울이고, 기운을 불러일으키며, 마음을 다하
> 고, 아직 일어나지 않은 사악하고 불건전한 정신 상태가 생
> 기는 것을 막고자 노력한다. 수도자는 의지를 일깨우고 …
> 이미 일어난 사악하고 불건전한 정신 상태를 제거하고자 노
> 력한다. 그는 의지를 일깨우고 … 아직 일어나지 않은 건전
> 한 정신 상태가 생겨나도록 노력한다. 그는 의지를 일깨우
> 고, 노력을 기울이고, 기운을 불러일으키고, 마음을 다하고,
> 이미 일어난 건전한 정신 상태를 유지하고 미혹에 빠지지 않
> 도록 지켜내며 그 정신 상태를 발전시키고 증대시키며 함양
> 하고 완벽하게 다지고자 노력한다.

10월 __ 5일 _____ 목요일

그렇다면 바른 노력을 실천에 옮기려면 정확히 어떻게 해
야 하나? 어떻게 기운을 불러일으키고, 마음을 다하고, 건전한 정
신 상태를 유지하고, 미혹에 빠지지 않도록 지켜내기 위해 노력
할까? 마음에 자극을 주는 말이긴 한데 내가 실제로 뭘 해야 하
는지는 도통 감이 안 잡힌다. 바른 노력을 일상생활에 적용하는

방법에 관한 조언과 관련 웹사이트를 찾으려고 인터넷을 뒤진다. 늘 그렇듯 쓸데없이 감상적인 조언이며 유료 채널 영상이며 구입 가능한 온갖 것들이 쏟아진다.

전반적으로 악의와 분노와 원한을 제거하고 긍정적인 정신 상태에 집중해야 한다고 나온다. 열심을 다하는 것이 중요하긴 하지만 끈기와 착실함, 쾌활함과 정직함으로 그 열의를 누그러뜨려야 한다. 지나치게 실망하는 것을 피하려면 현실성도 탑재할 필요가 있다.

설령 결과가 바른 노력에 항상 부응하지는 못할지라도 의지와 태도를 긍정적이며 건전한 상태로 유지하고 불교의 가치(남을 향한 자비와 돌봄)를 향해 계속 나아가는 것이 핵심이라고 생각한다. 그래, 바로 그거다. 바른 노력은 설혹 어떤 결과가 처음에는 실망스럽고 심지어 불합리할 때라도 나의 의지를 바르게 유지하고 긍정적인 마음을 계속 지켜가는 것이다. 그게 얼마나 어렵겠는가?

10월 ___ 6일 _____ 금요일

정신없이 바쁜 날이다. 내 책 『아일랜드의 정신 건강』에 관한 라디오 인터뷰 세 건을 소화했다. 세 번의 인터뷰에서 진행자들과 온갖 다양한 내용으로 이야기를 나눴다. 구체적인 정신 질환, 정신 질환을 앓는 사람들을 위한 의료 서비스, 자살과 자해, 환자 가족

지원, 그리고 내가 정확히 이 책으로 이루고자 하는 바.

나는 이런 일이 좋다. 청취자들이 특정 질문이나 관련 사안을 담아 보낸 메시지에 답하는 게 특히나 좋다. 이 책이 누군가에게 가닿아 그들이 도움을 얻기를 바라고, 정신 건강에 관한 신뢰성 있는 정보가 그 부분에서 도움이 필요한 이들에게 전해지는 데 일조하기를 바란다. 말하자면 후자는 상식과 실용주의를 부르짖는 영역이고, 전자는 내가 이 책을 쓴 정신이다. 부디 이 책이 나의 목표에 부합하기를 바란다.

오후에 밀린 일들을 처리하고 잠시 명상을 하는데 마음이 꽤 불안했다. 그 마음에서 빠져나온다.

10월 ___ 7일 _____ **토요일**

또 때가 돌아왔는지 우리 집 고양이가 한바탕 살생판을 벌이기 시작했다. 트릭시는 일 년 중 어느 때라도 죽은 쥐 한 마리쯤 물고 나타날 수는 있지만 특히 요즘처럼 날씨가 쌀쌀해질 즈음 활동이 왕성해진다. 아닌 게 아니라 지난 한 주 남짓 뒷문 바깥에 죽은 쥐들이 꽤 자주 놓여 있다.

오늘은 트릭시가 아직 숨이 붙어 있는 쥐를 데리고 나타나 우리 가족을 경악케 했다. 녀석이 고양이 문으로 질주해 들어오는데 그 입 속에 꿈틀거리는 불쌍한 생명체를 머금고 있는 모습에 다들 식겁한다. 트릭시가 쥐를 떨구자 쥐는 제 몸을 질질 끌고 피아노 아래로 갔다.

우리는 트릭시가 죽은 생명체든 죽어가는 생명체든 집으로 데려오지 못하게 하는 방법을 찾느라 인터넷을 샅샅이 뒤졌다. 작년에는 요 녀석이 죽은 오리 새끼를 물고 온 적도 있다. 늘 그렇듯 인터넷에는 온갖 조언이 화수분처럼 나오지만 대부분 쓸데없는 소리로 들린다. 제일 좋은 조언. ① 고양이는 배가 고파서 사냥을 하는 게 아니다. 그러므로 고양이에게 밥을 너무 많이 먹이는 것(나의 전략)은 문제를 해결하지 못한다(제기랄!). ② 목에 방울을 단다(이미 하고 있다). ③ 더 많은 시간을 내서 고양이와 놀아준다. 아무래도 우리 가족은 ③을 따라 해볼까 한다.

일단 지금은 걷잡을 수 없는 한바탕 소동이 벌어진 뒤 다친 쥐를 찾아내 고이 붙잡아 집에서 멀리 떨어진 곳에 놓아주며 부디 다친 상처 때문에 죽지는 않길 빌어줄 뿐이다. 쥐가 허둥지둥 달아난다. 너무 걱정할 필요는 없을 것 같다.

10월 __ 8일 _____ 일요일

클론타프에서 서튼까지 새로 합류된 자전거 길을 따라 호스 방향으로 자전거를 타고 간다. 가는 길이 아름답다. 다만 간간이 사이클복을 쫙 빼입은 저돌적인 사이클족 무리가 속도를 높이며 달려와 모든 사람이 그들을 위해 길을 내주길 바랄 때만 힘들다. 두세 달 전, 우리 가족이 마지막으로 여기 왔을 때에 비하면 오늘은 그런 막돼먹은 모습이 덜 보이는 것 같다. 그래도 간간이 눈에 띄는 문제이긴 하다. 유감스러운 일이다. 자전거 길은 모두를 위한 공간이니까 틀림없이 천천히 자전거를 타는 아이들과 자전거 페달을 밟지 않고 편하게 쭉 미끄러지듯 나아가는 관광객들도 있을 텐데, 마치 투르 드 프랑스에 출전하기라도 한 듯한 사이클족에게 그 느림보 무리는 엄청 짜증나는 존재일 것이다. 여보세요들, 당신네가 달리는 곳은 투르 드 프랑스가 아닙니다. 클론타프라고요.

10월 __ 9일 _____ 월요일

1963년 6월 11일, 젊은 승려 틱꽝득Thích Quảng Đức이 사이공의 어느 교차로에서 결가부좌로 앉아 있었다. 동료 승려가 그에게 휘발유를 부었고 틱꽝득은 자기 몸에 성냥불을 떨어뜨렸다. 그는 아무런 미동 없이 앉아서 그대로 불에 타 죽었다.

틱꽝득은 당시 베트남 대통령 응오딘지엠Ngo Dinh Diem 정권이 불교도에게 가하는 지속적인 박해에 항의하기 위해 극단적인 방법을 택했다. 그는 분신하기 전에 종교적 평등에 대하여 이렇게 탄원했다.

부처께 간구하오니 응오딘지엠에게 지혜를 주사 베트남의 불자들이 바라는 최소한의 다섯 가지 요구를 그가 받아들이게 하소서. 내가 눈을 감고 부처에게 가기 전에 영광스럽게도 나의 말을 지엠 대통령에게 전하나니 국민에게 인정을 베풀고 관대하게 처신하며 종교적 평등의 정책을 강화하기를 요청하는 바입니다.

틱꽝득의 자기희생적인 행동에 대해 지엠 대통령은 타협적인 성명을 발표했고 정부와 불교도 간의 협상도 재개됐지만 불교도 여섯 명이 더 분신자살했다. 갈등은 몇 개월 더 지속되었고, 잇따른 불교도의 자살이 최소한 어느 정도는 원인으로 작용해 국제 사회는 물론 베트남 내에서도 베트남 정부에 점점 압박을 가하는 분위기가 고조되었다. 결국 1963년 11월에 지엠 대통령은 군부 쿠데타에 의해 축출당했다.

자기희생은 아무리 좋게 봐도 불교의 생명 중시 사상과 불편한 관계에 있다. 흥미롭게도 불교 전통과 불교 이외의 전통에서 자해와 자살을 고려하는 측면을 보면 눈에 띄는 유사점이 있다. 특정 형태의 자해를 제한적으로 용인하고, 이타주의를 자살의 동기로 보며, 분신을 정치적 저항의 한 형태로 간주한다. 그런데 주요한 차이점도 있다. 특정 형태의 자해가 (가령 이타주의적인 이유 때문에) 부분적으로 용인되는 특수한 맥락이 차이가 나고, 그러한 행위를 해석하는 데 쓰이는 지배적인 사고체계가 서로 다르다.

의미상으로 자기희생은 스스로 자기 몸을 태우는 분신만이 아니라 자기 목숨을 희생하는 것 전체를 뜻한다. 자기희생에는 물에 빠지거나, 곡기를 끊거나, 자기 몸을 짐승의 먹이로 내주는 것도 포함된다. 자기희생은 간혹 특정한 정치적 맥락과 연결되는 경우가 있지만 자살 공격과는 달리 타인에게 직접적인 해를 입히기보다는 자신의 반대 의사를 표현하고 압박을 가하는 것이 목적이다.

그렇긴 해도 자기희생은 여전히 자기 자신에게는 물론 다른 사람(가족과 친구)에게도 고통과 괴로움을 안겨주며, 나의 고통이 타인의 고통과 연관되어 있다고 본다면(다시 말해, 진짜로 별개의 '자아'란 없다면) 나의 고통이 늘어난다고 세상에 득이 되는 건 없다. 다른 한편으로 보자면 자기희생을 하는 이들의 좋은 의도를 의심할 여지는 없고(바른 노력의 일환으로 봐야 할까?), 이러한 모순 때문에 자기희생은 근본적으로 역설적일 수밖에 없으며 독특하게 강력한 힘을 발휘하는 행위임에 틀림없다.

이 골치 아픈 주제가 거듭 머릿속에서 맴돌고 있는 것을 보니 이번 달에 이 주제를 다시 다루게 될 것 같다. 지금은 머릿속에서 떼어내고 차분히 앉아 정신을 가다듬는다.

10월 __ 10일 _____ 화요일

순전한 마음으로 언행에 임하는 자라면, 행복은 결코 떨어지지 않는 그림자처럼 그를 따른다.

부처

옳은 말씀. 그런데 "순전한 마음"을 갖기란 절대 쉬운 일이 아니라고요!

숀과 상담을 했다. 조울증을 앓는 52세 남성 숀은 이십 대에 조병躁病으로 두 차례 입원한 바 있다. 조병은 에너지가 증가하고, 머릿속 생각이 정신없이 돌아가고, 평소에 인간의 행동을 억제하던 힘을 잃어버릴 때 나타난다. 숀의 조증 증상은 그의 일상에 큰 지장을 주었다. 직장을 잃었고, 빚을 지게 되었고, 인간관계에서 적잖은 문제를 겪었다.

그 당시 숀은 조울증의 조증과 울증 재발 예방에 주로 쓰이던 약물인 리튬으로 치료를 받기 시작했다. 상담도 받았다. 치료에 효과가 있었다. 숀은 금세 정신적으로 안정된 상태에 도달했고 몇 년간 더 이상 감정 관련 사건을 겪지 않았다.

안정기에 돌입하고 4년 후, 숀이 당시 담당 정신과 의사에게 리튬을 끊어도 되는지 물었다. 꽤 오랜 기간 좋은 상태를 유지하고 있었기 때문이다. 조심스레 약을 줄이자 금세 조병이 재발했다. 그때는 숀의 병이 이전보다 심각한 수준은 아니었지만 그럼에도 삶에 큰 영향을 미쳤다. 결혼생활이 끝장났다. 숀은 즉시 리튬 치료를 재개했고 그때부터 줄곧 약을 복용하면서 상담과 다양한 치료를 병행했다.

안정된 상태로 이십여 년을 보낸 후 내가 숀을 만났고 그의 치료에 관해 의견을 나누고 있다. 그는 한사코 리튬 치료를 계속 받겠다고 한다. 과거에 겪은 조증 발현 사건이 너무 충격적이고 처참했던 터라 아직도 그 일에 심한 충격을 느끼고 있다. 우리는 이 부분에 대해 상세히 이야기를 나눴다.

나는 숀의 입장을 충분히 이해한다. 극심한 조증으로 어떤 일이 있었는지 그가 설명해주는데 정말 가슴이 아팠다. 숀의 이야기가 종일 머릿속에서 떠나지 않는다.

10월 __ 11일 _____ 수요일

명상을 한다는 건 놀랄 만큼 어려운 일이면서도 굉장한 경험이다. 논리적으로 말이 안 되는 일이다. 나는 명상을 하고 나면 어김없이 기분이 나아진다. 바로 당장 나아지지 않는다면 그날 나중에라도 효과가 나타난다. 왜 더 많이 명상을 하지 않는지 계속 나 스스로 당혹스러울 따름이다. 이유가 뭐야? 무슨 일이지?

오늘 이 질문에 대해 굉장히 많이 생각했다. 우습지만 언제 명상을 해야 하는가 하는 문제도 함께. 이 상태에 이른 수많은 이유를 생각해낼 수 있지만 적극적으로 그 이유를 캐는 것이 향후 발전을 위해 최선의 방법은 아니리라는 결론을 내린다. 그러한 접근은 그저 지나치게 인식에 의지하는 방식이다(늘 하는 실수다). 생각은 줄이고 실천을 늘리는 것이 더 낫다. 실제로 실천을 할 수 있다면 말이지.

10월 __ 12일 _____ 목요일

너의 분노 때문에 벌을 받는 것이 아니라, 너의 분노가 벌을 주는 것이다.

부처의 말씀으로 전해지는 이 인용구는 짜증날 정도로 진부한 동시에, 곱절로 더 짜증날 만큼 옳은 말이기도 하다.

당장 화가 나는 상황에서는 자기 자신의 분노에 대해 곰곰이 생각하기란 어려운 노릇이다. 당연히 내가 100퍼센트 옳고말고! 하지만 분노를 되돌아보면서 우리는 자신의 분노가 100퍼센트 잘못되었다고 주장하는 반대편 함정에 빠지기도 한다. 두 극단 모두 그릇된 길에 이른다. 분노는 불공평, 부당함, 무작위로 닥친 불운 등 충분히 납득할 만한 이유 때문에 생기는 경우가 많다. 당시에는 대개 이해할 만하다. 우리가 분노를 다루는 방식이 최선의 선택이 아닐 때가 종종 있지만, 돌이켜보면 우리가 자신을 너무 폄하할 때 역시 실수를 한다.

인간은 본성이 충동적이긴 하나, 잔뜩 오른 흥분이 차츰 잦아들 때 차분하게 돌이켜본다면 가르침을 얻을 수 있다. 그저 차분히 앉기만 해도 깨우쳐진다.

10월 ___ 13일 _____ 금요일

업무로 정말 바쁜 날이다. 병원 병례 검토회에서 발표하고, 오전 내내 진찰 내용을 검토하고, 오후에는 환자들을 진료하고, 일곱 시 넘어서까지 이메일과 서신과 전화 통화 건을 처리한다. 그러고 나서 퇴근. 오늘 같은 날에는 명상할 시간을 찾기가 힘들지만 아마 그런 상황 덕분에 명상의 의미가 훨씬 더 깊어질 것이다.

이메일 대부분은 한 번 쓱 보고 삭제만 하면 되는데 몇 통은 이런저런 응답이 필요한 내용이다. 양식을 채우거나 스캔을 하거나 뭔가를 이메일로 보내거나 문의에 답하기 위해 정보를 찾아봐야 한다. 가능하면 다음 날로 넘기는 게 하나도 없도록 당일에 처리하려고 하지만 항상 뜻대로 되지는 않는다. 아무래도 이메일을 일일이 처리해야 하는 산더미 같은 업무로 보기보다는 여력이 있을 때마다 손을 슥 집어넣는 일종의 흐름처럼 여기는 편이 낫겠다.

명상할 때 밀고 들어오는 잡념을 다루듯 이메일을 그저 흘러가게 놔둘 필요가 있다. 내가 보기에 그 편이 더 불교적인 태도 같다.

10월 __ 14일 _____ 토요일

저녁에 게이어티 극장에서 가족과 함께 유진 맥케이브의 〈킹 오브 더 캐슬〉을 관람했다. 이 연극은 부유한 지주와 그의 젊은 아내를 중심으로 펼쳐진다. 두 사람은 불행하다. 연극은 시종일관 암울했고 나는 도무지 몰입을 할 수 없었다. 아마 등장인물들에게 공감할 수 없어서였을까? 어쩌면 그저 내 기분이 안 좋아서 그럴 수도. 아니면 영영 이유를 모를 수도 있고.

연극을 본 후 가족들과 쿠키를 먹었다. 쿠키가 정말 맛나다.

10월 __ 15일 _____ 일요일

명상을 한 후 이 일기의 제목에 대해 더 생각해본다.

'선 수련 낙제생의 고백', '미간을 찌푸린 승려와 행복한 바닷가재'.

두 번째 제목이 무슨 소린가 싶다면 8월 21일 월요일 일기를 보시길. 여전히 마음을 못 정하겠다.

10월 ___ 16일 _____ 월요일

아일랜드 전역은 1961년 이후 최악의 기상 악화 사태로 꼽히는 허리케인 오펠리아에 대비하고 있다. 사실 오펠리아는 '비열대성 저기압'으로 막 수그러든 참이지만 여전히 허리케인급 강풍이 불어 피해를 줄 수 있다.

자연의 힘은 참으로 가공할 만하다. 눈부신 기술과 무한한 과학 발전의 시대에 인간이 자연의 주기에 한층 더 영향력을 발휘하는데도 자연은 여전히 우리 모두를 겸허하게 만드는 궁극의 힘을 품고 있다. 자연이 일으키는 이런 사건에는 장엄하고 무시무시한 뭔가가 있다. 자연의 가공할 위력이, 언제라도 부서질 인간의 문명을 정수리부터 힘껏 내리친다. 앨버트 아인슈타인은 "자연을 깊이 들여다보라. 그러면 모든 것에 대한 이해가 깊어질 것이다"라고 했다. 참으로 겸허해지는 날이다.

10월 ___ 17일 _____ 화요일

분신은 여전히 서양에서는 흔한 일이 아니다. 그런데 1965년 11월 2일, 노먼 모리슨Norman Morrison이라는 미국의 퀘이커교도가 베트남전쟁에 항의하기 위해 펜타곤(미 국방부) 앞에서 자기 몸에 불을 질렀다. 가정적이고 평화를 사랑하는 모리슨이 아직 아기인

딸 에밀리를 자기 몸에 불을 붙이기 전에 멀리 떨어진 곳에다 안전하게 둔 사실에 유독 시선이 간다. 나중에 에밀리는 다친 곳 없이 무사히 엄마 품으로 돌아갔다. 행여나 모리슨이 에밀리를 해치려고 했다는 증거는 전혀 없었다. 물론 그 상황에 어린 딸이 있었다는 사실만으로도 모리슨의 자기희생적 행위는 극적이고 가슴 아픈 사연이 되었으며 한층 더 불가사의한 사건이 되었다.

모리슨이 세상을 떠난 후 사십여 년이 지나 아내 앤 모리슨 웰시Anne Morrison Welsh가 『빛 속에서: 노먼 모리슨의 평화를 위한 희생과 그 가족의 치유 여정Held in the Light: Norman Morrison's Sacrifice for Peace and His Family's Journey of Healing』이라는 제목으로 자기 인생을 담은 놀라운 자서전을 썼다. 일 년 명상 프로젝트의 이번 달 책이다. 책을 보면 앤 모리슨 웰시는 남편의 행동을 이해해보려 하고 남편의 분신이 아마도 베트남에 크나큰 영향을 끼쳤음을 알게 된다. 모리슨은 베트남에서 널리 추앙받는 인물이다.

하지만 모리슨이 분신한 맥락의 중심에는 여전히 중요한 수수께끼가 풀리지 않은 채 남아 있다. 아내가 남편을 잃고 자식이 아버지를 잃었다는 건 비극일 수밖에 없다. 비록 모리슨의 자기희생적 행위가 미국과 특히 베트남에 크나큰 영향을 미쳤다 하더라도 훗날 딸 에밀리가 언급했듯이 "그것이 전쟁을 막진 못했다."

10월 __ 18일 _____ 수요일

집중력을 새로이 다지고 자리에 앉는다. 이 일기가 잘못된 방향으로 흘러갔다는 생각이 또 불쑥 찾아와 고심 중이다. 연극, 영화, 책, 고양이 등 덧없이 흘러가는 일상에 너무 많은 시간을 할애하면서 정작 명상 방법과 경험에 대해서는 충분히 집중하지 못한다는 생각이 든다. 그래서 오늘은 일단 앉아서 호흡에 차분히 집중하고 다른 생각들은 잦아들어 사라지게 놔둔다. 그럭저럭 성과가 있다. 덕분에 좋은 하루를 보낸다. 내일은 더 좋아지겠지.

10월 __ 19일 _____ 목요일

사기 진작 차원에서 부처의 말씀을 들어볼 시간이다.

물 대는 자는 물길을 내고, 화살 만드는 자는 화살을 곧게 하며, 목수는 나무를 구부리고, 지혜로운 자는 자신을 다스린다.

그렇군. 다만 이 모든 임무가 고도로 숙련된 능력을 요한단 말씀이지. 가르치기에 복잡하고 어려운 일이다. 오랜 시간에 걸쳐 연습하고 필요한 기술을 쌓아갈 수는 있을 듯.

한 방울 한 방울 물이 모여 단지를 채우듯, 지혜로운 자는 조
금씩 선의를 모아 공덕을 이뤄간다.

10월 __ 20일 _____ 금요일

한 주의 업무가 끝나고 주말이 시작된다. 다른 명상가들은
어떻게들 지내는지 궁금하다. 나는 고독한 개인 플레이어 타입이
다. 불교도들은 공동체나 '상가sangha'의 중요성에 대해 말한다. 상
가는 불교의 '삼보三寶*' 중 하나다. 다른 두 가지는 부처 자신과
다르마dharma(부처의 가르침과 그가 이해한 진리)다. 상가는 함께 수
행하고 삶을 나누는 사람들의 공동체다. 소승불교 전통에 따르
면, 상가는 '선한 방식의 수행, 올바른 방식의 수행, 총명하거나
논리적인 방식의 수행, 적합한 방식의 수행'을 한다는 특징을 띤
다. 확실히 나도 더욱 상가다워질 필요가 있다.

---

*   불보佛寶·법보法寶·승보僧寶. 부처 자신이 불보이고, 그의 가르침이 법보이며, 부처
    의 제자로서의 비구比丘·비구니比丘尼의 출가교단出家教團이 승보이다.–옮긴이

10월 ___ 21일 _____ 토요일

　이번 달 주제인 바른 노력에 대해 다시 살펴본다. 설령 결과가 처음에는 실망스러울지언정 자신의 열의와 태도를 긍정적이며 건전한 상태로 유지하고, 불교의 가치(가령 자비)를 향해 정진하는 데 집중한다. 이게 약간 막연하긴 한데 중요한 진리인 것 같다. 세상에는 우리의 예상대로 흘러가지 않는 일이 수두룩하고, 의도는 최선이어도 실패로 돌아가는 게 부지기수다. 그렇다고 해서 최고의 선의를 단념할 이유도 바른 노력을 포기할 이유도 없다. 그보다는 여전히 바른 노력의 맥락에서 잠시 멈춰서 돌이켜보고 궤도를 재조정할 필요가 있다.

　그런데 세상에 어떤 사람이 의식적으로 그릇된 노력을 할까? 내가 보기에 우리 모두 때로는 분노에서 비롯된 행동을 한다. 마찬가지로 짜증이나 성급함, 불만, 성가심 등에서 불거진 행동이 나올 때도 있다. 그 순간 우리는 자신이 어쩌고 있는지 분명히 알면서도 계속 그 행동을 이어간다.

　만약 우리가 마음의 동기와 의도를 머릿속에서 명철하게 유지하고, 불교 용어로 '능숙한' 행동만을 하고자 의식적인 노력을 한다면 앞서 언급한 그릇된 행동은 일부 혹은 전부 피할 수 있다. 그렇다면 바른 노력을 가동시키는 것은 본질적으로 인지적이고 감정적인 훈련이다. 이 훈련은 우리 마음속에 긍정적이고 윤리적인 가치를 중심에 두는 것, 그리고 우리의 행동이 반드시 이러한 가치를 최대한 반영하는 것에 집중한다.

10월 ___ 22일 _____ 일요일

오늘은 바른 노력을 가동하기 위해 노력하지만 제대로 하고 있는지 확신이 안 선다. 적어도 노력은 하고 있다. 그렇지만 노력만으로는 더 이상 충분하지 않고 성공이 절실해진 시점이 온 적은 있나? 그 시점이 지금인가? 그건 어떻게 알지? 이런 생각은 좌절감만 안기고 돌고 도는 질문이라 전혀 생산적이지 않다. 이런 질문은 한쪽으로 밀어두고 기분 좋은 상쾌한 저녁 시간에 산책이나 하러 간다. 어느새 나무들 색이 짙어졌고 겨울 분위기를 물씬 풍긴다. 공기가 차다.

10월 ___23일 _____ 월요일

오늘 할 일이 많아 바쁘다. 환자 정신 감정, 환자 가족 면담, 팀 공동 업무, 이메일과 편지 답장 등등 늘 그렇듯이 이런저런 일이 뒤섞여 있다. 하루하루가 아주 자잘한 수많은 행동으로 이루어져 있다. 수만 가지 사소한 결정과 개인의 의지에 의한 행동이 모여 하루를 이룬다. 하루는 무수한 모래 알갱이로 구성된 모래 폭풍 같다. 모래 알갱이 하나하나 고유의 생김새가 있고(자세히 살펴보면), 모든 모래 알갱이는 보이기에 하나의 통합된 현상을 이룬다(하나로 합쳐서 생각하고 전체로 본다면). 그러나 겉모습은 환영幻影이며 내가 경험하는 '하루'는 저절로든 그 자체로든 확고하거나 고정된 본체가 없다. 한 무리의 찌르레기 떼처럼 하루의 본질은 곧 움직임이다. 하루하루는 변화가 만들어낸 세계다.

10월 ___24일 _____ 화요일

우리가 반드시 죽는다는 사실을 이해하지 못하는 이들도 있지만
이 사실을 진실로 깨닫는 자들은 다툼을 해결한다.

부처

불교는 죽음을 인생의 피할 수 없는 사실로 받아들인다. 윤회輪廻에 대한 불교의 믿음은 곧 죽음이 부활의 기회를 제공한다는 뜻이거나, 다소 의역하자면 현생의 '오래된 나'의 죽음 덕분에 자신을 새로이 만들 수 있다는 뜻이다.

단 한 번의 인생을 살아가면서도 수많은 윤회가 가능하다. 매 순간 우리는 다시 시작한다.

10월 ___25일 _____ 수요일

자기희생(분신)에 대해 다시 생각해본다. 이 주제로 다시 돌아가는 이유는 그 행위가 나를 정신적으로 괴롭게 만드는 부분이 있기도 하고, 체링 우이저Tsering Woeser가 티베트인의 분신에 관해 쓴 르포르타주『불타는 티베트: 중국의 통치에 저항하는 분신 Tibet on Fire: Self-Immolations Against Chinese Rule』이 도착했기 때문이기도 하다. 2013년『티베트의 분신: 세계의 수치Immolations au Tibet: La Honte du Monde』라는 제목의 프랑스어판이 나왔을 때 샀었는데, 나의 프랑스어 실력이 나의 기대를 크게 저버려서 당시에는 내용 대부분을 근근이 이해하는 정도였다.

이번에 나온 영문판은 흥미롭고 강렬하다. 이 책이 집필되던 시기에 티베트인 146명이 분신자살을 했고, 우이저의 책은 이 일련의 행위를 맥락에 따라 설명하려고 한다. 책이 얇다고 해서 결코 내용의 무게감이 덜한 건 아니다. 우이저는 감동적일 만큼 상세하게 설명하며, 열정을 다해 분석에 임하고, 분신자살을 묘사하는 데 거침이 없다. 그뿐 아니라 분신에 내재된 복잡성과 비극성은 물론 그런 극단적인 행동에 불을 지피는 불의에 대한 분노를 경계한다.

분신자살을 자신의 괴로움을 표현하는 가장 설득력 있는 방법으로 생각하려면 얼마나 절박해야 할까?

10월 __26일 _____ 목요일

어제 깊은 생각에 빠진 여파가 남아 여전히 마음이 괴롭지만 일단 명상을 시작한다. 이윽고 괴로운 생각들이 나를 지나쳐 가게 하고 호흡에 집중한다. 밖에서 새들이 지저귀고, 차들이 앞쪽 창문 근처를 지나가고, 집 안의 마룻장에서 이상하게 삐걱거리는 소리가 난다(여기 지금 아무도 없는데도). 명상을 하며 앉아 있으면 이 모든 것에 대한 의식이 한층 예민해진다. 의식하지 않으려고 적극적인 노력을 하기 전까지는 절대 감지하지 못했던 것들마저 도발하듯 기어이 알아차리게 만드는 일종의 초현실성을 경험할 수 있다. 다시 호흡하며 집중을 가다듬어야 할 때다.

10월 __27일 _____ 금요일

매일 이메일로 명상 관련 메시지를 보내주는 다양한 웹사이트를 살펴본다. 대부분 무료 서비스인 이런 웹사이트에서 제공하는 내용은 명상을 독려하는 조언, 명상의 이로움에 관한 긍정적인 메시지, 불교의 지혜를 담은 짧은 경구, 달라이 라마의 말 등이다. 나는 이 사이트 중 어느 곳에도 가입한 적이 없다. 이미 날마다 충분한 수의 이메일과 메시지와 각종 연락을 받는다고 생각한다. 그저 앉아서 명상을 하면 된다. 그래서 오늘도 그렇게 한다.

10월 ___28일 _____ 토요일

어느 정도 집중해서 이십 분간 명상을 한다. 이제 이십 분은 금세 지나간다. 예전보다 안정된 기분이지만 아직 공중 부양은 하지 못한다.

앞서 일기에도 썼지만, 매년 프로이트의 저서 중 한 권을 읽는 독서 계획에 따라 오늘은 프로이트의 책을 조금 읽었다. 프로이트의 책을 읽으며 내가 이런저런 계획 세우기를 얼마나 좋아하는지 새삼 깨달았다. 매년 프로이트의 저작 한 권 읽기, 매일 이십 분간 명상하기 등등. 특히 독서와 명상 같은 구체적인 행위 자체도 좋아하고 그런 실천이 더 큰 그림의 일부가 된다는 생각이 들어서 기분이 좋기도 하다. 그 패턴이 나한테 딱 맞다. 지속적으로 일정 기간에 걸쳐 천천히 꾸준하게 분량을 늘이며 진행하는 것. 프로이트의 저작은 스물네 권이니 이 프로젝트는 특히 장기전이 될 것이다. 명상 프로젝트는 얼마나 지속될까? 부디 올해 말까지는 계속해나가길 바라는데 아마 그 이상 계속하지 않을까?

10월 ___29일 _____ 일요일

일 년 명상 프로젝트 열 번째 달의 마지막 날을 향해 가고 있다. 늘 그랬듯 이 프로젝트의 실적을 따지고 지금까지 충분히 노력했는지 미심쩍어 하는 의구심이 밀려든다. 명상 프로젝트 덕분에 집중력과 주의력은 물론 나의 정신 상태에 대한 의식도 확실히 강화되었다. 명상의 목적에 관해 생각하고, 명상을 하기 위해 노력하고, 내가 성공한 부분과 실패한 부분을 반성하느라 꽤 많은 시간을 보냈다. 적어도 이 정도는 프로젝트가 잘 진행된 셈이다. 물론 더 좋은 성과를 낼 수도 있었다. 일체개고로다. 어떤 조건하의 현상도 전적으로 만족스러울 수는 없는 법이다. 그렇지만 지난 열 달간 긍정적인 면이 아주 많았기에 여전히 이 명상 프로젝트를 시작했다는 사실이 아주 대견하게 느껴진다.

10월 __30일 _____ 월요일

아마 이 일기야말로 이번 명상 프로젝트에서 나를 가장 놀라게 한 측면일 것이다. 내 평생 이렇게 상당 기간 뭔가를 기술하는 일기를 쓰는 데 성공한 적이 없었다. 이번에는 다르다. 아무래도 이 일기는 명상이라는 확실한 주제에 집중되어 있어서 그럴 것이다. 그리고 이 일기를 쓰기로 결심했을 때 기간이 정해진 프로젝트의 일환이어서 명확히 시작과 끝이 있고 목적의식도 분명했기 때문이기도 하다. 심지어 하루 이틀 빼먹어서 나중에 채워 넣어야 했을 때도 일기 쓰기를 관둬야겠다는 유혹을 느낀 적이 한 번도 없었다.

일기가 나의 명상 프로젝트를 든든히 채워줬다는 생각이 든다. 명상을 하기 위한 나의 노력에 걸림돌이 되기는커녕 박차를 가하게 하고 맥락을 잡아주는 역할을 톡톡히 했다. 그런데 이걸 누가 읽기는 할까?

10월 ___31일 _____ 화요일

자, 이렇게 나의 일일 명상 열 번째 달도 저물어간다. 이십분간 앉아서 명상을 한 다음 지금까지 명상 프로젝트가 어땠는지 곰곰이 생각한다. 생각은 줄이고 명상은 많이 하는 게 더 나았으리라는 건 변함없고! 그래도 오늘은 좋은 날이다. 지난 아홉 달의 모든 마지막 날이 그러했듯이.

이 프로젝트를 착실히 이어왔고 케이크쯤은 먹을 자격이 있다고 느낀다. 마침맞게도 레몬 드리즐 케이크가 코앞에 있다. 딱히 레몬 맛이 나진 않지만 그래도 엄연한 케이크다. 맛있게 먹는다.

11월
_____

바른 마음챙김

정념 正念

명상은 계속 이어진다. 팔정도의 일곱 번째
원리이자 일 년 명상 프로젝트의 이번 달 주제인
'바른 마음챙김〔正念〕'에 대해 깊이 생각한다.
'세속적인 욕망과 슬픔을 밀어두기' 위해 최선을
다하지만 이게 말로 듣는 것만큼 어렵거나 어쩌면
생각보다 훨씬 더 어려운 일임을 깨닫는다. 그래도
좌절하지 않고 나의 여정을 묵묵히 이어나간다.
인도, 인도네시아, 독일, 영국, 미국에서 불교가
부흥하며 다시 유행하는 현상에 대한 글을 읽는다.
새로운 의미를 찾고 세상을 바라보는 새로운
방식을 탐구하고자 자기 지역의 전통 너머를
보고자 하는 갈증이 있는 나라가 많다는 사실과
불교 철학의 본질적인 매력을 확인한다. 당연히
이번 달에도 여러 가지 주제가 간간이 등장한다.
근무하는 평일의 특징, 온 사방에서 나를 에워싸는
잡념의 의미, 인터넷 곳곳에 퍼져 있는 부처의
말, 일 년간 헌신적인 노력을 했음에도 지독히도
발전이 없는 나의 명상 상태. 암스테르담과 인도로
떠난 길에, 결국에는 어지럽고 혼란스럽지만
그렇다고 환멸을 느끼지는 않는 상태로 한밤중에
델리 공항에 있던 사연도 나온다. 요약하자면,
나는 계속 나아간다.

11월 __ 1일 _____ 수요일

새로운 달이다.

과거는 이미 지나갔고, 미래는 아직 오지 않았다. 네가 살아갈 유일한 순간이 있다.

부처

바로 지금.

11월 __ 2일 _____ 목요일

오늘 정말 정신 사납다. 이 통탄할 상황을 탓할 이유는 수만 가지다. 과도한 업무, 수면 부족, 허기, 짜증, 혹은 종일 무작위로 닥치는 일들. 하지만 그런 이유야 늘 크고 작은 강도로 존재하는 터라 지금 그 여러 가지 문제를 변명거리로 써먹고 있을 뿐인지, 특정 시점에 너무 많은 방해물과 정통으로 맞닥뜨렸는지 알기가 힘들다.

진짜 문제는 내가 문제를 어떻게 개념화하느냐에 달려 있다. 명상을 잘하는 건 단순히 명상이 잘되고 안 되고 하는 이야기가 아니다. 명상을 잘하기 위해 노력하고 있다는 뜻이다. 그것이 명상이다. 그것이 곧 바른 노력이다. 그것이 바로 명상의 효과다. 하지만 특히 오늘처럼 마음이 산란하고 이것저것 종잡을 수 없는 날에는 이 점을 명심하면서 낙담하지 않으려고 마음을 추스르는 게 어렵기만 하다. 그래도 그게 꼭 필요한 것이니 나는 그저 계속해나가는 수밖에. 그저 그렇게. 일단 자리에 앉자.

11월 __ 3일 _____ 금요일

위로 아래로 사방으로 온 세상을 향해 어떠한 제약도 악의도 원한도 없는 무한한 사랑을 발하라.

부처

332

무한한 사랑. 누가 그럴 수 있으리오?

풀베크 부두로 저녁 산책을 하러 간다. 바다가 부두를 사납게 두드려댄다. 하늘은 캄캄하다. 사람이 거의 없다. 달인 포스의 개 산책 도우미 몇 명 말고는. 그리고 내가 있고. 바다와 바람과 하늘이 나를 너무너무 작은 존재로 느껴지게 한다.

11월 ___ 4일 _____ 토요일

이번 달 주제는 팔정도의 일곱 번째 원리, '바른 마음챙김〔正 쇼〕'이다. 바른 마음챙김은 요즘의 화두다. 대중매체, 책, 인터넷, 직장, 심지어 거리의 일상적인 대화에서도 마음챙김에 관한 대화를 피하기가 힘들 정도다. 대체로 좋은 일이지만 가끔은 마음챙김이 만병통치약처럼 제시되는 것처럼 보이기도 한다. 사실은 그렇지 않은데.

오늘은 '마음챙김 호흡'을 해보려고 한다. 하지만 마음챙김이 상품화되고 지나치게 단순화되는 세태에 유념하는 마음도 놓치지 않는다. 그래서 이번 달 주제의 근원으로 거슬러 올라간다. 불경에 따르면 마음챙김이란 정확히 무엇일까?

바른 마음챙김이란 무엇인가? 수행자는 세속적인 욕망과 슬픔을 버려두고 확고하고 의식적이고 유념적인 마음 상태를 유지하며 몸을 몸으로 계속 관찰한다(신념처身念處). 감각을 감각으로 계속 관찰한다(수념처受念處). 마음 상태를 마음 상태로 계속 관찰한다(심념처心念處). 세속적인 욕망과 슬픔을 버려두고 확고하고 의식적이고 유념적인 마음 상태를 유지하며 정신적 대상을 정신적 대상으로 관찰한다(법념처法念處)*. 이를 바른 마음챙김이라 일컫는다.

※   이상은 불교에서 마음을 깨어 있게 하는 네 가지 수행법인 사념처四念處다.─옮긴이

11월 ___ 5일 _____ 일요일

마음챙김에 대해 더 생각해보면서 "마음 상태를 마음 상태로" 관찰하고(가끔 느껴지듯 그게 전부이자 가장 중요한 것인 양 필사적으로 바라보는 것이 아니라), "확고하고 의식적이고 유념적인" 상태를 유지하고자(어제 배운 대로) 노력한다. 아마도 한편으로 '확고한' 것과 다른 한편으로 '완고한' 것은 종이 한 장 차이 같다. 확고함은 좋은 것으로 들리는 반면 완고함은 그렇지 않다. 확고함은 고집이나 엄격함보다는 집중이나 변함없음과 관계가 있다.

나는 완고함이 아니라 확고함을 갖춘 사람이 되기로 결심한다. 성공할지 모르겠지만 계속 노력은 하겠다(확고하게? 완고하게?)

"세속적인 욕망과 슬픔"을 제쳐놓기란 어렵다. '세속적인 욕망과 슬픔'은 하루에도 수시로 불쑥불쑥 등장하며 '제쳐놓기'가 엄청나게 어려운 것이다. 내 생각에 마음챙김은 감정과 판단에 대한 더 큰 균형 감각을 키우고 그날의 여러 가지 일에 적당한 수준의 중요도를 부여하는 것을 포함한다. 이미 마음이 부정적이거나 짜증난 상태라면 사소한 실패를 부풀려 생각하기 쉽다. 하지만 순간순간 찾아오는 인생의 우여곡절은 너무나 일시적이라서 그것들에 너무 많은 감정을 쏟는 것은 바보 같은 짓인데도 우리는 항상 그러고들 있다. 정신적 측면에서 참 소모적인 짓이다. 마음챙김은 이러한 습관을 인식하는 힘을 키우고 그 습관을 없애나가려는 노력이다.

11월 __ 6일 _____ 월요일

부처는 개인의 노력이 필요하다고 말한다.

너 스스로 노력해야 한다. 부처는 오직 길을 알려줄 뿐이다.

분노는 자신을 '다스리는' 길을 향한 지난한 과정에서 마주치는 커다란 걸림돌 중 하나다.

화가 난 사람에게 벌컥 화를 내지 않는 사람은 이기기 힘든
싸움에서 이기는 법이다.

마음의 평정은 나아가야 할 행로 겸 목적지다.

11월 __ 7일 _____ 화요일

연례행사 같은 다이어리 교체일이다. 나는 아직도 손바닥 크
기의 포켓용 다이어리를 쓴다. 그날그날 할 일 목록을 적어두고 처
리할 때마다 하나씩 지워나간다. 아직 휴대전화의 다이어리를 사
용하는 단계로 넘어가지 않았고 그렇게 하고 싶은 마음도 없다. 이
미 수많은 일로 휴대전화에 의존하고 있는 데다 포켓 다이어리에
적힌 할 일 목록 지우기는 나의 하루를 꾸려가고 정리하는 방식의
중요한 부분을 차지한다. 나는 휴대전화와 물아일체인 사람이 아
니다. 그래서 매년 이맘때쯤 앞으로의 모든 다짐과 여러 일지 내
용을 새 다이어리에 옮겨 적는다.

2018년 다이어리는 2017년 11월 8일에 시작되었으니 오늘
은 올해의 중요한 날이다. 오늘 저녁에는 새로 마련한 2018년 호
지스 피기스 포켓 다이어리에 내년 일정과 할 일을 전부 꼼꼼히

옮겨 적었다. 이 과정은 정말 도움이 된다. 2018년 초에 무리하게 약속을 하지 않도록 옮겨 적은 걸 쭉 살펴보면서 몇몇 약속은 취소하거나 다시 일정을 잡을 수 있기 때문이다. 다가오는 수개월 간 어떤 일정이 진행될지 분명하게 파악하는 것으로 마무리된다.

매년 다이어리를 교체하는 게 좋다. 마치 봄 대청소 같다고 할까. 하고 나면 언제나 기분이 더 좋아진다. 보통 명상을 한 후의 기분보다 다이어리 교체 후의 기분이 확실히 더 좋다. 내가 목표로 삼아야 할 명상 후의 기분이 이게 아닌가 싶다. 깨끗하게 정리하고 앞으로 나아가는 기분? 앞날을 향한 상쾌한 기분? 만족감? 행복? 관리하는 일이 말끔하게 정리된 기분? 전부 다 좋다.

11월 ___ 8일 _____ 수요일

종일 일하고 저녁에 독서 모임에 갔다. 이번에 토론하는 책은 잰 모리스Jan Morris가 쓴 『수수께끼Conundrum』다.

모리스는 '제임스'(생물학적 남성)로 삶을 시작했지만 '잰'(여성)이 되어 평생을 살았다. 모리스는 자신의 삶을 기술할 때 형용사나 세련된 문구를 아낌없이 써서 깊이 있고 다채롭게 적어 내려가되 일화를 말하거나 사실을 드러내는 데 늘 조심한다. 이 짧은 책을 재미있게 읽었다. 독서 모임에서 우리가 나눈 토론은 으레 독서 모임이 그래야 하듯 신중하고 사려 깊게 진행된다.

문득 명상 시간을 더 늘려야 하나 궁금해진다. 목표를 높게 잡을까? 어쨌든 오늘은 바쁘지만 불쾌하지는 않은 하루를 보내는 와중에 이십 분간 명상을 했다. 독서 모임이 특히 좋았다. 함께 책을 읽고 이야기를 나누는 이 기쁨은 과소평가된 인생의 즐거움 중 하나일 것이다.

11월 __ 9일 _____ 목요일

더블린 트리니티대학에서 열리는 '의료 인문학' 세미나에 참석한다. 의료 인문학은 의학과 인문학, 사회과학, 예술을 아우르는 학제 간 연구 및 실천을 다루는 분야다. 의료 인문학은 이런 여러 분야를 탐구하면서 전통적인 학문 경계를 넘나드는 연관성과 상호작용이 이루어지는 영역을 찾아낸다. 전반적으로 굉장히 재미있고 늘 생각할 거리를 던져주는 학문이다.

의학과 다른 학문을 연결시키는 자리라면 언제나 환영이다. 그런 자리를 통해 마음이 열리고 깊이 생각해볼 공간이 생긴다. 반성하는 사고의 가치에 점점 매력을 느낀다. 단순히 특정 기간을 관상 수련에 바친다는 측면뿐만 아니라(물론 그것도 확실히 중요하다), 항상 긴급 상황 모드로 상황을 하나하나 갈지자로 헤쳐나가기보다는 전반적으로 반성적인 인간이 되어 매사에 주의 깊게 생각하는 것이 몸에 배는 측면에서 반성의 가치에 매료된다.

가끔은 가만 멈춰서 생각하는 게 능사다. 그냥 일단 앉아 차분히 생각하는 것.

11월 __ 10일 _____ 금요일

오늘은 벨파스트에서 '2015 의사결정 (능력) 지원법'에 관한 회의를 하며 하루를 보낼 예정이다. 이 새로운 법안은 정신 기능에 장애가 있는 사람들의 자율권을 더욱 잘 보호하기 위한 야심찬 안이다. 나는 이 법안 시행에 관여하고 있다. 북아일랜드에도 새 법안이 생겼고, 오늘 우리는 아일랜드와 북아일랜드 양 관할 구역에서 구체적인 입법 변화의 측면에 대한 공동 연구 관련 논의를 한다.

오늘 일정이 이렇다는 것은 기차에서 많은 시간을 보낸다는 뜻이다. 늘 느끼는 건데 기차는 묘하게도 명상에 잠기기 좋은 공간이다. 기차에서 시간을 보내는 동안은 집중을 방해하던 많은 것에서 벗어날 수 있다. 기차에서 할 수 있는 일은 아주 많지만, 책을 읽으면 멀미가 나므로 대개 음악을 듣거나 창밖을 구경한다. 모든 기차 여행은 구체적으로 시간이 정해져 있고 내가 그걸 바꾸기는 불가능하다. 기차를 더 빨리, 혹은 더 느리게 가게 만들수도 없다. 덕분에 마음이 아주 진정되고 생각에 집중하게 된다.

11월 __ 11일 _____ 토요일

이른 아침에 잠깐 앉아서 명상을 하고 오전 아홉 시까지 일을 했다. 그 이후부터는 온 하루가 가족 행사로 빼곡이 채워졌다.

11월 __ 12일 _____ 일요일

트릭시는 유난히 특이한 고양이다. 자기 주변에서 뭔 일이 생기든 신경을 쓰는 둥 마는 둥 하며 믿기지 않을 정도로 오랜 시간 가만히 앉아 있다. 집에서 제일 분주하고 시끄러운 곳을 기어이 찾아내 곧바로 거기서 잠이 든다. 얼마 후에는 다짜고짜 잔뜩 흥분해 미친 듯이 전속력으로 방을 가로질러 달려가다가 갑자기 우뚝 멈춰서 자기 다리를 핥을 것이다. 하품을 하고 주위를 둘러본 다음 원래 있던 데가 마룻바닥 한복판이든, 계단이든, 누군가의 무릎이든 바로 그 자리를 다시 찾아가 잠이 들 것이다. 나도 딱 저 녀석처럼 잘 수 있으면 좋으련만. 어디서든, 언제든.

오늘 명상을 해야 하는 시간을 트릭시의 머릿속 탐험을 하느라 다 써버린다. 트릭시의 머리도 내 머리처럼 원치 않는 생각으로 어수선할까?

트릭시는 곁에 두기에 참 좋은 친구다. 내가 자판을 두드리는 동안 컴퓨터 옆에 잠자코 앉아 있고, 내가 앉아서 명상을 하면 조심스레 방 안으로 살며시 들어온다. 트릭시는 고요함의 재주가 있는 친구다.

11월 __ 13일 _____ 월요일

이번 달 주제 '바른 마음챙김'에 대해 다시 생각해본다. 구글에서 '마음챙김'을 검색한다. 그냥 가볍게 찾아본 건데 노트북이 터질 지경이다. 웹페이지수가 8100만 개가 넘는다. 상단의 웹사이트 몇 개를 쭉 클릭해본다. 늘 그렇듯이 다양한 내용이 쏟아진다. 수긍이 가는 탁월한 명상 지침부터 전혀 말도 안 되는 터무니없는 이론까지 가지각색이다. 인터넷은 정말 멋진 창조물이지만 그 안의 무수한 자료는 예리한 비판적 의식과 엄청난 주의력을 갖추고 이용해야 한다. 만약 인터넷이 인간의 정신에 단 한 가지 영향을 미친다면 그것은 비판적 사고의 중요성을 각성시켜준다는 점이다. 언제든 당장 이용할 수 있는 무한한 정보를 가지고 그 어느 때보다도 더욱 신중하게 정보를 감별할 필요가 있다.

오늘의 검색 결과로 나온 내용은 마음챙김에 관한 온갖 실용적인 지침, 온라인 도구, 앱, 책, 강좌, 구독 모집, 이미지, 영상, 전자책, 수행 기회, 심지어 마음챙김을 활용해 '부자가 되는' 방법까지 다종다양하다. 결국 나는 웹사이트고 뭐고 다 제쳐두고 호흡에 집중해본다. 여태껏 '2분 마음챙김' 훈련이 도움이 된 적은 없었다. 내가 명상 수련으로 어떤 식의 도움이든 얻으려면 하루에 이십 분이 필요하다. 그래서 오늘 머릿속에서 구글 검색은 떨쳐버리고 이십 분간 앉아서 호흡에 집중하려고 해본다. 그럭저럭 해낸다.

11월 __ 14일 _____ 화요일

마음을 수련하면 행복이 찾아온다.

부처

수련이든 행복이든 둘 다 손에 잡히지 않는다. 둘은 같은 것일까? 한 가지를 찾으면 다른 한 가지도 찾게 된다는 뜻일까?

나는 환자들을 진료할 때 환자 각자의 가족과 공동체와 사회라는 맥락에서 자기 삶을 살아가는 제각각의 개인으로 본다. 그런데 가끔은 한 발자국 물러나서 집단의 수준에서 더 큰 그림을 보는 게 좋을 때도 있다. 세계적으로 3억 명 이상이 앓고 있는 우울증은 전 세계의 주된 장애 원인으로 꼽힌다. 그리고 매년 80만 명이 자살하는데 15~29세 인구의 사망 원인 2위가 바로 자살이다. 이 같은 수치가 나오는 현실인데도 세계보건기구의 보고에 따르면 정신 질환을 앓는 사람들 대부분—수많은 저소득 국가의 경우 75퍼센트—이 필요한 치료를 받지 못하고 있다. 무슨 이유에선지 오늘 이런 생각이 머릿속에 맴돌며 마음을 무겁게 한다.

아일랜드의 경우 매년 수십만 명이 일반 진료를 비롯해 다양한 치료를 받으러 간다. 수만 명이 지역의 정신 보건 의료진을 찾아간다. 2017년에는 아일랜드 정신과와 정신병원의 입원 환자수가 17,000명에 달했다.

정말 많은 사람들이다. 그 수치에 대해 한참 곰곰이 생각해본다. 이번 달 들어 두 번째, 말할 수 없이 초라한 기분이 드는 날이다.

11월 ___ 15일 _____ 수요일

만물의 이치상 후회가 없는 자에게 기쁨이 생겨나는 법이다.

부처

그런데 사람이 어떻게 정말 '후회가 없을' 수 있지? 틀림없이 꾸준한 노력과 엄청난 의지력이 필요하겠지. 이렇게 온라인에서 부처의 '말씀'을 찾아 읽는 게 약간 중독성이 있는데 도움이 되는지는 잘 모르겠다. 여기저기 있는 희한한 인용문이 어렴풋이 마음에 울림을 주긴 하지만 그런 자극은 휙 지나가고 만다. 일체개고로다.

11월 ___ 16일 _____ 목요일

공개 강연을 두 개 하고, 정신 능력 법 관련 회의에 참석하고, 환자를 진료한다. 명상적인 시간을 보낼 기회는 줄어들었는데 그 시간이 더욱 간절해지는 말도 안 되게 바쁜 날이다. 쫓기듯 마음에 안 차게 이십 분간 명상을 한다. 에휴.

11월 ___ 17일 _____ 금요일

이번 달에 읽는 책은 하인츠 베커하트Heinz Bechert와 리처드 곰브리치Richard Gombrich가 엮은 『불교의 세계The World of Buddhism』다. 오래전에 구입한 이 책은 그간 큰 도움이 되었는데, 그게 좀 이상하다. 보통 나는 저자가 여러 명인 책을 읽을 때 좌절감이 느껴질 정도로 집중이 안 되는 편이다. 그런 책은 분량이 너무 많고 책값도 비싸고 일관성 없이 뒤죽박죽일 때가 많다. 무작위로 선택된 주제들이 뚜렷한 이유 없이 선별된 서로 무관한 여러 저자들의 손에서 기이한 취급을 받은 탓이다.

엄밀히 말하자면 여러 저자가 쓴 책이 전부 이런 부류에 속하는 것은 아니다. 간혹 어떤 책은 핵심 주제를 개괄적으로 잘 보여주며 독자가 관심 가는 특정 사안에 대해 더 많은 정보를 찾아보고 싶은 마음이 들게끔 해줄 것이다. 『불교의 세계』는 단연코 이런 사례에 속한다.

이 책에서 가장 마음에 드는 부분은 이미지다. 불교는 눈에 보이는 유산이 풍성하다. 그런 시각적 유산은 수행을 할 때 인지적 측면에서 유용한 수단으로 작용한다.

11월 ___ 18일 _____ 토요일

불교에 대한 나의 관심이 어디에서 비롯되는지 궁금하다. 어렸을 때부터 불교를 어렴풋이 알고는 있었는데 본격적으로 불교에 빠져든 건 이십 대 시절이었다. 어쨌든 나는 종교에 관심이 많다. 특히 종교가 누군가에게는 극단적인 신앙심을 요구하고, 또 누군가에게는 묵묵한 헌신을 이끌어내고, 다른 누군가에게는 완전히 냉담한 마음을 갖게 하는 면이 흥미롭다. 종교적 전통이 인간의 요구에 부응하는 방향으로 발전한다는 데는 의심의 여지가 없다. 무릇 인간은 의미를 찾고 싶어 하고, 집단에 귀속되고 싶어 하고, 변화가 찾아오는 시기(출생, 결혼, 질병, 죽음 등)를 기념하거나 위로를 얻고 싶어 하며 이러한 욕구를 바로 종교가 충족시켜 준다.

나는 불교의 핵심 개념에 본능적으로 매력을 느낀다. 특히 인간이 명상 수련을 통해 마음을 다스릴 수 있으며 그 덕분에 세상만사를 더욱 잘 이해하면서 현실을 참모습대로 본다는 개념이 마음에 든다.

11월 __ 19일 _____ 일요일

젠스 뮬링Jens Mühling이 쓴 『러시아 여행A Journey into Russia』이라는 여행기를 정말 재미있게 읽고 있다. 이 독특하고 흥미로운 책은 뮬링이 러시아의 특정 도시와 지역을 프리즘 삼아 러시아를 탐구한 내용을 중심에 담고 있다. 그는 러시아의 여러 지역을 각각 자연의 힘과 연결시켜 설명한다. 이를테면 키예프—얼음, 모스크바—피, 상트페테르부르크—바람, 시베리아—물, 스텝—풀, 타이가—나무 식으로 구성해 놓았다. 뮬링은 역사와 일화, 다양한 생각할 거리를 고루 섞어서 자신의 용감무쌍한 러시아 여행기를 풀어놓는다. 아무래도 이 책에서는 러시아의 과거를 주로 장식하는 정치적 격랑뿐 아니라 종교 문제도 다룰 수밖에 없다.

지금까지 나의 일기를 쭉 읽은 독자라면 내가 상트페테르부르크를 좋아한다는 말에 놀라지 않을 것이다. 가본 지 20년도 더 넘었지만 여전히 그곳이 생생하게 기억난다. 위풍당당한 건물, 네바강, 신비로운 골목길, 어마어마한 크기에 왠지 우울해 보이던 박물관. 유독 기억에 남는 곳은 네바강 근처에 위치한 비교적 작은 규모의 박물관이다. 묘사할 단어를 아무리 찾아도 진기하고 그로테스크하다고밖에 할 수 없는 것들로 가득한 곳이다. 기형 해골, 항아리에 든 표본, 전 세계 곳곳에서 가져온 갖가지 기괴한 것들이 넘쳐난다. 나도 뮬링처럼 러시아를 더 여행해보고 싶다. 하지만 러시아 여행 생각은 당분간 고이 한쪽으로 밀어두고 오늘은 조용히 명상을 한다.

11월 ___ 20일 _____ 월요일

이런저런 글을 더 읽는 중이다. 여행기도 몇 권 더 보고, 잡지에 실린 긴 기사도 읽고, 장편소설도 한두 권 읽는다. 예전에는 소설을 엄청 읽었는데 일에 치이다 보니 점점 그럴 기회가 줄었다. 그런데 지난 몇 달간 점차 소설 말고 다른 장르의 글도 집중해서 끈기 있게 읽고 있다. 흐뭇한 일이다. 이제 나는 일을 하거나 학술적인 글을 쓰는 데는 끝없이 집중할 수 있는 반면, 여가 시간의 집중력은 이십오 분짜리 시트콤이 한계라고 생각하던 참이었는데, 그렇지도 않은 모양이다!

11월 ___ 21일 _____ 화요일

비가 온다. 약하게 내리기 시작해서 점점 빗발이 굵어지며 힘이 붙더니 어느새 사정없이 차창을, 외투를, 모자를 후려친다. 쫄딱 젖는다. 내 자취를 따라 물을 뚝뚝 흘리며 병원에 도착한다. 사무실에서 외투가 마르는 데 꼬박 하루가 걸리는데 집에 가려고 나서자마자 다시 젖고 만다. 비는 그칠 줄 모르지만 저녁에 자리에 앉아 명상을 하는 동안 빗소리가 기분 좋은 리드미컬한 배경음이 되어준다.

11월 ___ 22일 _____ 수요일

이번 달의 책『불교의 세계』이야기를 다시 하자. '동서양의 불교 부흥'을 다루는 마지막 장이 나의 마음을 사로잡았다. 서양 불교의 시초, 불교 모더니즘, 인도·인도네시아·독일·영국·미국에서 나타나는 불교의 부흥 혹은 부활 등 흥미로운 내용이 담겨 있다.

불교는 지난 한두 세기에 걸쳐 세계 곳곳으로 전파되었고, 이제 전 세계의 대중매체와 출판물과 웹사이트에서 누구든 불교 사상을 흔히 접할 수 있다. 이렇게 되기까지 불교 철학의 본질적인 매력도 한몫했고, 새로운 세계관을 탐색하며 또다른 세상을 보고픈 갈증 또한 크게 작용했다.

많은 이들에게 불교는 정확히 이러한 면에서 해갈 작용을 한다. 즉, 자신의 삶을 보는 새로운 시각을 제시하고 더 나은 삶과 더 행복한 삶을 살아가는 방법에 대한 새로운 사고방식을 전해준다. 아이러니하게도 이 같은 주제를 다루는 대부분의 불교적 조언은 불교를 받아들인 나라들의 토착 종교 전통에서도 이미 알 수 있는 내용이다. 그런데 그것 역시 불교의 가르침이라 할 만하다. 이미 내 앞에 있는 것과 이미 내 안에 있는 것을 똑똑히 볼 줄 아는 힘, 심란心亂과 왜곡과 (이상적으로 말하자면) 욕망마저 빠진 시각을 유지하는 힘. 우리가 만물을 있는 그대로 볼 줄만 안다면 모든 것은 바로 우리 앞에 있다.

11월 __ 23일 _____ 목요일

비가 더 온다. 비는 명상에 방해가 되기도 하고 도움이 되기도 한다. 호흡에 집중해야 하는데, 내가 밖에서 얼마나 쫄딱 젖었는지, 외투가 빨리 마를지, 이따가 어디에 가야 하는지 등을 생각하지 않기란 힘든 노릇이다. 또 젖는 거 아냐? 이렇게 내리는 비는 받아들임을 가르쳐주기도 한다. 우리 힘으론 비를 다스릴 수 없지만 비가 우리 마음을 어지럽히는 정도는 조절할 수 있다. 주룩주룩 비가 내릴 때 열린 창가에 앉아 있는 건 언제나 좋다. 빗줄기가 창으로 들이치거나 나를 적실 때가 아니라 창 너머에서 빗줄기가 곧장 떨어질 때가 좋다. 그런 순간마다 선禪의 기운이 물씬 풍기는 자연의 생생함과 직접적인 힘이 느껴진다.

11월 __ 24일 _____ 금요일

비가 안 온다. 오늘 연이어 만나는 환자들이 워낙 복잡한 문제들을 안고 병원을 찾은 터라 그 문제들 앞에 내가 당장 해줄 수 있는 일은 그저 앉아서(늘 그랬듯) 환자들이 아무런 방해를 받지 않고 자기 이야기를 전부 털어놓을 수 있게 해주는 것뿐이다. 처음 병원에 온 날은 그 정도도 충분할 때가 많으며, 두세 차례 만나봐야 현 상황에서 변화의 여지가 가장 커 보이는 한두 가지 측면에 집중할 수 있다.

오늘 들은 이야기는 아동기 피학대 경험, 노숙, 약물 남용, 가족 해체, 자살 충동, 거의 집을 떠나게 만들 만큼 극심한 불안증 등이다. 이 모든 사연을 경청하고 내가 할 수 있는 제안을 한다. 받아들이고 이해할 것들이 많다.

나중에 용케도 명상을 제법 잘해내서 기쁘다. 하루를 마감한 후 차분히 해낸 명상 덕분에 마음이 참으로 편안하다.

11월 ___ 25일 _____ 토요일

한 남자가 자신의 애착과 갈망에서 벗어나는 방법을 알아내기 위해 영험한 수행자를 만나러 갔다. 남자의 물음을 듣자마자 영험한 수행자는 벌떡 일어나더니 기둥으로 달려가 두 팔로 기둥을 단단히 감싼 채 섰다. 영험한 수행자가 소리쳤다.

"이 기둥에서 날 좀 구해주시오! 기둥에서 날 구해주시오!"

남자는 영험한 수행자가 너무 괴상한 짓을 할 뿐 자기 질문에 답을 해줄 귀인이 아닌 것 같아 실망이 이만저만 아니었다. 사람들이 하나둘 모여들어 기둥을 움켜잡은 영험한 수행자를 쳐다봤다. 남자는 화가 나 영험한 수행자에게 따졌다.

"물어볼 게 있어서 당신한테 왔는데 대답도 못하는구만요. 기둥이나 붙들고 서 있기나 하고. 기둥이 당신을 붙들고 있는 게 아니잖소. 그냥 놔버리면 될 것을."

영험한 수행자가 당장 기둥을 놓고 남자에게 말했다.

"당신이 그걸 알고 있다면 답을 얻은 거요. 숱한 애착이 당신을 붙들고 있는 게 아니오. 당신이 그것들을 줄줄이 붙들고 있는 거지."

11월 ___ 26일 _____ 일요일

놀랍도록 만족스럽게 이십 분간 차분하게 앉아 명상을 했다.

11월 ___ 27일 _____ 월요일

암스테르담으로 간다. 네덜란드와 인도에서 진행되는 열흘간의 출장이 시작된다. 인도에서는 정신 보건법을 조사할 예정이다. 인도는 '2017 정신 보건법'으로 이제 막 정신 보건 법안을 개정했다. 인도의 인구가 13억이 넘는 것을 감안하면 새로운 법안은 지구상의 정신 보건 법안 중 가장 중요한 자리를 차지한다. 지구상 인구의 6분의 1에게 법적 구속력이 있는 정신 건강 권리가 주어지기 때문에 적어도 이론상으로는 가장 혁신적인 법안이기도 하다.

이 정신 보건법에 따르면 "모든 사람은 해당 정부에 의해 운영되거나 지원을 받는 정신 건강 의료 서비스를 통해 정신 건강 관리 및 치료를 받을 권리를 가져야 한다." 정부는 "정신 질환이 있는 사람들이 요구하는 다양한 범위의 의료 서비스를 필요에 따라 충분히 마련해야 한다."

이 야심찬 계획이 어떻게 실제로 이행될지 아직 확실하진 않다. 권리 증진에 대한 이 정도의 공약은 어느 나라에서든 만만치 않은 도전이 될 만하고 인도처럼 큰 나라가 이렇게 자신감 넘치게 한 걸음 나아가는 모습을 보는 것으로도 가슴이 아주 뜨거워진다.

11월 __ 28일 _____ 화요일

암스테르담이 좋다. 유럽의 도시를 향한 나의 애정에 딱 들어맞는 도시다. 오래된 건물들이 줄지어 늘어선 거리, 끝이 안 보이는 운하, 사방에 보이는 나무와 자전거.

어제 오후와 저녁까지 인도의 새로운 법안에 대해 논의하며 회의가 잘 진행됐다. 오늘은 오후 다섯 시 반까지 다시 그 사안으로 회의가 이어졌다. 회의가 끝난 후 회의장을 나와 지금은 케이크 숍에 자리를 잡고 앉아 이 일기를 쓰면서 어이없을 만큼 건강에 좋지 않을 초콜릿 트러플 케이크를 먹고 녹차를 마신다. 여기로 오기 전에 이미 아메리칸 북센터에도 다녀왔고 쭉 이어진 운하를 따라 어슬렁거렸다.

갑자기 비둘기 한 마리가 카페로 날아 들어와 테이블 아래로 와서 아슬아슬하게 내 구두 주변을 쪼아댄다. 이 비둘기는 발 한쪽을 잃었는데 누군가가 의족을 달아줘서 움직임에 지장이 없다. 초콜릿 트러플 케이크를 조금 떼어 던져주지만 녀석은 아무 관심이 없다. 아마 녀석의 건강에 너무 해로운 건가? 거칠 것이 없는 이 녀석이 테이블 위로 훌쩍 올라와 내 녹차를 가만히 살핀다.

11월 __ 29일 _____ 수요일

회의 참석자가 다 같이 정오 무렵 암스테르담을 떠난다. 아침 일찍 일어나 공항에 가기 전 조용한 한두 시간 동안 일을 좀 했다. 짐을 싸고 이동하고 정신없이 서두르느라 분주한 날이다. 그래도 여행은 명상을 하는 데 전반적으로 도움이 된다. 여행 자체가 혼잡하고 정신 사나운 과정이 있긴 해도, 일상과 다른 생소한 어딘가에 있다는 근사한 기분과 뜻밖의 발견을 하는 기회가 되기도 한다. 호텔은 주의를 빼앗는 것이 제한돼 있고 명상하기에 좋은 고요한 시공간을 제공하는 곳이라 도움이 된다. 게다가 공항에서 겪는 난리법석과 여행이 주는 고독 사이의 짜릿한 온도차도 느껴진다. 나를 아는 사람이 아무도 없는 곳에 홀로 있다는 건 해방감을 안겨주며 한껏 들뜨게 만드는 데다 뭔가 변화하는 데 크게 도움이 된다. 인도야 기다려라!

11월 __ 30일 _____ 목요일

이른 아침에 델리 공항에 도착해서 인도 국내선을 탈 때까지 열 시간을 기다린다. 멍하니 혼란스러운 상태로 자리에 앉아 오늘이 나의 일 년 명상 프로젝트 중 끝에서 두 번째 달의 마지막 날이라는 사실을 깨닫는다. 열한 달이 끝나고 이제 한 달 남았다. 지금까지 나는 무엇을 배웠을까? 혹시 있긴 하다면.

전과 다름없이 갈피를 잡기 힘든 상황이다. 명상할 시간을 내는 건 여전히 만만치 않은 일인데, 일단 명상을 하면 언제나 값진 보람을 얻는다. 내게 도움이 되고 긍정적인 영향을 주는 게 분명한 일인데 막상 실천에 옮기기를 거부하려는 저항 행동이 아직도 그대로인 이유는 대체 뭐란 말인가?

1월 31일에 쓴 일기를 보니 "새로운 습관을 들이려면 최소한 석 달은 걸린다"고 적혀 있다. 그로부터 열 달 후 적당한 수준의 명상 수련을 계속하고는 있지만 습관으로 확실히 굳어졌을까? 아니면 나의 노력은 여전히 욕심만 앞서서 들쑥날쑥 노력을 쏟아붓는 마구잡이식인가? 발전이 있었다는 건 꽤 확실하지만 나의 바

람보다는 아직도 일관성이 부족하고 되는대로 흘러간다. 계속해
나가야 한다. 계속해나가는 것을 계속해나가야 한다.

하지만 지금은 한밤중에 델리 공항에서 오도 가도 못한 채
케이크를 찾아 헤맨다.

끝내 찾지 못했다.

바른 집중

정정 正定

일일 명상 일 년 프로젝트가 끝나간다. 명상과 반성과 심란心亂이 익숙하게 뒤섞여(심란이 우세하지만) 만감이 교차한다. 북인도의 이곳저곳을 다니고 부처가 깨달음을 얻은 곳이라고 알려진 보드가야에도 간다. 이 멋진 보드가야를 가득 채우는 것은 순례자와 무질서와 생기와 짐승과 먼지다(먼지가 압도적이다).

이번 달 주제 '바른 집중(正定)'에 대해 생각하고, 이달의 책으로 내가 좋아하는 불교 입문서를 다시 읽는다. 이번 달에 깊이 생각해보는 주제로는 정신 질환자의 권리, 대수롭지 않은 사안에 지독하게 집중하는 나의 성향, 정신 질환 진단 과정에서 불교 개념이 유용하다고 알려진 내용 등이 있다. 그것 말고도 다양한 주제가 등장한다. 교통, 소, 나무, 크리스마스 조명, 채식주의, 소 이야기 조금 더, 나무 이야기도 조금 더, 행복, 다양한 철학자들, 그리고 이 일기에 꾸준히 등장하는 영원한 수수께끼이자 빠지면 섭섭할 주인공, 우리 고양이 트릭시.

12월 __ 1일 _____ 금요일

새로운 달을 상서롭게 시작한다. 인도 비하르주의 인구 45만 명가량이 사는 순례지 보드가야에서 하루를 보낸다. 보드가야는 부처가 깨달음을 얻은 곳으로 알려져 있어서 이번 여행에서도 이 일기에서도 중요하게 짚어봐야 할 곳이다.

앞에서 설명했듯이 싯다르타로 알려진 젊은 부처는 특권을 지닌 자신의 삶이 불만스러워 방랑하는 고행자 혹은 사문沙門(출가하여 수행하는 사람—옮긴이)이 되었다. 자진해서 고행을 하고 명상을 하며 수년을 보낸 싯다르타는 여전히 채워지지 않은 마음으로 신성한 보리수나무 아래에서 명상을 하며, 지혜를 얻지 못하고 이 자리에서 일어나느니 차라리 나무 아래에서 죽겠노라 맹세했다. 온갖 어려움에도 싯다르타는 명상을 하던 한밤중에 온전히 깨달음을 얻었고, 마침내 모든 살아 있는 존재가 처한 정확한 상황과 고통의 원인과 해결책을 보는 눈이 뜨였다. 바로 이 순간 싯다르타는 '부처' 또는 정각자正覺者가 되었다.

부처가 앉아 있었던 보리수나무가 보드가야에 있다고 한다. 심장 모양의 잎사귀로 알아볼 수 있는 그 나무는 보드가야의 마하보디 사원 복합 단지에 있는데, 오늘 내가 바로 그 나무 아래에 앉아 깨달음을 얻어 보려고 아주 안간힘을 쓴다. 깨달음이란 그런 식으로 찾아오는 게 아님을 나도 잘 알건만 어쨌거나 시도는 해본다.

보드가야는 관광객과 순례자, 소음과 정적, 절망과 기쁨, 희망과 기적으로 가득한 가슴 뛰게 하는 곳이다. 소, 개, 낙타 들이 있고, ('좋은 업보'를 쌓기 위해) 돈을 내고 풀어줄 수 있는 새장 안의 새들도 있다.

온 사방에 사람들이 넘쳐난다. 먼지도 넘쳐난다. 먼지가 어마어마하게 많다. 노점상이 거리에 쭉 늘어서서 팔고 있는 갖가지 형상과 크기의 불상은 생김새도 몸집도 가지각색인 여행자들을 위한 품목이다. 수없이 무리지어 이곳을 찾아온 영적 여행자, 몽상가, 구도자 들. 그리고 나. 나도 불상, 부처 스티커, 팔찌, 풍선 두 개를 산다. 바람을 불어넣으면 아주 커질 이 풍선은 부처 형상이 아니지만(다행히도), 다른 모든 것은 부처 형상이다.

보드가야가 참 마음에 든다.

12월 ___ 2일 _____ 토요일

평생 가볼 일이 없을 줄 알았던 곳으로 향한다. 인구 200만 가량이 사는 인도 북동부의 도시 파트나로 간다. 비하르주의 주도인 파트나는 학문과 미술의 중심지이자 점성가와 학자의 본거지로서 오랜 역사를 자랑한다. 여기서 인도의 정신과 의사들과 만나고, 포커스 그룹을 조직하고, 앞으로의 협력 방안을 세우고, 강의와 강연을 몇 차례 할 예정이다.

나는 인도가 좋다. 세계 곳곳을 여행하고 싶은 마음이야 늘 있었고, 어릴 적에도 아시아의 사상이 특히나 매력적이라고 생각했다. 후에 다녀온 일본과 중국이 만족스러웠고 작년에는 처음으로 인도에 다녀왔다. 방갈로르에서 일주일을 보냈는데 거리의 느낌과 강렬한 기운과 북적거리는 분위기에 완전히 마음을 빼앗겼다. 굉장히 생소하고 희한하게 도취시키는 풍경이었다.

내 나라와 완전히 다른 곳이라면 어느 나라든 그저 좋아하는 마음이 내 안의 어딘가에 있는 것 같다. 다른 나라의 생김새와 냄새와 맛과 소리와 감촉이 내 나라와 사뭇 다른 식으로 펼쳐지는 게 좋다. 인도는 이 모든 게 다르다. 다른 것 이상이다.

파트나는 엄청난 곳이다. 거리를 걸어가는데 이게 꿈인가 싶을 정도다.

12월 ___ 3일 _____ 일요일

인도의 정신과 의사들과 인도의 '2017 정신 보건법'의 인권 관련 영향에 대해 이야기를 나눴다. 제대로 시행만 된다면 이 같은 법안은 정신 질환자의 권리를 보호하고, 치료 기회를 확보하고, 정신 질환자와 가족 그리고 간병인을 위한 사회 정의를 높이는 데 핵심적인 역할을 한다.

하지만 이러한 발전은 정신 보건법 입법자와 서비스 제공자에게 실질적이고 시급한 과제를 던져준다. 특히 원치 않는 치료, 정신 능력이 부족한 사람들, 대체 의사결정과 관련해서 난제가 뒤따른다. 그렇지만 인도의 법안에 반영된 개혁을 향한 강한 동기와 변화를 향한 추동력이야말로 놓쳐서는 안 될 기회로 작동한다. 이 법안은 치료 기준, 비자발적 입원에 대한 새로운 절차, 자살의 사실상 비범죄화*, 강화된 관리 방식 등의 측면에서 긍정적이고 혁신적인 많은 부분을 보여준다. 이 같은 새로운 계획은 자유에 대한 권리뿐만 아니라 치료, 사회 복지, 사회적 포용, 정신 질환자의 정치적 권한에 대한 권리에도 집중해야 한다.

이 모든 것이 중요하게 다뤄져야 할 묵직한 사안이다. 긍정

---

* 영국은 자살을 실행하거나 시도하는 것을 보통법상 범죄로 취급하다가 20세기 중반에 이르러 비범죄화하는 성문법을 제정했다.—옮긴이

적인 분위기에서 활발한 토론을 마친 후 좀 피곤한 상태로 명상을 하고 잠자리에 든다. 자자!

12월 __ 4일 _____ 월요일

파트나를 떠나 300킬로미터 넘게 떨어진 자르칸드주의 주도 란치로 날아왔다. 란치는 우리가 인도의 정신과 의사들을 만나기로 한 두 번째 도시다. 세상에나. 역시나 북적이는 인도의 도시답다. 이번에는 인구가 110만 명이다. 인도에는 북적거리는 대도시가 참 많기도 하군! 이 나라가 얼마나 큰지 몇 번이고 놀란다. 영토가 어마어마하다. 어딜 가나 사람들이 있고 인구가 계속 증가하고 있다.

그렇긴 하지만 란치는 방갈로르 같은 데 비하면 상당히 작은 도시다. 문득 드는 생각인데, 내가 인도든 다른 나라든 여행을 다닌 곳이 시골이 아니라 대부분 도시라는 게 놀랍다. 이런 게 현대적인 현상인가? 전 세계적으로 도시들이 계속 급성장하고 있다는 건 안다. 세계보건기구에 따르면 2014년에 지구상의 도시 인구가 전체에서 54퍼센트를 차지한다. 1960년에는 34퍼센트였다. 그만큼 늘어났으며 계속 늘어나는 중이라고 한다. 도시 인구 증가는 세계에서 개발이 덜 된 지역에서 집중적으로 나타난다. 곧 저개발 국가에서도 인구 대다수가 도시에서 살게 될 것이다.

오늘 이런 생각을 하게 된 이곳 란치에서 사흘 밤을 묵는다. 회의, 토론, 포커스 그룹 모임, 강연이 기다리고 있다. 나는 이런 일정이 좋다. 찬찬히 복기하는 마음으로 이십 분간 앉아서 명상을 한다.

12월 __ 5일 _____ 화요일

인도의 교통은 정말 미친 것 같다. 자동차, 버스, 트럭, 툭툭(경삼륜차), 자전거, 소형 오토바이, 소, 개, 낙타 들. 거기다 다양한 이유로 도로를 사용하는 수많은 사람이 전부 동시에 돌아다닌다. 조그만 아이들이 자동차 사이를 뛰어다니고, 남자들이 윙윙대는 차들 사이를 느긋하게 걸으며 도로에서 양치를 한다. 눈부신 사리 차림으로 여럿이 다니는 여자들이 먼지가 몰아치든 말든 주변에서 자동차가 굉음을 내며 달리든 말든 아랑곳 않고 유유히 길을 횡단한다.

그리고 소들이 있다. 대개 야위고 너저분한 모습의 신성한 소들이 차량 행렬에도, 끊임없이 울려대는 경적 소리에도, 온 사방의 무질서에도 전혀 동요하지 않은 채 그 공간을 이리저리 떠돈다. 물론 이건 정말로 무질서한 게 아니다. 인도의 교차로는 상호 조정과 상호 작용이 뒤얽혀 뛰어난 묘기가 펼쳐지는 무대다. 수십 명이 다른 사람들의 궤적과 속도를 바탕으로 단 몇 밀리미터와 몇 밀리세컨드의 간격만 남기고 아주아주 미묘하게 궤적과 속도를 바꾼다. 이게 절대 말이 안 되는 건데 신기하게도 대체로 잘 맞아떨어진다.

이곳의 교차로를 가만히 보고 있노라니 무섭기도 하고, 숨이 턱 막히기도 하고, 혀를 내두를 만큼 놀랍기도 하다. 그런가 하면 희한하게 명상적인 기분도 든다. 뜻밖에도 마음을 무장해제시키고 전혀 불쾌하지도 않은 이토록 촘촘한 교차로 풍경에는 진정 효과 같은 게 있다. 집에 돌아가면 이 광경이 그리워질 것이다. 그래도 여기서 절대 운전대는 잡지 않으리라.

12월 ___ 6일 _____ 수요일

란치의 중앙정신과협회에서 포커스 그룹을 만나고 윤리와 정신 보건법에 대한 강연을 했다. 전부 순조롭게 진행됐다.

인도 음식이 고민스럽기도 한데 잘 먹고 있다. 식중독이 걱정돼서 조심해서 먹는다. 익힌 음식만 먹고, 확실하게 결심한 것도 아닌데 일주일간 채식주의자가 되었다. 아무 문제도 없다. 인도 음식은 향신료가 듬뿍 들어서 모든 요리가 기가 막히게 맛있다. 입맛이 특이한 나로서는 양념 맛이 강한 요리라면 대환영이다. 지금까지 이번 여행에서 가장 기억에 남는 것은 사흘 전 파트나에서 먹은 스위트 칠리 포테이토였다. 그거 하나만으로도 인도 여행을 할 만하다.

아마 이번 여행으로 드디어 채식 식단으로 몇 발자국 다가가는 한편, 이 일기에서 숱하게 한탄했던 햄버거 의존증에서 몇 걸음 물러나게 되리라. 감각이 있는 존재를 죽여서 먹으면 안 되는 법이지만 아직 그런 일은 벌어지고 있다.

12월 __ 7일 _____ 목요일

자, 우리의 인도 출장이 끝나간다. 오늘 아침에 란치를 떠났다. 인도가 아주 좋긴 하지만 이번 일정은 출장이었다. 동료와 나는 여기저기 이동하고, 회의에 참석하고, 포커스 그룹을 만나고, 교육 과정에 참여하고, 밤에는 보고서를 쓰는 데 대부분의 시간을 썼다. 완전히 녹초가 되었다. 꼬박꼬박 명상을 하긴 했지만 썩 잘하진 못했다.

크리스마스가 다가오는데 란치 공항에는 크리스마스 분위기가 전혀 없다. 틀림없이 더블린은 전등이며 쇼핑객이며 크리스마스 전의 북적거림으로 가득할 것이다. 란치에서 델리로 거기서 다시 암스테르담으로 날아간다. 공항을 몇 개 거치고 비행기도 몇 번 더 타고 부실한 와이파이를 잡느라 낑낑대는 시간을 보냈다.

머릿속에 단어 하나가 떠오른다. '삼사라saṃsāra(윤회)'. 산스크리트어인 이 단어는 절대 끝나지 않는 주기적 변화와 다람쥐 쳇

바퀴처럼 끊임없이 반복되며 돌고 도는 인생을 뜻한다. 기내에서 보는 영화가 이번 여정의 삼사라 같은 주기를 끊어줄까 기대하지만 불교의 가르침이 옳은 것 같다. 오직 진정한 깨달음만이 나를 해방시켜 주리라. 어쩔 수 없이 지금은 그저 그런 기내 영화를 보며 잠이나 청한다(하지만 실패다).

12월 __ 8일 _____ 금요일

시차로 피곤에 시달리며 방향 감각도 잃고 약간 탈수 상태로 더블린으로 돌아왔다. 천만다행히도 금요일이다! 출장 후 심신을 추스르고 재정비할 수 있는 주말이라는 시간이 있다.

곳곳이 연말의 활기찬 분위기와 번쩍번쩍하는 것들로 가득하다. 공항에서 내 주위 온 사방에서 재회의 순간이 벌어지고 순도 높은 기쁨이 차고 넘쳤다. 하지만 그 기쁨의 이면에 날을 세운 채 도사리고 있는 것은 잔인하고 냉혹하게 상업화된 크리스마스다. 그야 어쩔 수 없는 노릇이지. 여하간 집에 오니 좋다.

시차 문제는 명상에 방해도, 도움도 안 된다. 이상하게 아무 상관이 없다. 좋은 징조라고 생각한다.

12월 __ 9일 _____ 토요일

일 년 명상 프로젝트의 이번 달 주제는 팔정도의 마지막 여덟 번째 원리 '바른 집중〔正定〕'이다. 어떻게 보면 올해는 바른 집중을 연마하는 해였다. 양적으로 질적으로 명상 수련을 향상시키고, 주의력을 높이고, 생각을 명료하게 가다듬으려고 노력했다. 명상 습관을 확립하는 데 큰 발전을 보이며 어느 정도 성공을 거둔 한 해였다. 다른 영역의 영성 수련에 쏟은 노력은 미진했지만.

그래도 성급하게 굴 필요는 없다. 먼저 바른 집중 함양을 우선순위에 올리는 것에 대해 논할 이야기가 많다고 생각한다. 그 부분이 해결되면 다른 측면도 뒤따라 발전할 것이다. 명상 습관 확립이야말로 핵심적인 첫걸음이며 중요하게 분위기를 조성해주면서 행동과 인식을 변화시키는 단초임에 틀림없다.

그렇다면 정확히 바른 집중이란 무엇인가? 이 주제에 도움이 될 만한 지침이 많은데 대부분 중점적으로 다루는 내용은 마음챙김과 정신 집중, 걱정과 불안 극복 등이다. 이러한 핵심적인 명상 기술은 이론상으로는 간단해 보이지만 실제로는 엄청난 훈련을 요한다. 마음챙김은 일반적으로 이완과 관련되어 있는 동시에 각성, 또는 더 정확히 말해서 알아차림하고도 관련되어 있어서 복합적인 균형 잡기 절차를 통해 이루어진다.

이런 맥락에서 바른 집중이란 본질적인 것에 더욱 집중하기 위해 비본질적인 것에서 집중을 거두고, 올바른 대상에 초점을

맞추고, 중요하고 실질적이고 참된 것을 알아차리는 힘을 키운다
는 뜻이다.

12월 ── 10일 ───── 일요일

애석하게도 오늘은 바른 집중이 영 안 된다. 그래도 굳건히
명상을 계속한다. 출장에서 돌아온 후 아일랜드에 다시 적응하는
중인데 아직 약간 불안정한 느낌이다.

저녁에 가족들과 더블린 동물원에 '와일드 라이트'를 보러
갔다. 사자, 오랑우탄, 호랑이, 기린, 원숭이, 그 밖의 다양한 동물
모양의 조명등이 장관을 이뤘다. 크리스마스를 앞둔 쌀쌀한 저녁
에 잘 어울리는 제법 분위기 있는 풍경이다. 자기로 된 16미터 높
이의 코끼리 탑, 30미터짜리 용, 중국 수공예품, 중국 공연단, 중
국 음식 등등 볼거리가 넘친다. 전부 내가 좋아하는 것들이다. 몇
년 전 중국 여행에서 얻은 행복한 추억도 소중히 간직하고 있다.

더블린 동물원에서 갖가지 조명등을 구경하면서 아주 즐겁
게 시간을 보내고 충분히 크리스마스 분위기를 만끽한 덕분에 인
도 모험 후에 아일랜드의 생활에 다시금 적응한다.

12월 __ 11일 _____ 월요일

일단 자리에 앉는다. 내가 하는 이 명상 수련은 이를테면 호흡 세기, 자애심 키우기 등등 명상에 자주 등장하는 인식 및 감정 훈련은 피한다. 그저 명상에 잠겨서 가만히 앉아 있는 것이 자신의 능력과 주의력을 제대로 시험해보기에 좋은 훈련이다. 이 명상 수련은 나의 마음이 얼마나 소란스럽고 어수선하고 떠들썩한지 확실히 보여주는 장으로 마감되는 경우가 다반사다. 그래도 십 분 남짓 그냥 앉아 있기만 해도 머릿속의 무의미한 지껄임이 잦아들고 사방이 잠잠해진다. 여태껏 내가 정말 그냥 앉아만 있는 건지 잘 모르겠지만 마음을 겸허하게 만드는 좋은 훈련인 건 분명하다.

12월 __ 12일 _____ 화요일

여기저기 틈새에서 흐르는 강물에서 배우라. 좁은 물길의 강은 시끄럽게 흐르고, 큰 물길의 강은 잠잠히 흐른다. 가득 차지 않은 것은 시끄럽고, 가득 찬 것은 조용한 법이다.

부처

12월 __ 13일 _____ 수요일

어제 읽은 글귀가 계속 생각난다.

가득 찬 것은 조용한 법이다.

아무래도 오늘은 계속 조용히 있어야겠다.

12월 __ 14일 _____ 목요일

해가 갈수록 나무가 점점 더 좋아진다. 나무는 참 근사하다 (조용한 건 덤). 타고르가 그랬던가. "경청하는 하늘을 향해 대지가 끊임없이 말을 건네려는 노력이 바로 나무"라고.

12월 __ 15일 _____ 금요일

이번 달 주제 '바른 집중'에 대해 생각해본다. 나는 툭하면 갖가지 사소한 일에 필사적으로 매달린다. 이를테면 근무하는 동안 어디에서 어디까지 이동하기 같은 자잘한 목표를 반드시 이뤄내겠다며 덤빈다. 때로는 이렇게 전혀 중요하지도 않은 별 것 아닌 일에 얼마나 집중하는지 스스로 깜짝 놀라기도 한다. 일상생활을 구성하는 온갖 자잘한 사건이나 일에 휩쓸리기 쉽다. 이메일이 특히 치명적이다.

그런데 이 모든 자잘한 사건이나 일은 사실 중요하다. 그 모든 것이 우리가 살아가고 서로 소통하는 방식이며, 우리가 세상을 헤쳐 나가는 방식이요, 노는 방식이요, 우리 자신을 정의하는 방식이다.

불교의 가르침에 따르면, 이 모든 일을 행하고 있는 것처럼 보이는 '자아'란 사실 실체가 없는 개념이다. 자아는 외부 환경에 반응하여 끊임없이 변화하고 있으며, 따라서 자아에는 한결같은 정체성이나 부동성이 없다. 만물이 흐르는 상태에 있으므로, 우리가 사소한 일상의 업무에 지독하게 집중하는 데서 드러나듯이, 우리의 환경을 세세한 부분까지 관리하려는 노력은 전적으로 헛수고에 불과하다.

그렇다고 우리가 아무런 작용도 못하고 힘도 못 쓰는 존재라는 것도 아니고, 우리가 하는 일에 집중하지 말라는 것도 아니다. 우리는 자신이 하는 일과 자신이 집중하는 것을 결정할 충분한 힘이 있다. 그 힘을 중요한 일에 집중시키고 다른 것은 흘려보내기 위해 더욱 잘 사용해야 한다. 알아차림이 핵심이다. 우리가 생각하고 느끼는 것을 알아차리고, 우리 주변의 세상을 알아차리고, 우리가 인식하는 모든 현상의 중심에 있는 깊디깊은 덧없음을 알아차려야 한다.

오늘 저녁에 〈더 레이트 레이트 쇼〉에 잠깐 출연해 자살에 관해 이야기했다. 프로그램은 말할 수 없는 감동을 선사했고, 이 어려운 주제를 게스트와 프로듀서와 진행자 라이언 터브리디가 아주 잘 다뤄주었다.

12월 __ 16일 _____ 토요일

바른 집중이 영 탐탁지 않게 이뤄진 오늘이지만, 내가 집중이 부족하다는 사실만은 절절하게 알아차린다. 이런 게 발전인가? 아마 집중하는 힘을 더욱 키우고 마음을 더욱 잘 다스리는 방향으로 나아가는 첫걸음이리라. 그리고 불교에서 가르치듯이, 그것은 그저 행복에 이르는 길로 이끄는 것이 아니라 행복 그 자체다. 행복은 곧 노정이며, '바른 집중'으로 얻을 수 있는 것이다.

모든 위대한 철학자들이 입을 모아 말한다.

좋은 생각을 깊이 묵상하는 사람이 더 많아질수록 그 사람 자신의 세상과 온 세상이 두루 더 좋아질 것이다.

공자

행복은 우리 자신에게 달려 있다.

아리스토텔레스

무수한 것들이 우리 안에 전부 갖춰져 있다. 우리 자신을 돌아보고 진심을 다하는 것만큼 큰 기쁨은 없다.

맹자

행복에 이르는 모든 것을 만드는 자는 남이 아니라 자기 자신에게 의지한다. 그는 행복한 삶을 위한 최고의 계획을 채택한 자다.

플라톤

우울한 자는 과거에 사는 자요, 불안한 자는 미래에 사는 자요, 마음이 평안한 자는 현재에 사는 자다.

노자

하지만 누군가는 너무 애쓰기도 한다. 그래서

행복은 나비와 같다. 좇으면 좇을수록 빠져나가겠지만, 만약 다른 것으로 주의를 돌린다면 어느새 다가와 어깨에 살며시 앉을 것이다.

소로

12월 __ 17일 _____ 일요일

지난 인도 여행을 다시 생각해본다. 특히 보드가야와 수천 명의 순례자들이 생각난다. 옷차림도 제각각인 다양한 부류의 불교 승려와 비구니가 있었다. 누군가는 리드미컬하게 찬가를 부르며 부처에게 경의를 표했고, 누군가는 말없이 명상에 잠겨 있었다. 다른 누군가는 낡은 기도서와 양피지 조각에 적힌 기도를 읊었고, 또 누군가는 보리수나무 가지 아래에 계속 꿇어 엎드렸다. 부처가 바로 그곳에서 깨달음을 얻었다. 내가 본 그들도 깨달음을 얻었을까?

인도의 호텔에서 본 투숙객 무리도 순례자들만큼 흥미로웠다. 대부분이 일본에서 온 단체 관광객이었는데 머리부터 발끝까지 흰색 차림이었다. 수많은 일본인이 매년 보드가야를 찾는 것 같다. 우리가 만난 일본인들은 대규모 단체 관광객이었지만 한결같이 조용하고 차분했다. 시끄럽고 북적거리는 인도의 거리 분위기와 완전히 대조적인 모습이었다. 하지만 무엇보다도 보드가야 마을 자체가 가장 기억에 남는다. 노점이 줄지어 늘어선 거리, 보리수나무를 보러 사원으로 모여드는 사람들, 자욱한 먼지, 그리고 온 사방에 충만했던 생기가 기억난다.

12월 __ 18일 _____ 월요일

오랫동안 숨길 수 없는 세 가지가 있다. 태양, 달, 그리고 진실.

부처

이 말은 다양하게 변주되었는데 나는 이게 제일 좋다. 명확하고, 단순하고, 딱 맞는 말 같다.

12월 __ 19일 _____ 화요일

정신과 의사라는 역할로 매일 사람들을 만날 때 그들은 어김없이 다양한 형태의 고통과 특이하게 조합된 문제들을 안고 온다. 다들 천차만별이다. 이 지점에서 나의 직업이 흥미로워지고 복잡해지고 대단한 특권으로 다가오기도 한다.

이러한 다양성의 결과로 정신의학계에는 가능한 한도 내에서 진단을 표준화하려는 움직임이 오랫동안 이어졌다. 말하자면 특정한 임상적 상태를 특징지어 설명하려는 노력이 계속 진행되고 있어서 가령 '조현병'이라는 용어를 사용하는 모든 사람이 대략 똑같은 내용에 대해 이야기하고 있다는 합의가 가능해진다. 이 점은 새로운 치료법을 연구하거나 정신 건강 전문가가 확실히 기준에 충족되는 방식으로 일하고 있는지 확인하는 이들에게 특히나 중요하다.

증상을 기반으로 하는 두 가지 주요 분류 체계가 등장했다. 1992년에 세계보건기구가 공개한 〈국제 질병 분류ICD-10〉('정신 및 행동 장애 분류' 포함)가 있고, 2013년에 미국정신의학회가 발표한 〈정신 장애 진단 및 통계 편람DSM-5〉이 있다. 두 가지 분류 체계 모두 특정 목록의 특정 증상이 특정 수준의 심각도로 특정 기간 동안 존재하는지 여부에 따라 특정 진단이 정의된다. 두 가지 진단 체계 모두 불완전하지만 둘 다 중요한 의미가 있다.

물론 정신 질환을 진단하는 과정 전체에는 상당히 심각한 모순과 긴장이 내재돼 있다. 모든 사람은 저마다 다르고 고유한 존재 아닌가? 여러 나라의 위원회가 몇 년에 한 번씩 계속 범주를 바꾸는 가운데 다른 나라의 위원들이 일괄적으로 정해놓은 기존의 범주에 누군가의 특이한 정신적 고통이 딱 들어맞을 가능성은 거의 없지 않나? 공들여 만든 이 진단 체계는 사실상 누구의 이익을 위해 복무하고 있나?

대부분 이러한 비판은 이 체계가 올바르게 사용되는 경우보다 잘못 사용되는 경우 때문에 생긴다. 두 진단 체계 모두 해당 항목을 체크하며 넘어가는 진단 방식을 엄중히 경고하면서 개개인이 갖고 있는 고유한 이야기의 중요성을 강조하고 각자의 고통에 대한 이해를 높이고자 한다. 많은 이들이 이처럼 유연한 방식으로 사용되는 진단 체계에서 상당한 도움을 얻는다. 임상적 설명의 일정한 특징에서 공통된 부분을 찾고 다른 사람들도 자신이 지금 경험하는 것과 유사한 면을 겪었다는 면에서 안심하기 때문이다. 혼자가 아니라는 기분을 느끼는 것이다.

'연기緣起'와 '무아無我' 같은 개념을 통해, 특히 인식된 현상 (자아 포함)은 명백히 존재하기 위해 외부의 원인과 조건에 전적으로 의존하므로 고정된 실체나 영속성, 또는 진정으로 독립적인

존재가 없다는 관념을 통해, 누군가에게는 더욱 능숙한 참여를
이끌어낼 수 있다는 게 그간의 내 생각이다. 이 의견은 진단 과정
에 상당히 다른 시각을 던져주며 상호 이해를 향해 더욱 겸허하
고 온화하고 잘 준비된 태도를 갖게 해준다.

진단은 중요한 일이다. 만약 진단이 이루어진다면 지혜와 겸
손과 자비가 동반된 진단이어야 한다. 이는 전부 불교 철학의 핵
심적인 특징이다.

12월 ___ 20일 _____ 수요일

오늘도 정신의학적 진단에 대해 더 고민해볼 것! 미국의 진
단 체계 〈정신 장애 진단 및 통계 편람〉은 정신과 의사들에게 '경
전'으로 여겨질 때가 많지만 실전에서는 천차만별의 경우가 발생
한다. 이 편람을 통상적으로 참고하는 의사들도 있지만(주로 미국
의 의사), 아예 무시하는 의사들도 있고, 대다수는 선별적으로 이
용하면서 일리 있는 부분에는 집중하되 그렇지 않은 많은 항목은
완전히 배제한다. 사람들이 경전을 대할 때도 딱 그런 것 같다.

12월 __ 21일 _____ 목요일

트릭시에 대해 내가 무슨 말을 하리오? 컴퓨터로 일기를 쓰는 지금, 트릭시가 나를 똑바로 응시하며 가만히 앉아 있다. 눈도 깜빡이지 않고 뚫어져라 쳐다본다. 나는 눈을 감는다. 이십 분 후에 눈을 뜨자 트릭시는 가고 없다.

12월 __ 22일 _____ 금요일

더디 자라는 나무가 가장 좋은 과실을 맺는다.

몰리에르

내가 그 아래에서 거닐어본 적도 없는 나무건만 어찌 하여 원대하고 곡조가 아름다운 생각이 나를 덮쳐오는가?

월트 휘트먼

"원대하고 곡조가 아름다운 생각"이라니 얼마나 멋진 소린가! 어째서 나는 그런 경험이 없었을까? 아마 그 아래에서 거닐어본 나무가 많지 않았나보다.

조현병을 앓은 나의 오랜 환자 중 한 명인 리처드가 며칠 전에 암으로 세상을 떠났다는 소식을 들었다. 오랫동안 병을 앓은 환자를 비롯해 내가 만난 수많은 환자들에게 가장 슬픈 점은 그들이 너무 젊은 나이에 세상을 떠난다는 사실이다. 조현병이 있는 남성은 평균 수명보다 15년 일찍 사망하고, 여성은 12년 일찍 사망한다. 가장 일반적인 사망 원인은 의료 혜택을 제대로 받지 못해 악화된 심장병과 암이다. 정신 질환을 오래 앓고 있는 사람들은 실업률과 노숙률이 높은 데다 심지어 경범죄로도 감옥에 가는 비율이 높다. 리처드는 이 모든 풍파를 겪었다.

정신 질환을 앓는 이들이 맞닥뜨리는 이런 문제 중에는 정신 질환과 직접적으로 연관된 것도 있지만, 대부분은 정신 질환이 발생하는 자비 없는 사회적 환경이나 전반적 이해 부족, 우울증·조울증·조현병·인격 장애 등의 질병과 잘못 결부시킨 지독한 낙인이 더 큰 원인으로 작용한다.

오늘 믿기지 않는 슬픈 소식을 듣긴 했지만 희망을 놓지 않을 이유는 아직 많다고 생각한다. 정신 질환 치료는 다른 의학 분야의 치료만큼 효과가 있으며 어쩌면 효과가 더 클 수도 있다. 입원해서 치료를 받아야 하는 소수의 경우를 보자면, 아일랜드는 1950년대에 비율적으로 세계 어느 나라보다도 더 많은 사람이 정신병원에 있던 상황이었는데 오늘날에는 비자발적 치료 비율이 잉글랜드의 절반에도 미치지 않는 변화가 생겼다. 이런 변화는 자유권에 대한 존중이 더욱 커졌음을 반영한다. 그래도 도움이 필요한 이들에게 보다 광범위한 24시간 지원을 제공하기 위해 지역

공동체의 서비스가 지속적으로 향상되어야 한다.

중요하게 다뤄져야 할 사안이다. 우리 가운데 네 명 중 한 명은 살면서 언젠가는 정신 질환을 앓을 수 있다. '그런 사람들'로 타자화시킬 게 아니다. '우리'가 있을 뿐이다.

오늘 리처드 생각이 많이 난다.

12월 ___ 23일 _____ 토요일

수년간 재미있게 읽은 이번 달 책은 내게 불교 사상과 전통을 알려주며 명확하고 직접적인 길잡이 역할을 해주었다는 의미가 있다. 루퍼트 괴틴Rupert Gethin의 『불교의 초석The Foundations of Buddhism』은 술술 잘 읽히며 논리와 통찰력이 돋보이는 책이다. 괴틴은 부처의 이야기를 개괄적으로 들려주고 불교의 핵심적인 가르침을 놀랍도록 명확하게 짚어준다. 또한 세계 곳곳의 다양한 지역에서 발전하는 불교 전통을 논하며 책을 마무리한다.

나는 이 책을 수시로 찾는다. 어떤 특정한 책이 누군가의 마음속으로 들어가 단단히 박혀 있는 이유가 무엇인지, 어떻게 그럴 수 있는지 설명하기는 힘들다. 아마도 책 속의 정보, 문체, 사실과 해석 간의 균형감이 독특하게 조합되어 이 책이 계속 내 뇌리에 남는 모양이다.

올해를 시작할 때 미리 이 책을 언급했어야 했는데 그러질 못했다. 어쨌든 뛰어난 입문서임에는 틀림없다. 그런데 올해가 저물어가는 지금 이 책을 다시 읽는다는 것 자체가 입문서가 얼마나 중요한 의미를 띠는지 여실히 보여준다. 심지어 입문의 시기가 지난 지 한참 후에도 말이다. 아니면 입문의 시기라는 건 영영 지나가지 않는 걸까?

창밖에 다람쥐 한 마리가 보인다.

12월 __ 24일 _____ 일요일

크리스마스가 많은 이들에게 힘겨운 시간이라고 말한다면 한 귀로 흘릴 상투적인 표현으로 들리지만, 상투적인 표현이 대개 그렇듯 이건 참말이다. 이 힘겨운 시간은 우리가 스스로 만들고 있는 꼴이기도 하다. 자신은 물론 서로에게 어마어마한 부담을 안겨준다. 남들을 만나 함께 어울리면서 정작 자신이 진짜로 원하든 원치 않든 특정한 방식으로 즐겨야 한다는 압박감 아래 허덕인다. 그 대열에 참여할 수 없거나 참여하고 싶지 않은 이들은 별난 사람 취급을 받거나 동정의 대상이 된다. 결국 크리스마스는 고독이 각별히 소중해지는 시간이자, 명상을 통해 정신적 공간이 맑아질 수 있는 시간이다.

12월 ___ 25일 _____ 월요일

크리스마스다! 크리스마스 시즌의 소비지상주의와 식탐은 불교와 거북한 관계에 있지만 다른 측면은 잘 어울린다. 주변 사람들에게 감사하기, 선물 주기(특히 사려 깊고 상징적인 선물), 일상 생활의 흐름에서 벗어나 소중한 사람들과 시간 보내기 등등.

오랜 세월 지켜본 바로는, 크리스마스를 외로움과 스트레스에 시달리는 시기로 여겨 몹시 두려워하는 환자가 많고, 정신 보건 서비스는 크리스마스가 다가오는 시기에 유난히 바빠지는 경향이 있다. 그래도 오늘은 즐겁게 시간을 보내고 심지어 명상을 하다가 잠깐은 크리스마스 기분에 슥 빠져보기도 했다.

12월 ___ 26일 _____ 화요일

주의 깊게 유념하며 정신을 집중하면 반드시 보상이 따른다.

기꺼운 마음으로 주의하라! 생각을 바르게 지키라!

부처

수련은 역설적이게도 해방감을 안겨준다.

대양이 소금 맛이라는 한 가지 맛이 있듯이 가르침과 수련에도 한 가지 맛, 즉 해방의 맛이 있다.

도전이 되는 말이다.

묻혀 있던 보화가 땅에서 나오듯이, 덕은 선한 행위에서 나오고, 지혜는 순수하고 화평한 마음에서 나온다. 인생의 미로를 안전하게 걸어 나가려면 지혜라는 불빛과 덕이라는 길잡이가 필요하다.

이를 이루려면

먼저 자신의 마음을 단련하고 다스려야 한다. 만약 자기 마음을 다스릴 줄 안다면 깨달음으로 가는 길을 찾을 수 있으며 모든 지혜와 덕이 자연스레 찾아오리라.

12월 ___ 27일 _____ 수요일

오늘 다시 출근했지만 여전히 크리스마스 분위기가 가시지 않는다. 명상도 하고, 흥겨운 기분도 즐기고, 초콜릿도 먹는다.

12월 ___ 28일 _____ 목요일

병원에서는 크리스마스와 신년에도 치료 관련 업무가 계속 진행된다. 연말연시 휴가 시즌에도 다들 업무에 합류하고 누군가 휴가를 내더라도 특별한 집안 문제로 잠깐 자리를 비우는 정도다. 병원 직원 모두 의료 서비스가 계속 이어지도록 서로 일정을 조정해 빈자리를 채워준다. 응급실은 24시간 열려 있고 환자들은 밤이고 낮이고 언제든 찾아온다. 정신과에서는 가족 내의 분란, 술과 마약, 연말연시의 압박감에 시달리는 사람들과 관련된 고통을 많이 접한다. 병원 전체가 바쁜 시기인 데다 오늘은 내가 맡은 업무도 많긴 하지만, 나중에는 크리스마스 기분도 더 내고 초콜릿도 더 먹고 잊지 않고 명상도 이십 분간 했다.

12월 ___ 29일 _____ 금요일

이달 초에 보드가야의 노점에서 산 부처 형상의 나무 조각상을 보고 있다. 고행 중인 부처의 모습이다. 얼굴에는 수염이 있고 몸은 바싹 야위었다. 갈비뼈가 흉벽을 따라 고스란히 드러나 있다. 부처의 인생사 가운데 금욕적인 고행에는 지독한 육체적 수련이 포함되어 있었다. 단식을 하고 오랜 기간 홀로 엄격한 명상 수련을 이어나갔다.

마음의 금욕은 몸의 금욕만큼이나 계속 지켜나가기가 힘들 것이다. 나는 일 년간 일일 명상을 해나가는 동안 뭘 제대로 끊고 산 게 별로 없다. 고작 인도에서 일주일간 채식을 한 것 정도를 꼽을 만하다. 그때 참 뿌듯했다.

이렇다 하고 내놓을 건 없지만 그래도 최선을 다해 명상을 하려고 노력했고, 한 해가 끝나가는 이 시점에서 지난 열두 달을 돌아보며 이 모든 것이 어떤 의미일지 생각해본다.

12월 __ 30일 _____ 토요일

나무는 정말 감탄스러운 존재다. 일본 조동종曹洞宗의 창시자 도겐선사道元禪師는 "초목과 나무와 울타리와 장벽을 다루며 일하되 진심으로 임한다면 깨달음을 얻게 되리라"라고 했다. 나한테 필요한 게 바로 이것 같다. 소로도 괜찮은 생각이라고 하겠지. 아무래도 나는 나무랑 더 부대끼며 살아야겠다.

12월 __ 31일 _____ 일요일

자, 이제, 끝이다. 일 년 동안 매일 명상을 했다. 내가 보여줄 만한 성과는 무엇일까? 이게 제대로 된 질문이기는 한 건가? 어쩌면 이건 끝이 아니라 그저 시작일 뿐이다. 아니면 시작의 끝인가? 아니, 끝의 시작? 그도 아니면 시작이나 끝하고는 아무 상관없는 완전히 차원이 다른 어떤 것일까?

여하간 애초에 내가 이뤄내겠다고 안간힘을 썼던 게 뭔지도 모르는 마당에 대체 어떻게 이 모든 것을 제대로 평가할 수 있겠나? 뭘 위한 노력이었지? 나는 왜 일 년간 매일 명상을 했을까?

자, 논리적으로 생각해보자. 우선 긍정적으로 보자면, 나는 일 년이 지난 후에 아직도 멀쩡히 살아 있다. 일 년 동안 날마다 명상을 했고, 내 평생 이렇게 꾸준한 적이 있었나 싶을 정도로 가장 오래 일기를 썼다. 이게 전부 좋은 점이다.

부정적으로 보자면, 매일 이십 분이라고 해봤자 명상하기에 긴 시간은 아니다. 한 해가 시작되던 시점과 비교했을 때 한 해의 말미에 내가 좀 더 깨우친 사람이 되었다는 생각도 안 들고, 이 일기가 누군가의 관심을 끌거나 도움이 되는지 도통 모를 일이다.

물론 전체적으로 봐서 나의 명상 프로젝트가 썩 괜찮은 과정이었다고 확신한다. 한 해를 쭉 보내는 동안 이렇게 일기를 쓰는 게 좋았고 명상, 불교, 일상의 훈련을 둘러싼 다양한 관계와 더불어 여러 주제에 대해 일기에 남기기도 했다. 나의 생각에 집중하는 데 도움이 되는 과정이었다.

이렇게 날마다 간단한 명상을 하고 일기 쓰기를 병행한 덕분에 아마도 이 명상 프로젝트에서 유일하게 내보일 만한 성과를 얻은 게 있다면, 바로 더 깊이 사유할 줄 알게 되었다는 것이다.

그 증거는 아주 많다. 대표적으로 언제든 나의 정신 상태를 알아차리는 힘이 커졌고 전반적으로 집중력과 주의력이 좋아진 점을 보면 알 수 있다.

사실 나는 어렸을 때나 십대 시절에 미친 듯이 책을 읽어댔고 유난히 소설에 폭 빠져 살았는데, 이삼십대가 되면서 책에 대한 열정이 줄어들었다. 일에 더욱 집중했고 연구 보고서와 논문, 일과 관련된 책을 쓰는 데 매달렸기 때문이다. 그러던 내가 지난 한 해 동안 보다 폭넓고 깊이 있는 독서에 필요한 내적 평온과 집중을 되찾았다. 어떻게 보면 아직 소설의 세계로 돌아가진 못했어도 예전보다는 기행문학이나 사실에 기반한 책을 집어 드는 횟수가 점점 늘어났다. 여기서 중요한 건, 지난 20여 년에 비한다면 이제 일과 무관한 글을 많이 읽는다는 사실이다. 이 자체가 좋은 일이고 그 덕분에 나는 전반적으로 훨씬 나아졌다.

그나저나 나는 올해가 저문 후에도 계속해서 매일 명상을 하게 될까? 물론 오늘이 새해 전날이긴 해도 이 부분을 두고 새해 각오를 다지고픈 충동만은 끝내 억누르고 있다. 결심도 다짐도 지금껏 충분했다. 제대로 결단을 내리기 위해 그간 숱한 결심을 하지 않았던가! 이제는 그저 다음해가 어떻게 흘러갈지 기다리면서 가만히 지켜볼 일이다.

오는 1월에는 이 일기에 최근 소식을 덧붙이며 마지막으로 글 하나를 쓰겠다. 하지만 일단 지금은 일일 명상을 이어온 한 해를 마무리하며 케이크를 좀 먹어야겠다. 당연히 내 선택은 크리스마스 케이크 한 조각이다. 위에 마지팬(으깬 아몬드나 아몬드 반죽, 설탕, 달걀흰자로 만든 말랑말랑한 과자—옮긴이)을 얹고 그 위에 하얀 아이싱까지 더한 프루트케이크. 오랜 세월 크리스마스 때마다 나의 일용할 양식이 되어준 이 케이크는 이제 하루의 끝, 한 달의 끝, 일 년의 끝, 그리고 일 년 명상 프로젝트의 끝을 장식하는 향수 가득한 특별식이기도 하다.

아, 올해 덤으로 확실히 알게 된 게 바로 이거다. 내가 케이크를 정말 좋아한다는 사실.

열
반

고통의
끝?

천장이 높다란 아름다운 방에 앉아 있다. 빛으로 충만하다. 다시 말하지만, 빛으로 충만한 건 이 방이지 내가 아니다.

명상을 하려는데 마음이 자꾸 과거로 흘러간다. 무슨 이유에선지 암스테르담 여행이 떠오른다. 친구와 함께 그곳에 가서 이틀 밤을 머물렀다. 첫날 저녁에는 훌륭한 인도네시아 음식을 먹었지만 둘째 날에는 식당 두 곳을 사이에 두고 갈피를 잡지 못했다. 친구는 아르헨티나 스테이크 전문점을 가고 싶어 했는데, 내 눈은 몇 집 건너 현란한 오렌지색으로 칠해진 곳에 꽂혔다. 색색깔의 분필로 메뉴가 적혀 있고 홀치기염 옷을 입은 장발의 직원이 있는 채식 카페였다. 나는 그 카페에 홀딱 반했다. 이름이 무려 '너바나Nirvana(열반)'였으니. 그렇지만 친구가 이겼다. 우리는 그저 그런 스테이크를 먹었고 다음날 아침 암스테르담을 떠났다. 나는 전날의 선택을 후회했지만 이내 그 일을 잊어버렸다.

그로부터 한 일 년쯤 후에 일일 명상 프로젝트를 시작했다. 불교에 관해서 이전에 오랫동안 읽었던 양보다 이번 한 해 동안 읽은 양이 더 많다. 사성제, 팔정도, 다양한 명상 수련, 열반의 의미 등에 관해 많은 글을 읽었다. 불교 사상의 지혜와 심오함에 또다시 매료되었다.

열반涅槃*은 '고苦'가 '멸滅'한 상태다. 고통이나 불만족은 도처에 있다. 이것이 불교의 성스러운 첫 번째 진리다(1월 일기). 성스러운 두 번째 진리는 '고'의 원인, 즉 '탐진치(욕심과 노여움과 어리석음)'이다(2월 일기). 세 번째 진리는 '고'와 대면해 '탐진치'를 극복함으로써 괴로움을 '멸'하는 것이다(3월 일기). 이것이 불교 수행의 궁극적 목표인 '열반'이다. 네 번째 성스러운 진리(4월 일기)는 '고'를 '멸'하고, 계율·선정·지혜의 삼학을 바탕으로 한 팔정도를 통해 열반에 이르는 방법이다. 팔정도를 구성하는 것은 바른 견해(5월 일기), 바른 결의(6월 일기), 바른 말(7월 일기), 바른 행동(8월 일기), 바른 생활(9월 일기), 바른 노력(10월 일기), 바른 마음챙김(11월 일기), 바른 집중(12월 일기)이다.

---

*   산스크리트어 nirvana(니르바나)의 번역어로, '불어 끄는 것' 또는 '불어 끈 상태'가 본래의 뜻이다.—옮긴이

팔정도는 비순차적인 과정이다. 이 여덟 가지 요소는 순서가 정해져 있지 않다. 전부 동시에 연관되어 있고 각각 다른 요소들과 심오하고 유의미한 방식으로 엮여 있다. 여덟 가지 요소는 마음챙김 알아차림, 지혜, 자비를 중심으로 해서 열반으로 나아가는 삶에 대한 통합적인 접근법을 구성하는 다양한 측면을 반영한다.

암스테르담에서도 많은 이들이 열반에 이르고자 한다. 아마 열반에 이른 사람도 있을 것이다. 지난 11월 말 인도로 가는 길에 암스테르담을 다시 찾았을 때 다른 정신과 의사들과 잇따라 회의를 하느라 동료와 함께 돌아다녔다. 바쁜 일정이었지만 몇 년 전에 나의 눈을 사로잡았던 채식 식당 너바나를 찾아 나설 짬이 났다. 인터넷에서는 너바나의 흔적을 찾을 수 없었는데 그 거리에 다시 갔을 때 맛이 그저 그랬던 스테이크 전문점은 단박에 찾아냈다. 너바나는 사라지고 없었다. 그곳에 가볼 기회를 영영 잃어버리고 말았다.

불교에서는 결코 기회를 잃어버린 것이 아니라고 가르친다. 삶에서 어떤 일이 벌어지든 간에 다 지나간다. 우리는 삶의 단편을 집어들고 계속 나아간다. 마음을 흩뜨리는 어떤 일이 생기든, 그 일들을 어떻게 처리하든 간에 일단 자리에 앉아 차분해질 기회는 언제든 있다. 믿기 힘들 만큼 간단한 소리로 들린다. 하지만 이 간단한 방법을 실행에 옮기기는 사실 만만치가 않다. 집착을 놓아버리고 그저 모든 것이 지나가게 내버려두기란 엄청나게 힘들다. 일단 자리에 앉는다는 건 결코 쉬운 일이 아니다.

그렇지만 그저 자리에 앉는 것과 그 밖의 명상 수련이 불교의 본질적인 요소이다. 마음챙김은 또 다른 중요한 특징이다. 요즘은 명상과 마음챙김에 냉소적인 반응을 보이기 쉽다. 특히 마음챙김은 눈만 돌리면 어디에나 있고 요통부터 불행, 나쁜 식습관, 양육 문제에 이르기까지 온갖 문제에 만병통치약처럼 제시되곤 한다.

어떤 의미에서는 마음챙김이 곳곳에 스며 있다. 따로 마음챙김이라는 이름을 붙이지 않고도 삶에서 일정 형태의 마음챙김을 이미 체화한 사람들이 많다. 뜨개질을 좋아한 한 여성을 만난 기억이 난다. 그 여성은 몇 시간이고 앉아서 바늘의 리듬에 완전히 빠져 있곤 했다. 일단 몰두해서 뜨개질을 할 때면 나머지 세상은 아예 존재하지 않는 것 같았다. 그 여성은 뜨개질을 하는 동안 머릿속에 아무것도 없다고 말했다. "아예 아무것도 존재하지 않는다"고 했다. 그 여성은 마음챙김에 대해 듣더니 뜨개질이야말로 그저 이름만 다를 뿐, 정확히 마음챙김과 같은 것이라고 말했다. 그리고 덧붙이길, 뜨개질은 마음챙김보다 훨씬 낫다고 했다. 현재의 순간에 완전히 몰입하는 시간을 보낼 뿐 아니라 마지막에는 아름다운 옷도 생기니 일석이조라는 이유였다.

달리기를 하는 사람들도 비슷한 이야기를 한다(옷이 생기는 건 아니지만). 몰두하는 것, 마음의 평온에 이르는 것, 수련을 하는 기분과 행복감과 해방감을 느끼는 것 등이다. 어떻게든 달려보려고 용을 썼으나 불행히도 짧게 끝나버린 나의 달리기 이야기가 이 일기 곳곳에 불쑥 등장한다. 이런 노력에 대해서는 말을 아끼는 편이 낫다.

하지만 단 한 가지 방법이 모든 사람에게 맞는 건 아니다. 어떤 이들에게는 주어진 시간 동안 자신이 하는 것(또는 하지 않는 것)에 생각을 집중하기 위해 특정한 활동에 마음챙김이라는 이름을 붙이는 편이 도움이 된다. 다른 이들에게는 마음챙김이라는 이름이 도움이 되지 않으며 심지어 허세처럼 느껴진다. 그렇다. 저마다 자기에게 맞는 건 다르기 마련이다.

하지만 분명한 이름을 붙여서 말할 수 있는 명상이야말로 항상 나를 매료시킨 방법이다. 물론 실질적으로 꾸준히 수련하는 면에서 여러 가지 어려움에 직면하긴 한다. 이 일기에서 이야기하는 내용이 바로 그것이다. 일일 명상이 왜 그렇게나 힘든지, 일일 명상을 하기 위해 뭘 할 수 있는지, 어떻게 꾸준히 해나가는지를 알아내는 게 관건이다.

명상의 목적은 멋진 명상 자세를 익히는 것이 아니라 명상과 다음 명상 사이의 자기 삶에서 명상의 효과를 보는 것이라고들 한다. 명상 수련의 목표는 정신이 흐트러지지 않은 상태로 이십 분이든 한 시간이든 앉아 있는 것이 아니라 흐트러지는 정신 상태를 경험하고 이를 극복해서 마음의 평정과 융통성과 자비와 연민과 자족과 반성과 행복을 일상생활 속에 키워가는 것이다. 어찌 됐든 명상의 달인이라 해도 삶의 대부분은 명상이 아니라 먹고 자고 집안일을 하고 이메일을 확인하는 등등의 일로 채워진다. 명상의 목표는 명상을 하지 않는 이런 시간을 보다 능숙하고 반성적인 자세로 꾸려가며 더 큰 성취감과 깨달음을 얻는 것이다.

자, 그렇다면 일 년간 해온 일일 명상은 내 삶을 달라지게 했을까? 이 질문에는 답이 여러 가지다. 우선은 내 삶에서 명상의 결과로 별로 변할 일이 없는 부분이 많았다. 내가 사는 곳, 일하는 곳, 나의 전반적인 상황의 여러 측면 등등. 어쨌거나 이런 부분은 바꾸고 싶지 않았다. 부처는 실제로 가족과 집을 떠나 진리를 찾아 나섰고 이렇게 한 후에 깨달음을 얻었다. 남을 저버리거나 약속을 어기거나 무책임하게 행동하는 것에는 능숙함이나 깨달음 같은 건 없다. 부처는 깨달음을 얻자마자 사람들에게 다시 손을 뻗었다.

어쨌든 부처의 이야기 안에 담긴 비유는 묵은 습관을 벗어버리고 명상과 자비와 행복에 더욱 도움이 되는 새로운 습관을 들이는 중요성을 보여준다. 나는 일 년간의 명상으로 바뀌지 않고 그대로인 부분이 바뀐 부분보다 훨씬 더 컸다. 예상했던 바였다. 나는 혁명적인 변화가 아니라 점진적이고 꾸준한 변화를 찾고 있었다.

그렇다면 무엇이 변했고 어떻게 바뀌었을까?

12월 일기에서 내가 지난 한 해 동안 좀 더 반성적인 사람이 되었다고 정리했다. 나의 정신 상태(와 그 상태의 비영속성)를 알아차리는 힘이 향상되고 집중력과 주의력이 좋아진 것이 증거였다. 특히 좀 더 폭넓은 독서에 필요한 평온함과 집중력을 되찾았다.

이 점은 정말 장하다고 여길 만큼 꾸준하게 발전한 측면이다. 가만히 앉아서 책을 읽을 수 있는 더욱 큰 능력이 생긴 것 같다. 물론 가만히 앉아 책을 읽는 것은 가만히 앉아 명상하는 것과 똑같지는 않지만, 한꺼번에 너무 많은 일을 하려고 여기저기 계속 돌아다니다가 결국 아무것도 제대로 하지 못하는 것보다야 확실히 더 낫다.

일 년간 명상을 하는 동안 배운 또 한 가지는 다소 직관에 어긋나는 것이다. 특히 오랫동안 명상 안내서를 탐독한 누군가에게는 그렇게 보일 것이다. 명상 안내서는 대개 명상하는 동안 끼어드는 생각들을 다룰 때 흘러 지나가게 놔두고 그 생각에 조금도 관여하지 않음으로써 결국 생각이 사라지게 하도록 꽤 엄격하게 주의를 준다. 내가 일 년간 깨달은 바로는 명상할 때 끼어드는 수많은 생각이 사소하거나 본질적으로 불쾌한 것이 아니라는 사실이다. 오히려 그런 생각은 중요하거나 관련성이 있는 사안인 경우가 많고 어떤 건 상당히 긴급한 문제이기도 하다. 물론 터무니없고 시시하고 반복적이고 심지어 강박적인 생각도 많지만, 중요한 몇몇 생각은 실제로 중요하고 전혀 불쾌하지도 않으며 꼭 처리해야 할 문제이다.

나의 일기를 보면 이런 면이 뚜렷이 드러나는 날이 많다. 내가 정신과 의사로서 하는 일, 정신 질환, 인권, 정신 보건법, 그 밖에도 내가 앉아서 명상을 하려고 할 때 머릿속에 일상적으로 끼어드는 여러 주제들에 관해 쓴 일기에서 엿볼 수 있는 상황이다.

이 같은 생각은 하찮거나 공허한 사안이 아니다. 나란 사람을 구성하는 핵심 요소들이다. 때로는 일단 적어두고 명상을 재개할 정도로 꽤 중요한 것이 기억나기도 한다.

명상이 가르쳐주는 핵심적인 기술은 머리를 비우려고 애쓰는 만큼 생각이 머릿속으로 툭툭 끼어들 가능성을 줄이기 위해서 명상 중에 드는 생각과 사고 패턴을 조절하는 것이다. 물론 일단 생각이 떠오르면 그걸 처리할 전략이 필요하다. 어쩔 수 없이 반응해야 할 경우가 아닌 이상 아예 무반응으로 대하는 전략 같은 것 말이다. 이건 개발하기 쉬운 기술이 아니고 훈련이 필요한 일이다. 명상이 왜 '수련'으로 표현되는지 충분한 이유가 된다. 우리는 항상 수련을 하고 있다.

정신 상태를 알아차리는 힘이 향상되고, 집중력이 좋아지고, 나의 모든 침투적 사고가 아주 바보 같은 건 아니라고 깨달은 성과 말고도 일 년간의 일일 명상으로 맺은 결실 중에 보여줄 만한 다른 것이 있을까? 아마 내가 가장 놀란 점은 이 마지막 성과일 것이다. 용케도 열두 달 꼬박 이 일기를 썼다는 사실. 고백컨대 때로는 밀리기도 했지만 어김없이 재빨리 따라잡았고 결과적으로 이 일기가 지난 일 년을 고스란히 담은 기록이 되었다. 좋든 싫든 2017년은 이제 내 인생에서 가장 철저하게 속속들이 문서로 기록된 해가 된 셈이다.

그리고 마지막으로 제일 중요한 질문이 남는다. 나는 명상을 계속할까? 현실적으로 말해서 매일 꼬박꼬박 명상하는 사람으로 남을 것 같진 않다. 그렇지만 때때로 명상을 할 것이고 가능하면 자주 하게 되길 바란다. 더 노력을 하면 언젠가는 명상 수행을 갈 수도 있다.

지난 일 년을 돌아보면서 가장 흥미롭게 생각하는 부분은 내가 매일 명상을 하는 습관이 생겼는데도 많은 사람들이 그러듯 며칠간 길게 지속적인 명상을 하러 가지는 않았다는 점이다. 9월에 수도원에서 머문 3박 4일은 명상 수련이라기보다는 전반적으로 (그리고 놀랍게도 말 그대로) 세상사에서 벗어난 칩거에 가까웠다. 인도에서는 명상센터가 아니라 호텔에서 시간을 보냈다. 아마도 새해에 내가 공략해야 할 부분은 이걸까? 더 오랜 기간 오로지 명상만 하는 기회를 만드는 것? 제대로 된 명상 수행?

하지만 지금 내 욕심은 소박한 수준에 머문다. 오늘 일기를 끝으로 더는 일기를 쓰지 않을 테고 남은 평생 매일 명상을 하겠다는 약속도 하지 않겠다. 그저 하루하루를 살아갈 것이다.

명상에 관해서는 온라인이며 다양한 책이며 어플이며 설명서며 얼마든지 참조할 만한 안내가 차고 넘친다. 훌륭한 내용이 많다. 유용한 내용도 있고 그냥 터무니없는 것도 있다. 전반적으로 보면 합리적인 지침 대부분에는 확고한 일관성이 있고, 다른 환경·다른 문화·다른 종교적 전통에서도 비교적 꾸준히 명상에 핵심 가치를 부여한 측면이 반영되어 있다.

적용해 볼 만한 일부 지침은 대단히 규범적이어서 해야 할 것과 금할 것을 엄격히 정한 목록이 있을 정도다. 물론 비교적 융통성 있는 지침도 눈에 띈다. 가장 좋은 지침은 대부분의 사람들이 명상을 할 때 도움을 얻을 만큼 충분히 구체적이되, 각자의 성격과 환경과 수련 단계에 따라 선택할 수 있을 만큼 충분히 일반적인 조언을 해주는 것이다.

다음은 내가 일 년간 일일 명상을 한 경험을 토대로 정리한 명상 방법이다. 내가 이야기하는 모든 내용과 정반대로 하고 있고 자신의 방법대로 명상이 잘 이뤄지고 있는 사람이라면 나의 조언은 그냥 흘려버리시라. 자기가 하고 있는 대로 계속해나가길 바란다. 하지만 명상을 하는 데 애를 먹고 엄격한 지침에 압박감을 느끼는 사람이라면 자신이 어떻게 명상을 계속하고 있는지 새로운 눈으로 다시 볼 필요가 있다. 명상은 벌을 받는 게 아니다. '실패'하는 무언가가 되어선 안 된다. 겁낼 것이 되어서도 안 된다. 명상은 기대하는 것이 되어야 하고 따뜻하게 마음을 반기는 공간이자 점점 더 안정된 시간이 되어야 한다.

명상은 '수련'이다. 따라서 언제나 발전의 여지가 있다. 각자 자신에게 필요한 조언은 시간에 따라 달라지기 마련이라 부디 이 조언이 독자의 명상 여정 중 어디쯤에선가 도움이 되길 바란다.

○오늘 하는 명상에 전념하기(오직 오늘만)

오늘 하는 명상에 오늘 책임을 다하라. 즉, 그날그날의 명상에 충실하라. 내일 할 명상, 혹은 일주일이나 한 달이나 일 년간 매일 하는 명상에 전념할 필요는 없다(아무래도 미련하게 내가 그랬던 것처럼). 오늘 말고 그 이상을 장담하는 다짐이나 열심은 자신에게 가하는 압박감을 높여줄 뿐이다. 자신이 세운 계획을 당장 포기해버릴 확률만 더 커지고 만다. '내일, 아니면 이번 주 다른

날 전부 명상을 할 시간이 없을 텐데 왜 오늘 명상을 해야 하지?'

무리한 다짐은 미루는 버릇을 만들기나 한다. 오늘 명상을 할 기회가 있다면 오늘 명상을 하라. 내일은 걱정하지 말라. 내일은 또 내일의 태양이 뜬다. 만약 내일 명상할 기회가 있다면 내일 명상을 하면 된다.

하지만 오늘은 그저 오늘에만 집중하라. 일단 오늘 하는 것으로 족하다. 내일은 또 제 나름대로 건사할 몫이 있다.

○ 원하는 방식대로 앉으라(절대적인 규칙 따위는 없다)

흔히들 명상가를 떠올릴 때 고난이도의 금욕 수행을 하며 더없는 환희에 빠진 상태로 결가부좌를 틀고 앉아 있는 모습을 생각한다. 어쩌면 공중 부양도 살짝 할 거라고 기대한다. 정신적인 공력과 신비한 통찰력과 전반적으로 초월적인 힘이 어우러져 공중에 뜬 채 땅에서 한 발 정도 위에서 맴도는 모습 말이다.

실제로는 전혀 그렇지 않다. 세계 곳곳에서 사용되는 명상 자세는 수천 가지가 넘는다. 자기한테 맞는 자세를 찾기만 하면 된다. 혹시 설명에 나온 자세 중에 자기한테 맞는 것이 없다면 하나 만들면 그만이다.

몇 가지 지침이 있긴 하다. 일반적으로 보면 몸을 똑바로 하고 긴장을 풀며, 척추를 세우고 안정감과 굳건함을 유지하는 게 중요하다. 서양에서는 이 자세가 튼튼한 의자에 앉아 양발을 바닥에 딱 붙이고 양팔을 팔걸이에 고정하거나 무릎에 가볍게 얹어

두고 손가락이 가볍게 닿는 상태를 뜻한다.

안정되어 있고 감정에 흔들리지 않으며 똑바르고 굳건하다고 느끼는 것이 관건이다. 과한 불편함이나 고통 없이 유지할 수 있는 자세를 정해야 한다. 눕는 것은 별로 좋은 생각이 아니다. 그대로 잠들어버리는 사람이 많다. 이 자세가 큰일 날 정도로 나쁜 건 아니지만(잠은 좋은 거니까), 명상에는 비몽사몽 상태가 아니라 이완된 알아차림 상태가 필요하다. 이게 가능한 방식대로 자세를 잡고 앉는다.

조용한 장소에 자리를 잡는다. 나는 음악이나 다른 소음이 별로 도움이 안 되지만 완벽한 정적을 찾으려고 집착하진 않는다. 그런 곳은 세상 어디에도 없다. 그저 일상생활의 북새통에서 벗어난 공간을 찾으라. 그런 곳에도 어떤 소리든 나기 마련이다. 지나가는 자동차 소리, 시계 초침 소리, 새소리, 자기 배에서 꾸르륵대는 소리. 다만 그 소리들을 인지하고 지나가게 내버려둔 후 마음을 안정시키면 된다.

○ 마음이 맑아지게 둔다

마음을 맑게 하는 것은 명상의 방법이자 목표라고 할 수 있다. 그런데 일단 마음을 맑게 하려고 노력하는 순간 수십 가지 다른 생각들이 마음을 채우며 관심을 얻기 위해 득달같이 달려든다. 이 어수선한 아우성을 쫓아버리는 최선의 방법은 그것을 마음에서 떼어내 내가 마치 우주 공간에서 망원경으로 바라보는 관측자인 듯 그 소란을 바라보는 것이다.

이 과정을 '마음을 맑게 하기'(매우 적극적인 행위로 들린다)라고 생각하지 말고 '마음이 맑아지게 두기'(그리 적극적이지 않게 들린다)로 생각하는 편이 더 낫다. 우리의 마음은 본디 맑고 투명하다. 그게 마음이 본래 쉬고 있는 상태다. 만약 마음이 제 스스로 진정되게 둔다면 그 상태로 돌아갈 것이다. 수정처럼 맑고, 잠잠한 바다처럼 차분한 상태로.

핵심은 특별히 어떤 것에 강박적으로 집중하지 말고 침투적 사고가 마음 밖으로 흘러가게 두는 것이다. 생각에 관심을 두지 않으면 사라질 것이다. 이것은 적극적으로 생각을 밀어내는 것이 아니라 관여하지 않겠다는 결심이고, 마음을 흩뜨리는 것을 무시하고 마음이 제 나름의 속도와 제 나름의 방식으로 진정하도록 놔두겠다는 결심이다. 공격적으로 덤벼들 수 있는 일이 아니다. 뒤로 물러나서 상황이 흘러가게 두면 된다.

이런 자기 인식을 키우는 것이 명상 수련의 중심에 있다. 생각에서 떨어져 나오는 것은 어렵지만 점점 더 잘하게 되면서 해방감을 느낄 수 있다. 우리의 생각 가운데 많은 부분은 조금도 중요하지 않은 것들이다. 그저 지나가게 두라.

○마음이 계속 어지러운 상태라고 해서 속상해하지 말라

마음이 맑아지게 놔두라는 나의 조언에도 대개는 그게 잘 안 될 것이다. 그런 게 척척 잘되는 사람은 없다. 바로 이 지점에 우리가 명상을 하는 이유가 있다. 순수하고 맑은 마음 상태로 차분히 앉아 있을 수 있다면 명상 수련이 필요 없는 사람 아니겠는가!

대부분의 사람들이 그렇듯 마음이 맑아지게 두려고 애를 쓸수록 침투적 사고가 등장하는 경험을 할 것이다. 짜증이 나고 약이 오르는 게 당연하지만 이런 상황에서는 도움이 안 되는 반응이다. 이런 반응은 악순환을 낳는다. 침투적 사고가 짜증과 화를 돋우고, 짜증과 화는 명상에 실패한 기분을 낳고, 그래서 더 짜증이 나고 화가 나는 식으로 돌고 돈다. 이런 순간에는 가장 간단한 최고의 조언을 생각하면 도움이 된다.

일단 앉으라. 생각하지 말고, 짜증내지도 말고, 뭔가에 집중하지도 말라. 그냥 앉아보라.

잠시 동안은 어떻게든 그냥 앉아 있을 수 있고 이내 불쑥불쑥 침투하는 생각에 마음이 어수선해질 것이다. 걱정하지 말라. 생각이든 감정이든 오게 놔두고 또 가게 놔두라. 짜증과 화도 왔다가 간다. 일단 앉으라. 그냥 앉으라. 앉아만 있어보라.

○ 평온과 통찰

전통적으로 보면, 평온함을 얻는 것을 뚜렷한 목표로 삼는 특정한 명상 수련이 있고(마음챙김 명상), 통찰력이나 지혜를 얻는 것을 목표로 삼는 특정한 수행법이 있다(위빠사나Vipassanā). 두 가지 명상법 모두 온라인이나 다른 경로를 통해 자세한 내용을 찾아볼 수 있다. 단, 매번 명상을 시작할 때 '몸 살피기body scan' 같은 간단하고 적용하기 쉬운 훈련부터 한다.

몸 살피기의 목표는 자신을 지금 이 순간과 자기 몸에 집중시키는 것이다. 비교적 조용한 곳에서 편안하게 자리를 잡고 앉은 다음, 정수리와 바로 지금 느껴지는 감정에 정신을 집중한다. 더운지, 추운지, 피곤한지, 나른한지, 차분한지 느껴본다. 그러고 나서 정신을 집중하는 부위를 아래로 이동하며 차례로 목, 가슴, 팔, 등에 집중하면서 마지막으로 발가락까지 하나하나 인식한다. 마음으로 신체 각 부위를 느끼되 뭔가를 변화시키려 하지 말고 단순히 자기 몸이 지금 이 순간, 이곳에서 어떤 느낌인지 알아차린다.

평온에 이르는 또 다른 좋은 명상법은 '숨 살피기mindfulness of breathing'다. 이 수련법은 호흡에 집중하는 것이다. 떠오를지도 모를 다른 생각을 무시하는 데 도움이 되고 호흡은 사라질 일이 없다. 천천히 몸을 진정시키고 이 순간의 생각에 집중한 다음 마음속으로 매 호흡을 센다. 처음에는 들숨에 맞춰 호흡을 열 번 센다. 일부러 빠르게, 혹은 느리게, 혹은 깊게 숨을 쉴 필요 없다. 그저 평소대로 숨을 쉰다. 그런 다음 날숨에 맞춰 호흡을 열 번 센다. 그리고 호흡이 들숨에서 날숨으로 바뀌는 지점에 맞춰 호흡을 열 번 센다. 그런 다음 다시 반복한다.

불쑥 침투하는 생각이나 감정에 주의를 빼앗기지도 않고 숫자 세기에 집착하지도 않고 이 호흡 훈련을 완수하기는 힘들다. 숫자를 세는 목적은 현시점에 정신이 계속 작동하고 호흡 외의 다른 것에 마음을 빼앗기지 않기 위함이다. 그러니 숫자 세기에 집착하지 말라. 혹시 마음이 떠돈다면 그 흩어진 마음이 서서히 가라앉게 놔둔 후에 중단되었던 지점에서 다시 시작하면 된다.

그리고 명상 수업에서 인기 있는 수련법인 '자애명상loving kindness meditation'도 추천한다. 먼저 몸을 진정시키고(몸 살피기 방법을 쓰면 될 듯) 현시점에 집중한다. 그리고 몇 분간 자기 자신을 향해 자애를 느껴본다. 자애를 생각만 하지 말고 실제로 느껴본다. 다음은 자애를 느끼기 쉬운 대상(가족이나 친구)을 향해 자애를 느껴본다. 다음은 좋고 싫고의 감정이 없는 대상(가령 아까 가게에서 본 아무나)에게 자애를 느껴본다. 잠시 후에는 자애를 느끼기 어렵다는 생각이 드는 대상(이를테면 직장에서 나를 짜증나게 만드는 사람)에게 자애를 느껴본다. 마지막으로 전 세계와 모든 살아 있는 생명에게 자애를 느껴본다.

이 모든 훈련을 하면서 스스로에게 관대하고 자애롭게 대한다. 집중하기가 쉽지 않다. 수련하는 중이니 완벽하지 않은 게 당연하다. 자신을 용서하고 다시 시작해보라.

무엇보다 중요한 건 정신이 산만해진다거나 그날의 명상을 포기했다고 해서 절대 자책하지 않는 것이다! 힘겹다는 말은 그만큼 개선의 여지가 있고 수련을 통해 도움을 얻을 부분도 있다는 뜻임을 인식하기만 하면 된다. 정신이 흐트러지고 생각을 다시 명상으로 가져오는 것이 바로 명상이 하는 일이다. 그게 전부다. 지금 이 순간에 주의를 집중하기 위해 정신을 단련하는 것,

그게 명상의 기술이다.

내일 더 잘하겠다고 다짐한다. 오늘 고작 3분밖에 못 앉아 있었다면 내일이나 다음주에는 4분간 앉아 있는 것을 목표로 삼는다. 자신에게 관대하게 대하고, 꾸준히 수련하고, 일단 앉는 게 중요하다는 것을 명심한다.

○ 수련을 하면 더 좋아진다(완벽해지지는 않더라도)

발전을 목표로 삼는다. 이번 주에 명상을 잘하고 있다면 다음주에는 더 잘해보겠다는 희망을 품는다. 지속 가능한 점진적인 발전을 목표로 한다. 완벽함이나 극적인 깨달음이나 공중 부양 같은 걸 목표로 삼지 않는다. 때가 되면 언젠가 이런 것들이 찾아온다고 들었다. 지금은 날마다, 주마다, 해마다 발전하는 것이 목표다. 이보다 더 좋은 목표는 없다. 수련과 발전이 목표다.

(희한하게도) 특히 뭔가 발전이 보인다 싶을 때, 그리고 설레는 마음으로 명상이 기다려지기 시작할 때, 의외로 명상에 대한 희망을 잃기가 쉽다. 명상이 잘 끝난 후에 세상이 소란스럽고 짜증나게 다가올 수 있다. 마치 명상이 아무런 도움도 안 되고 그저 화만 불러오는 느낌이 든다. 이것은 '명상 후 과민성'이고 매우 흔한 현상이다.

이런 상태를 경험한다면 명상의 목적이 매회 명상을 잘 치르는 게 아님을 스스로 되새긴다. 명상의 목적은 삶을 변화시키는 것이다. 명상하는 시간을 즐긴다면 분명히 좋은 일이지만 명상을 끝내고 다음 명상을 하기까지 자신의 일상에서 명상의 효과를 확인하는 것이 훨씬 더 좋은 일이다. 명상을 잘하고 있다면 틀림없이 하루하루의 일상에서 충동적인 태도가 줄어들고 일상에 사소한 차질이 생겨도 버럭 화를 내는 횟수도 줄어들고 자기 인식과 반성이 늘어나며 충실하게 지금 이 순간을 살아내는 힘이 커질 것이다.

자, 결국 '지금 이 순간을 살아나가는 것'이 제일 중요하다. '이 순간에 우리를 살아 있게 하는 것', 그것이 명상의 목적이다. 우리가 가진 전부는 바로 이 순간이다. 우리가 갖게 될 전부도 이 순간이다.

삶은 '지금'의 연속이다. 우리는 수많은 '지금'을 살아나가야 한다.

A Doctor Who Sat For Year by Brendan Kelly
Copyright © Brendan Kelly 2019
Korean translation copyright © 2020 by Openscience
Korean translation right are arranged with Gill Books through AMO Agency

표지 그림 ⓒ 이희진

어느 정신과 의사의
명상 일기

어수선한 일상에서 나를 찾아 나선 365일

초판1쇄 발행 2020년 1월 30일

지은이 브렌던 켈리
옮긴이 정미현
편집 한정윤
펴낸이 정갑수

펴낸곳 열린세상
출판등록 2004년 5월 10일 제300-2005-83호
주소 06691 서울시 서초구 방배천로6길 27, 104호
전화 02-876-5789
팩스 02-876-5795
이메일 open_science@naver.com

ISBN 978-89-92985-73-4 (03180)

잘못 만들어진 책은 구입하신 곳에서 바꾸어 드립니다.
값은 뒤표지에 있습니다.
열린세상은 열린과학 출판사의 실용·교양 브랜드입니다.

이 도서의 국립중앙도서관 출판예정도서목록(CIP)은 서지정보유통지원시스템 홈페이지
(http://seoji.nl.go.kr)와 국가자료공동목록시스템(http://www.nl.go.kr/kolisnet)에서
이용하실 수 있습니다.(CIP제어번호: CIP2020000943)